ullstein

KRISTINA LÜDING

Greta Garbo

Die einsame Göttin

Roman

Ullstein

Besuchen Sie uns im Internet:
www.ullstein.de

Wir verpflichten uns zu Nachhaltigkeit
- Klimaneutrales Produkt
- Papiere aus nachhaltiger Waldwirtschaft und anderen kontrollierten Quellen
- ullstein.de/nachhaltigkeit

MIX
Papier | Fördert gute Waldnutzung
FSC® C021394
FSC www.fsc.org

Originalausgabe im Ullstein Taschenbuch
1. Auflage Juli 2023

Umschlaggestaltung: bürosüd° GmbH, München
Titelabbildung: www.buerosued.de (Hintergrund);
© Granger / Bridgeman Images (Greta Garbo)
Gesetzt aus der Albertina powered by *pepyrus*
Druck und Bindearbeiten: ScandBook, Litauen
ISBN 978-3-548-06748-3

Für Christel,
die das Glück hatte, die Garbo in Berlin zu treffen

Greta Gustafsson könnte durchaus ein schwedischer Filmstar werden …

(Auszug aus einem schwedischen Zeitungsartikel über Greta Garbos, damals noch Gustafsson, Filmdebüt *Luffar-Petter*)

New York, wenige Tage vor Ostern im Jahr 1990

Sie hatte kein Licht im Hausflur angemacht. Vorsichtig tastete sie sich an der Wand entlang, die rechte Hand auf ihren Stock gestützt, vorbei an den Briefkästen und dem Aushang der Hausordnung. Ihre klammen Finger tasteten weiter bis zur Haustür mit dem kühlen Türknauf.

Einen kurzen Moment hielt sie noch inne, ehe sie die Tür vorsichtig öffnete.

Es nieselte, und die Menschen hasteten an ihr vorbei, die Köpfe eingezogen, die Gesichter missmutig.

Sie dagegen hatte nichts gegen Regen. Früher war sie jeden Tag durch die Stadt und den Park spaziert, egal, wie das Wetter war.

Sie spähte durch die Tür. Wo stand er diesmal? Wieder gleich gegenüber im Hauseingang neben dem Restaurant, in dem sie häufig gegessen hatte? Meistens hatte sie an einem der Tische ganz hinten gesessen, das Gesicht unter einer Hutkrempe oder einer großen Brille verborgen. Es war ein Hauch von Hoffnung gewesen, irgendwie doch in der Anonymität dieser großen Stadt zu versinken, mit ihr zu verschmelzen. Dabei hatte sie geahnt, gewusst, dass er oder einer seiner Kollegen irgendwo dort draußen stand und nur auf den richtigen Augenblick wartete.

In den vergangenen Jahren hatte sie sich oft gefragt, warum sie der Welt noch immer so wichtig war. War es inzwischen zu einer Art Spiel, einem Wettbewerb geworden, sie aufzuspüren? Wollten sie sich gegenseitig herausfordern, übertrumpfen?

Sie fröstelte und zog die mageren Schultern hoch. Neuerdings war ihr ständig kalt.

Mit angehaltenem Atem blickte sie sich um, bevor sie sich durch die Tür zwängte. Sie versuchte stets, sie nur einen kleinen Spalt weit zu öffnen, um sich im letzten Moment doch noch ins Haus zurückziehen zu können. Immer war sie darauf gefasst, dass er aus einem seiner Verstecke hervorspringen würde, den Fotoapparat nicht nur griffbereit, sondern direkt auf ihr Gesicht gerichtet.

Sie machte einen zögernden Schritt, zwei, drei, blickte nach rechts, links, wieder nach rechts.

Niemand war zu sehen.

Zeit für Erleichterung, für ein Aufatmen gönnte sie sich nicht. Rasch ging sie weiter, wünschte, ihre Beine wären nicht so schwerfällig.

Das gelbe Taxi wartete bereits, der Fahrer stieg aus und kam auf sie zu. »Warten Sie, Ma'am, ich helfe Ihnen!« Er fuhr sie seit einiger Zeit regelmäßig.

»Nicht nötig«, wollte sie sagen, als sie einen Schatten wahrnahm, eine flüchtige Bewegung. Nein, verflucht! Wo hatte er gelauert? Normalerweise hätte sie sich reflexartig die Handtasche vors Gesicht gehalten – früher war es auch oft eine Zeitung gewesen – oder wenigstens den Arm abwehrend gehoben. Heute jedoch gelang es ihr nicht. Die lange Dialyse hatte ihren Körper geschwächt.

Der Schreck über die plötzliche Schutzlosigkeit fuhr ihr in die alten Glieder. Doch sie schüttelte es ab, legte all ihre Verachtung, ihre Wut in den Blick, den sie ihm entgegenschleuderte. »Verschwinden Sie, zum Teufel! Lassen Sie mich in Ruhe!«

Es klickte mehrmals hintereinander. Das Geräusch kannte sie so gut wie kaum ein anderes. Es war noch immer so vertraut.

Der Taxifahrer sprang herbei, drängte den Mann beiseite. »Haben Sie nicht gehört? Sie sollen verschwinden!«

Er legte die Hand auf ihren Unterarm und führte sie sacht, aber sicher zum Wagen. »Vorsichtig, Ma'am«, sagte er leise. »Stoßen Sie sich nicht den Kopf.«

Breitbeinig stand er in der Tür, schirmte sie so vor dem Mann hinter ihnen ab und wartete, bis sie auf dem Rücksitz Platz genommen hatte. Er schloss die Tür, redete laut auf den Mann ein, der noch immer versuchte, an ihm vorbei ins Wageninnere zu schauen. Und endlich die Fotos machen zu können, für die er so lange ausgeharrt hatte.

Bislang war sie ihm immer einen Schritt voraus gewesen. Nur heute nicht. Heute hatte er gesiegt.

Sie stellte sich vor, wie er hektisch losrannte, noch schnell die Zigarette ausdrückte. Vielleicht rief er von der nächsten Telefonzelle aus in der Redaktion an, für die er arbeitete. Für die er sich Woche für Woche, Monat für Monat, Jahr für Jahr die Beine in den Bauch gestanden hatte. »Ich hab sie!«

Sein Redakteur würde vielleicht sagen: »Wurde auch Zeit.«

Der Taxifahrer sprang auf den Sitz, verriegelte die Tür und fuhr mit quietschenden Reifen los. Er warf einen Blick in den Rückspiegel, schnaubte und murmelte etwas wie: »Verdammte Aasgeier«.

Sie überlegte, wühlte in ihrem Gedächtnis, wer das schon einmal zu ihr gesagt hatte. Früher, vor so vielen ungezählten Jahren. Es wollte ihr nicht einfallen.

»Würden Sie mich gegen eins wieder abholen?« Auch ihre Stimme, einst so voll und dunkel, war schwach.

Er nickte. »Selbstverständlich, Ma'am.«

Das Taxi pflügte sich durch den New Yorker Verkehr, der wie jeden Tag eine Herausforderung war.

Sie schloss die Augen, erinnerte sich an den Tag, als sie das erste Mal hergekommen war. Sie sah sich wieder am Hafen stehen und sich umblicken. New York! Amerika! Und sie mittendrin, ein blutjunges Ding von gerade mal neunzehn Jahren. Ein Mädchen aus Schweden, unerfahren, ängstlich und verwirrt von all dem, was auf sie einprasselte. Aber so voller Pläne und Leben.

»Die Freiheitsstatue! Sie steht für ein Land, in dem alles möglich ist!«, hörte sie Stiller wieder rufen. »Wir sind in Amerika!«

Sie schluckte, musste lächeln. Stiller.

»Ma'am? Miss Garbo? Wir sind gleich da …«

1. Teil

1921–1923

Kapitel 1

Stockholm im Frühjahr 1921

Greta hatte die Tür vom Nebeneingang des PUB hinter sich ins Schloss fallen lassen. Seit dem vergangenen Jahr arbeitete sie in der Hutabteilung des großen Kaufhauses. Das PUB war nach dem Inhaber Paul U. Bergström benannt. Es war ein hohes Gebäude mit einem Giebel, über dessen Eingangstür eine Uhr hing.

Einen Augenblick blieb sie stehen, legte den Kopf in den Nacken und schaute in den wolkenlosen Himmel. Endlich Feierabend!

Sollte sie gleich nach Hause gehen oder noch ein bisschen durch die Stadt schlendern, auch wenn ihre Füße vom vielen Stehen brannten? Das Wetter war so herrlich, und sie sehnte sich nach frischer Luft.

Die Entscheidung wurde ihr abgenommen. Plötzlich griffen Hände nach ihr. »Hab ich dich!«

Greta stieß einen spitzen Schrei aus, wusste jedoch sofort, wer sie gepackt hatte. »Eva! Musst du mich so erschrecken!«

»Ja.« Ihre Freundin lachte. »Es macht einfach zu viel Spaß. Ich stehe mir hier schon seit einer Ewigkeit die Beine in den Bauch. Hast du Überstunden gemacht?«

Greta schüttelte den Kopf. »Ich hab getrödelt.«

»Trödelliese. Wollen wir einen Stadtbummel machen, oder bist du zu erledigt?«

»Beides«, wäre die ehrliche Antwort gewesen. Im Geiste überschlug sie, wie viele Kronen sie noch in der Börse hatte. Würde es reichen? Als Kind armer Eltern hatte sie gelernt, jede noch so kleine Ausgabe durchzurechnen. Außerdem fühlte sie sich seit dem Tod des Vaters – oh, wie vermisste sie ihn! – verpflichtet, etwas zum Lebensunterhalt beizusteuern.

»Ich lade dich zu einem Glas Limonade und einem Stück Kuchen ein. Na? Klingt das nicht verlockend?«

»Zu verlockend.« Greta warf einen Blick auf die Uhr. Ein Stündchen könnte sie sicher fortbleiben, ehe ihre Mutter sich ernsthaft Sorgen machen würde. Es kam durchaus vor, dass sie etwas länger bleiben musste, wenn zu viel zu tun war.

Ihr Schweigen nahm Eva als Einverständnis. »Dann ist es abgemacht, fein.« Ihre Freundin hakte sie unter und zog sie auf den Gehweg. »Und? Was macht die Arbeit? Welche Hüte trägt man in diesem Frühjahr?« Sie deutete nach vorn. »Lass uns ins Café Persson gehen, ja?«

Während sie die Straße überquerten, plapperte Eva munter weiter. »Du siehst übrigens gut aus, Greta. Richtig erwachsen, dachte ich so bei mir, als du aus der Tür kamst.«

Ein Automobil fuhr an ihnen vorbei, und sie starrten ihm hinterher.

»Todschick, oder?« Eva seufzte. »Ich will auch unbedingt den Führerschein machen.«

Greta schaute sie verblüfft an.

»Was guckst du denn so? Findest du das so seltsam?«

Zwei schwatzende Frauen mit eleganten Hüten rempelten sie an, entschuldigten sich nicht einmal und gingen weiter.

Greta blickte ihnen nach. Die Hüte kamen ihr bekannt vor.

Wieder seufzte ihre Freundin. »Ich wünschte, ich könnte auch so was tragen.«

»Jeder kann einen Hut tragen.«

Eva hielt ihr die Tür des Cafés auf, das um diese Zeit gut besucht war. »Jeder? Glaub ich nicht.« Sie blickte sich kurz um und raunte: »Hinten am Fenster wird gerade ein Tisch frei.« Sie umfasste Gretas Handgelenk. »Komm, schnell!«

Greta stolperte über ihre eigenen Füße und fluchte leise. Manchmal war sie wirklich zu tollpatschig!

Kichernd setzte Eva sich. »Geschafft! Ich nehme Käsekuchen, und du?«

Greta nahm ihr gegenüber Platz und schaute aus dem Fenster. Von hier aus war das Kaufhaus zu sehen. Gedankenverloren betrachtete sie die Zeiger der Uhr über dem Eingang.

»Damit wir sehen können, wenn wir eine Minute zu spät kommen«, hatte eine Kollegin gemeint, die sie herumgeführt hatte.

Oder viel zu früh, hatte Greta gedacht. Sie war nämlich meistens zu früh.

Ob man sich angewöhnen konnte, zu spät zu kommen? Konnte man sich überhaupt an etwas gewöhnen, das einem äußerst schwerfiel? Zum Beispiel auch an die Leere, die ihr Vater hinterlassen hatte und die niemand auszufüllen vermochte?

»Armes Ding«, hatte die Kollegin zu ihr gesagt. »Mit vierzehn den Vater zu verlieren, muss schrecklich sein.«

Eva schnippte mit den Fingern vor ihrem Gesicht. »Greta? Wo warst du gerade?«

»Bei … meinem Papa.« Sie schluckte.

Ihre Freundin legte ihr die Hand auf den Arm. »Du Arme.«

Den Tod des Vaters hatte Greta lange nicht glauben, nicht begreifen wollen. Es konnte nicht sein, dass er nicht mehr da war, dass er tot in diesem schrecklichen Sarg lag. Dass er nie wieder sprechen, lachen und ihr übers Haar streichen würde. »Wir beide, nicht wahr?«, hatte er gern gesagt und sie liebevoll angeschaut. Jedes Mal war ihr das Herz aufgegangen, und sie hatte sich gesagt, dass sie ein ungeheures, geradezu unverschämtes Glück hatte, einen solchen Vater zu haben. Er war sanft und gutmütig gewesen, und er war der erste Mensch, der sie mit ins Theater genommen hatte. Nie würde sie den besonderen Geruch von Schweiß und Puder, das Flirren und Tanzen der feinen Staubkörnchen vergessen, nie das freudig-aufgeregte Herzklopfen, als der Vorhang sich lichtete und ein Schauspieler die ersten Worte sagte. *Das ist meine Welt*, hatte sie gedacht, *die und keine andere.*

Fast vier Jahre war das jetzt her, und schon davor hatte sie oft am Nebeneingang des Theaters gestanden und die Schauspieler beobachtet, die hineingingen. Könnte sie doch nur eine von ihnen sein! Mit der Zeit nickte der eine oder andere ihr zu, schien sie wiedererkannt zu haben.

Oft stand Greta daheim vor dem Spiegel und fragte sich verzweifelt, ob sie hübsch genug war, besser gesagt, noch werden würde. Als Schauspielerin musste man unbedingt hübsch sein, mit einem ebenmäßigen Gesicht und einer schlanken, anmutigen Gestalt. Sie besaß weder das eine noch das andere. Ihr Gesicht war eher rundlich, die Nase zu groß, das Kinn zu ausgeprägt, das Haar kraus, ihre Figur nicht elfenhaft-zierlich, sondern bäuerlich-grobschlächtig. Aber sie war recht groß für ein Mädchen, und wahrscheinlich würde sie noch weiterwachsen und das Pummelige sich allmählich in schlanke, wohlgeformte Festigkeit verwandeln. Vielleicht bekäme sie das krause Haar mit einem Glätteisen gebändigt, und das runde, noch immer pausbäckige Mädchengesicht würde ebenfalls schmaler werden und etwas Weibliches zutage fördern. Ein Gesicht, bei dem man ein zweites Mal hinschauen würde.

»Greta?«

Sie fuhr zusammen.

»Du warst wieder weit weg, oder?«

»Ich bin nun mal keine Elfe«, sagte sie kläglich.

»Wie kommst du jetzt auf Elfe?«

»Ich musste gerade daran denken, wie Papa mich das erste Mal mit ins Theater genommen hat.« Sie senkte den Kopf und schluckte. *Fang jetzt bloß nicht an zu heulen, nicht hier vor allen Leuten!*

Die Kellnerin kam, eine Frau mit strengem Dutt und

mürrischer Miene. »Was kann ich euch bringen?« Sie wischte den Tisch ab, übersah dabei jedoch ein paar Krümel.

»Zweimal Limonade und zwei Stück Käsetorte. Oder willst du was anderes, Greta?«

»Nein.«

Die Kellnerin sah sie nachdenklich an. »Dich kenne ich doch. Du arbeitest drüben im PUB, oder?«

Greta nickte.

»In der Hutabteilung.«

Wieder ein Nicken.

»Bist nicht sehr gesprächig, was?«

»Nein.«

Eva gluckste.

Die Frau hob die Augenbrauen, murmelte etwas und zog ab.

Eva wischte die Krümel mit der Hand zusammen und ließ sie mit bedeutungsvollem Blick auf den Linoleumboden rieseln. »Sie reißt sich vor Freundlichkeit nicht gerade ein Bein aus. Wäre ich Kellnerin, wäre ich zu jedem Gast höflich und freundlich.«

»Warum bist du's nicht?«

Ihre Freundin hob die Augenbrauen. »Höflich und freundlich? Na, hör mal …«

»Kellnerin.«

»Ach so. Nein, das ist nichts für mich. Ich muss zu Hause schon immer alle bedienen.«

Greta nickte, sie machte sich auch nichts aus Hausarbeit.

»Du hast meine Fragen übrigens noch nicht beantwortet.«

Sie blinzelte seufzend. »Es waren so viele, Eva.«

Ihre Freundin lachte. »Du hast recht, ich weiß sie selbst nicht mehr.«

Limonade und Kuchen wurden gebracht, und eine Zeit lang tranken und aßen sie schweigend. Greta genoss die himmlische Stille! Sie hatte Eva wirklich gern, sie war ihre einzige Freundin, aber es war oft furchtbar anstrengend mit ihr. Eva schwatzte unablässig über dies und das und jenes und stellte ununterbrochen Fragen, die Greta überforderten.

Sie spürte, wie sie die vertraute Traurigkeit überkam. Doch das würde sie nicht zulassen, nicht jetzt, nicht hier. Entschlossen räusperte sie sich und stocherte in ihrem Kuchen.

»Ist der neue Katalog schon da?« Eva trank ihre Limonade aus und wischte sich mit dem Handrücken über den Mund.

Greta griff in ihre Handtasche, die sie sich von ihrem ersten Lohn gekauft hatte. Sie legte den Katalog auf den Tisch, mitten in eine kleine Limonadenpfütze.

Eva zog ihn zu sich und blätterte darin. »Ui, die sind aber schick! Und wie hübsch du damit aussiehst!«

Als Bergström Greta gefragt hatte, ob sie Modell für die neue Frühjahrskollektion stehen wollte, hatte sie erst ablehnen wollen. Sie und Modell!

Doch dann hatten auch zwei Kolleginnen auf sie eingeredet, und schließlich hatte sie eingewilligt.

»Du hast ein Hutgesicht, ich sag's ja.«

Greta beugte sich vor und zeigte auf das Modell *Jane*, einen großen Hut mit breiter Krempe. »Den finde ich am hübschesten.«

»Du siehst damit aus wie eine Dame.«

Sie musste lachen und verschluckte sich. Sie presste beide Hände vor den Mund, um nicht auf den Tisch zu spucken, was Eva veranlasste, so laut zu lachen, dass zwei ältere Damen am Nebentisch missbilligend herüberstarrten. Eine der beiden blies entrüstet die Wangen auf.

Nun konnte sich Eva gar nicht mehr beherrschen und prustete los. Greta wurde angesteckt, und sie kicherten, bis ihnen die Tränen übers Gesicht liefen.

Es tat gut, endlich mal wieder so zu lachen. Wie lange war das her? Ob ihr Vater ihnen gerade zuschaute? Von irgendwoher? Freute er sich darüber, oder dachte er, dass sie ihn wohl vergessen hatte?

Abrupt hielt sie inne.

»Was hast du denn?«, fragte Eva.

»Gar nichts.«

Ihre Freundin war mitfühlend, und sie verstand, wie sehr Greta ihren Vater vermisste. Doch wie alle war auch sie der Meinung, dass Traurigkeit und Sehnsucht verschwanden. Eines Morgens wachte man auf, und alles war wieder gut.

Von wegen, gar nichts war gut, egal, wie viele Tage, Monate und Jahre noch vergehen würden. Ihr Vater würde ihr auf alle Ewigkeit fehlen.

Greta schob den Kuchenteller von sich und trank die Limonade in einem großen Zug aus.

Eva tätschelte ihren Handrücken. »Wollen wir noch einen kleinen Spaziergang machen?« Und mit vielsagendem Blick auf die Damen am Nebentisch fügte sie hinzu: »Hier drin ist Fröhlichkeit verboten.«

Kapitel 2

Dieser Nachmittag war ungewöhnlich warm für einen Frühlingstag. Greta stand in der Hutabteilung und tat so, als sähe sie einer Kundin bei der Anprobe zu. Ihre Gedanken waren wie meistens längst abgeschweift. Was ließe sich mit diesem herrlichen Tag alles anfangen? Sie arbeitete gern im PUB, aber manchmal wünschte sie, sie könnte sich einfach davonstehlen und ein bisschen durch die Stadt schlendern.

Sie erinnerte sich noch gut daran, was ihre Mutter damals gesagt hatte, nachdem sie sich aus dem Ferienlager davongemacht hatte. »Du kannst doch nicht einfach weglaufen, Greta. Manchmal muss man eben die Zähne zusammenbeißen und sich anpassen.«

»Aber ich hasse das Ferienlager«, hatte sie erwidert. »Nur die armen Kinder müssen dorthin.«

Sie war auch zweimal von zu Hause weggelaufen, einmal hatte sie den Zug Richtung Süden genommen und sich in der Toilette versteckt. Ein aufmerksamer Schaffner hatte sie entdeckt und in den nächsten Zug nach Stockholm gesetzt. Ihre Mutter war außer sich gewesen, während ihre Geschwister sie für ihren Mut bewundert hatten.

Greta hörte sich seufzen und kehrte damit in die Gegenwart zurück. Mit einem Kopfschütteln zeigte sie der Kundin, dass Modell *Solveig* nicht das richtige war. Die Frau hatte eigentlich nur schauen und ein paar Hüte aufprobieren wollen. »Ich denke, ich brauche keine Beratung, aber vielen Dank.«

Bitte sehr, hatte Greta gedacht. *So bleibt mir mehr Zeit zum Träumen.* Ihre Knöchel und Füße waren geschwollen vom Stehen, und sie sehnte sich nach einem Stuhl. Aber es war nicht erlaubt, während der Arbeit zu sitzen. Was sollten die Kunden denken? *Und es ist auch nicht erlaubt davonzulaufen und irgendwo spazieren zu gehen,* dachte sie und musste ein Kichern unterdrücken.

Die Kundin, eine Frau mittleren Alters, die gern und oft zu lachen schien, legte mit einem resignierten Seufzen einen Hut auf den Tresen. »Ich nehme den. Er ist der Einzige, der mir steht.«

Nun war Greta wieder ganz Verkäuferin mit fachmännischem Blick. »Haben Sie das Modell *Ida* probiert?«

»*Ida*?« Die Frau hob die Augenbrauen. »Das ist der mit der hübschen kleinen Schleife, nicht wahr? Nein, ich habe mich nicht an ihn herangetraut. Meine Freundin sagt, mir stehen keine Schleifen.«

Greta wollte mit der Zunge schnalzen, ließ es aber bleiben. Auch das war nicht erlaubt. »Es kommt immer auf einen Versuch an«, ließ sie verlauten und überlegte, ob es altklug klang. Ach, und wenn schon.

Sie ging zum Regal, stellte sich auf die Zehenspitzen und zog vorsichtig Modell *Ida* hervor. Sie bat die Kundin, auf einem der Hocker Platz zu nehmen, drapierte den Hut auf deren dunkelblondem Haar, rückte ihn zurecht, trat einen Schritt zurück, rückte ihn ein wenig mehr nach rechts und nickte schließlich. »Warten Sie, ich hole einen Spiegel.«

Wie die Kundin staunte! »Der ist wirklich hübsch. Und ehrlich gesagt finde ich nicht, dass mir die Schleife nicht steht.«

»Der Hut ist wie für Sie gemacht.« Na schön, das war ein bisschen übertrieben, aber wen störte das? Die Kundin war glücklich, Herr Bergström zufrieden, und Greta hätte mit diesem weiteren Verkauf einen persönlichen Rekord in dieser Woche gebrochen.

»Ich nehme ihn!«, erklärte die Kundin. »Würden Sie ihn mir hübsch einschlagen?«

»Aber der schöne Hut!« Sie zwinkerte der Frau zu und war selbst ganz überrascht. »Selbstverständlich werde ich ihn für Sie einpacken.«

Greta räumte gerade auf und säuberte den Tresen, als ihr Blick auf drei junge Frauen fiel, die durch die Abteilung schlenderten. Eine hatte den Frühjahrskatalog unter dem Arm. Wahrscheinlich hatte sie ihn aus der unteren Etage mitgenommen, wo ein Stapel bereitlag. Die drei waren mehr als offensichtlich keine potenziellen Kundinnen, stattdessen neugierige, vorlaute Backfische, die jeden Hut anfassen und aufsetzen wollten. Dabei kommentierten sie einander gegenseitig und fanden das offenbar urkomisch. Hoffentlich würden sie gleich wieder gehen, in wenigen Minuten war Ladenschluss, und Greta freute sich auf den Feierabend. Ihre Beine taten weh, und die Füße brannten, als wäre sie über glühende Kohlen gelaufen.

Sie wollte zu ihnen gehen und es ihnen höflich, aber bestimmt mitteilen. »Wir schließen in wenigen Minuten, meine Damen.« Nun, vielleicht würde sie nicht »meine Damen« sagen, das klang zu gestelzt, außerdem wäre es unpassend. Damenhaft benahmen die jungen Frauen sich wirklich nicht.

Doch dann hörte sie etwas, das ihre Aufmerksamkeit erregte. Unauffällig ging sie ein paar Schritte näher heran und tat so, als gäbe es dort am Regal noch etwas zu tun.

»Sie ist hübsch, oder? Wie alt wird sie sein, achtzehn, neunzehn? Ich wünschte, ich könnte auch so gut Hüte tragen.«

Unterhielten die Frauen sich gerade über sie?

Die drei standen beieinander, die Köpfe über dem Katalog zusammengesteckt. Greta wollte rasch wieder gehen, wenn sie doch nur nicht so neugierig wäre! So blieb sie stehen, versuchte, sich unsichtbar zu machen, und hoffte, nicht zu laut zu atmen.

»Ich schätze, sie ist mindestens neunzehn«, meinte eine der drei und schürzte die Lippen. »Seht doch, wie kokett und erwachsen sie aussieht.«

Kokett? Erwachsen? Hübsch? Greta klingelten die Ohren.

In diesem Augenblick drehte sich einer der Backfische zu ihr um, hob überrascht und ein wenig beschämt, wie ihr schien, die Augenbrauen. Der rot geschminkte Mund öffnete sich kurz und schloss sich gleich wieder. Sie warf den beiden anderen einen unbehaglichen, Hilfe suchenden Blick zu.

Greta begann zu schwitzen. Sollte sie etwas sagen, sich entschuldigen? Nein, am besten, sie würde sich abwenden und gehen. Irgendwohin, wo sie sie nicht mehr sehen würden. Irgendwohin, wo sie warten konnte, bis sich ihr vermutlich glühendes Gesicht wieder abkühlte.

»Ach du Schreck, ich glaube, das ist sie«, flüsterte die junge Frau und hüstelte verlegen.

»Kommt!«, raunte ihre Freundin, und zu dritt und unter lautem Gekicher flohen sie aus der Abteilung.

Greta fragte sich verwirrt, was sie empfand. Stolz? Nur ein kleines bisschen? Fühlte sie sich geschmeichelt?

Langsam drehte sie sich um, ging zurück zum Tresen und räumte weiter auf. Dabei summte sie vor sich hin.

Sie spürte ihren Rücken, jeden einzelnen Wirbel, spürte, wie ihre Füße in den unbequemen Schuhen den Boden berührten, wie die Zehen aufsetzten und abrollten. Sie spürte ihre Schultern, die sich strafften, ihren Herzschlag am oberen Rippenbogen. Hübsch. Erwachsen. Kokett.

Als Greta wenig später nach Hause ging, hatte sie zum ersten Mal im Leben das Gefühl, jemand anderes zu sein.

Zu Hause stellte sie sich vor den Spiegel im Schlafzimmer der Mutter und betrachtete sich eingehend von allen Seiten.

War sie wirklich hübsch? Und wann war das passiert? Über Nacht, von gestern auf heute?

Greta schob den braunen Rock hoch bis zum Oberschenkel – sie trug viel lieber Hosen, aber auch die waren nicht erlaubt – und begutachtete ihre Beine. Sie waren lang, ja, und … schlanker? Hatte sie nicht neulich noch über ihre stämmigen Waden geklagt und ihrer Mutter die Schuld daran gegeben, weil die sie ihr in die Wiege gelegt hatte? Hatte sie ihre Schwester Alva nicht neidisch angeschaut, die so viel hübscher, fraulicher und wohlgeformter aussah?

Greta hob das Kinn und trat näher an den Spiegel heran. Verzerrte er etwas? Sie überprüfte ihre Augen, die Nase, die ihr auch gar nicht mehr so knubbelig vorkam wie neulich noch, das Kinn mit der ausgeprägten Kerbung, das ihr plötzlich zierlich erschien, die Lippen, die eine gewisse Sinnlichkeit ausdrückten.

Sie kicherte und schlug hastig die Hand vor den Mund. *Sinnlichkeit, bist du noch zu retten! Du bist sicher so einiges, aber sinnlich ganz bestimmt nicht.*

Sie formte einen Kussmund, verdrehte die Augen und lachte ihr Spiegelbild an. Sie sah gut aus, wenn sie lachte.

Kerzengerade trat sie vom Spiegel zurück, legte eine Hand in die Taille und machte eine elegante Drehung. Nun ja, es ging sicherlich eleganter, aber es war ein Anfang. Sie sollte wahrscheinlich an ihrer Bewegung, ihrem Gang arbeiten, er wirkte oft etwas linkisch.

Greta holte tief Luft, stieß sie zischend und langsam wieder aus, vollführte eine weitere Drehung und spazierte in ihr Zimmer, das sie sich mit Alva teilte.

Dabei konzentrierte sie sich auf ihren Gang, schwenkte leicht die Hüften und setzte einen Fuß exakt vor den anderen. Tatsächlich, sie war eine andere geworden!

Kapitel 3

»Ein Film?« Greta stand vor Bergström und blinzelte irritiert. Sie musste sich verhört haben.

»Ein Werbefilm. Du kannst das, davon bin ich überzeugt. Du hast keine Angst vor der Kamera.«

Wieso sollte sie auch Angst vor einer Kamera haben? Im Gegenteil, sobald jemand einen Fotoapparat auf sie richtete, erwachte etwas – oder jemand? – in ihr, lenkte ihre Schritte, ihre Bewegung, die Haltung ihres Kopfes, steuerte ihr Lächeln und flüsterte ihr zu: *Du bist wunderbar, Greta, nur weiter so.*

»Ein Werbefilm«, wiederholte sie mit leiser Stimme.

Bergström nickte begeistert. »Fantastisch, nicht wahr? Du sollst Blusen, Röcke und Kleider vorführen.«

»Keine Hüte?«

Ihr Chef lachte. »Nein, keine Hüte. Na, was sagst du?«

Sie sagte gar nichts.

Er legte den Arm um ihre Schultern und nahm sie beiseite. »Hör zu, Greta, es gibt nichts, wovor du dich fürchten musst. Herr Ring sagt sogar, dass du ein bisschen schauspielern darfst.«

Das Blut rauschte in ihren Ohren. Schauspielern? Sie sollte also nicht nur Blusen und Kleider vorführen?

»Ring möchte keinen klassischen Werbefilm«, erklärte Bergström weiter. Sein Gesicht glühte, seine Augen leuchteten. »Und unserem Kaufhaus würde es noch mehr Kunden bescheren.«

Sie wollte ihn fragen, ob er sie irgendwann belauscht hatte und wusste, wie gern sie Schauspielerin sein würde. Sie wollte ihn fragen, ob er ihr das wirklich zutraute. Sie hätte ihn auch gern gefragt, wie er ausgerechnet auf sie gekommen war.

Doch all diese Fragen blieben ihr im Hals stecken, und stattdessen sah sie sich selbst wie aus der Ferne zu, wie sie zögerlich nickte.

»Fein!« Bergström strahlte und rieb sich die Hände. »Das wird ganz prima, Greta, du kannst das.«

Woher wollte er das wissen?

Erst jetzt fiel ihr ein, dass sie ihn auch nach diesem Herrn Ring fragen wollte. Wer war der Mann? Den Namen hatte sie noch nie gehört.

Frau Hellberg, die Leiterin der Damenoberbekleidung, kam angelaufen. »Ach, wie aufregend, Greta! Du wirst das wunderbar machen. Ich bin ja so aufgeregt!«

Aufgeregt war Greta auch. Noch am späten Abend lag sie hellwach im Bett, während ihre Schwester neben ihr bereits schlief. Ab und an war ein leises Pfeifen zu hören, und sie musste lachen. »Alva ist eben sehr musikalisch«, hatte ihr

Bruder Sven gemeint, als sie erzählt hatte, dass Alva im Schlaf pfiff.

»Wieso schläfst du denn gar nicht?«, fragte Alva plötzlich.

Greta zuckte zusammen. »Ich dachte, *du* schläfst.«

»Hab ich bis eben auch.«

Sie hörte ein Rascheln, gleich darauf flüsterte Alva: »Rutsch rüber.«

Sie machte Platz, und ihre Schwester kuschelte sich an sie. »Und? Wieso bist du wach?«

»Ich kann nicht schlafen.«

»Herrje, Greta.« Alva seufzte. »Nun erzähl schon etwas genauer.«

»Ich soll in einem Film mitspielen.«

»Was?« Alva hatte sich ruckartig aufgesetzt. »In einem Film?«

»Eine Art Werbefilm.« Mit einem Mal kam es ihr vollkommen absurd vor. Sie war doch gar keine Schauspielerin! Sie war ein fast sechzehnjähriges, unbedarftes, viel zu schüchternes Mädchen mit großen Träumen, die eh nie wahr werden würden.

Alva kniff sie in den Arm. »Greta! Das ist fantastisch.«

»Das hat Herr Bergström auch gesagt.« Es klang weinerlich.

»Du hast doch hoffentlich Ja gesagt.«

»Ja.«

»Wie aufregend!«

»Das hat Frau Hellberg auch gesagt.«

Alva kniff sie erneut.

»Aua!«

»Ich beneide dich, Greta! So sehr beneide ich dich.« Auch Alva wollte Schauspielerin werden, und Greta war davon überzeugt, dass sie es eines Tages auch sein würde. Alva war hübsch, sehr hübsch, und sie wusste sich zu bewegen. Sie war weder schüchtern noch linkisch. Eigentlich war ihre Schwester alles, was sie selbst gern wäre. »Wer weiß, vielleicht kommst du ganz groß raus.«

»In einem Werbefilm?«

»Warum nicht? Jeder fängt mal klein an.« Alva seufzte und kroch wieder neben sie. »Also ich würde auch Ja sagen. Keine Sekunde zögern würde ich.«

Greta legte den Arm um sie und schloss die Augen. Vielleicht hatte Alva recht, und es war wirklich ein Anfang, ein winziger erster Schritt, aber ein Schritt.

Mit dem guten und sicheren Gefühl, das Richtige getan zu haben, schlief sie ein und träumte davon, wie sie in einem sündhaft teuren, bildschönen Kleid – natürlich von PUB – über eine Bühne schwebte. Das Publikum jubelte ihr zu, applaudierte frenetisch und warf Blumen.

Sie bedankte sich mit einem huldvollen Nicken, lächelte in die Runde und verließ mit feenhaftem Schritt die Bühne.

Kurz bevor der Vorhang sich senkte, bemerkte sie, dass sie sich das herrliche Kleid nur eingebildet hatte. In Wahrheit trug sie nichts, rein gar nichts. Sie war splitterfasernackt.

In der Woche darauf begannen die Probeaufnahmen.

Es gab auch einen männlichen Darsteller, der sich Wunder was auf sich einbildete. Greta konnte ihn vom ersten Augenblick an nicht leiden.

»Du bist zu dick«, sagte er doch tatsächlich zu ihr und betrachtete sie abschätzig.

Und du bist zu eingebildet, dachte sie.

»Du wirst gar nicht auf die Leinwand passen.«

Jetzt reichte es aber, das musste sie sich nicht anhören!

Sie hob das Kinn – wahrscheinlich war es doch noch knubbelig und nicht annähernd zierlich – und feuerte bitterböse Blicke auf ihn.

»Willst du dich jetzt bei Ring beschweren?«, fragte er mit einem breiten Grinsen.

»Nein, mit dir werde ich schon selbst fertig.«

Er wollte erst lachen, stutzte jedoch und schien mit einem Mal verunsichert.

Wieder hatte sich gezeigt, dass sie ernst genommen wurde, wenn sie nur energisch auftrat und sich klar ausdrückte – egal, wie schwer ihr beides fiel.

In dem Werbefilm zeigte Greta ein komödiantisches Talent, von dem sie selbst nicht die geringste Ahnung gehabt hatte.

Ring, der den Film drehte und produzierte, offenbar schon. Er hatte sie eine Weile agieren lassen und sie sehr genau beobachtet. Dann rief er plötzlich, jemand solle einen karierten Anzug aus der Herrenabteilung holen. »Den ziehst du an, Mädchen«, sagte er zu ihr. Nein, er wies es an.

Greta zögerte keinen Augenblick und schlüpfte in den viel zu großen Anzug, der für einen Hünen von Mann geschneidert war.

»Und jetzt marschierst du darin los«, befahl Ring.

Sie zupfte am Revers der Jacke, in der sie beinahe versank.

»Marschieren?«, fragte sie verwirrt.

»Nicht im wörtlichen Sinne, Mädchen. Lauf einfach los.«

Und das tat sie. Sie durchquerte den Raum, eine Hand lässig in der Jackentasche. Nach einer Weile war es, als trüge sie den Anzug schon eine ganze Weile. Mit ausladendem Schritt, die Schultern ein wenig hochgezogen, damit das Jackett nicht darüberrutschte, lief sie hin und her, auf und ab.

Aus dem Augenwinkel sah sie den Schauspieler, der sich für den Größten hielt. Mit erhobenen Augenbrauen starrte er sie an, als könne er nicht glauben, was er da sah.

Ring klatschte. »Herrlich, Mädchen, herrlich! Nur weiter, immer weiter.«

Sie lief und lief, vor und zurück, hin und her. Der Anzug war ihr inzwischen zu einer zweiten Haut geworden, und sie selbst war eine erwachsene, schlanke und große Frau, die es liebte, Herrenanzüge zu tragen. Sie stellte sich vor, wie sie eine Zigarette in der Hand hielt, den Kopf kokett – jawohl, kokett! – zurückwarf und mit den Wimpern klimperte.

»Ist das zu fassen? Sie tut so, als wäre der Anzug das Schickste, das sie je getragen hat«, sagte irgendwer irgendwo.

Greta hörte es zwar, es war aber ohne Bedeutung.

Für sie zählte nur der Augenblick: sie vor der Kamera, die leise surrte – in diesem eigentlich furchtbaren Anzug.

Sie, die Schauspielerin.

In Stockholm war der Werbefilm schon bald in aller Munde.

Und tatsächlich strömten die Leute in Scharen ins Kaufhaus, um dort einzukaufen. Bergström war mehr als zufrieden und lobte Greta über den grünen Klee. »Gut gemacht, sehr gut gemacht. An dir ist ganz offenbar eine Schauspielerin verloren gegangen.«

Sie strahlte und schloss für einen kurzen Moment die Augen.

Wenn ich sie wieder aufmache und nicht im Bett liege, war es kein Traum.

Greta atmete beherzt durch, und als sie die Augen öffnete, konnte sie ein tiefes Seufzen nicht unterdrücken.

Kapitel 4

Es war warm an diesem Tag, obwohl der Sommer schon vorbei war, und Greta sehnte sich nach einer Erfrischung, am liebsten einem kühlen Bad im See. Das kalte Wasser machte ihr nichts aus, sie schwamm für ihr Leben gern. Sie war eine hervorragende Schwimmerin, die ihren Geschwistern davonkraulte. Sehr zum Leidwesen ihres Bruders, der sie gern damit aufzog, dass sie zwar wie eine Meerjungfrau schwimme, nur nicht gerade wie eine aussähe.

Greta nahm es ihm nicht krumm, er hatte ja recht, und die Wahrheit konnte man sich nicht zurechtbiegen. »Wart's ab, Sven«, hatte sie erst neulich zu ihm gesagt. »Eines Tages werde ich gertenschlank sein.« Sie hatte ihn frech angegrinst. »Und dir immer noch davonschwimmen.«

Er hatte zurückgegrinst und ihren Kopf getätschelt. »Ich zweifele keine Sekunde daran, Schwesterherz. Wenn du dir was vornimmst, wirst du's auch schaffen.«

»Fräulein Gustafsson?« Magdalena Hellberg kam in die Hutabteilung; wie üblich mit raschem, beschwingtem Schritt. »Herr Bergström will Sie sprechen.«

Greta erschrak. Ob sie etwas angestellt hatte? Zu spät gekommen war sie jedenfalls nicht. Hatte sich jemand über sie beschwert, eine Kundin vielleicht? »Ich komme.« Sie strich ihren Rock glatt, schob sich eine vorwitzige Haarsträhne hinters Ohr – im Grunde bestand ihr Haar aus lauter vorwitzigen Strähnen – und machte sich auf den Weg zu Bergströms Büro.

Es war ein kleiner, dunkler Raum, den ihre Kollegen Spelunke nannten. Sie klopfte zaghaft an.

»Ja?«

Sie öffnete die Tür einen Spaltbreit. »Sie wollen mich sprechen?«

»So ist es. Komm nur rein, Mädchen.« Er stand auf und räusperte sich. »Setz dich.«

Sie nahm auf dem Stuhl vor seinem Schreibtisch Platz und wusste nicht recht, wohin mit ihren Händen. Es gab keine Taschen, in die sie sie schieben konnte, außerdem würde ihr Chef sie sofort zurechtweisen. »Die Hände gehören an den Körper, nicht in eine Tasche.«

Er räusperte sich erneut, und Greta befürchtete, dass es sich wohl um eine höchst ärgerliche Angelegenheit handeln musste. »Wie soll ich anfangen? Nun, es geht wieder um einen Werbefilm.« Er ging zum Fenster und blieb dort mit dem Rücken zu ihr stehen. »Ring will dich wieder haben.«

Sie musste lachen, konnte gerade noch rechtzeitig die Hand auf den Mund pressen. Wie das klang: Ring will dich wieder haben. *Ich bin nicht zu haben,* dachte sie, *ich gehöre nur mir selbst.*

Bergström drehte sich zu ihr um, die Stirn gerunzelt. »Er sagt, er sei ganz begeistert von dir.«

War das ein Grund, so missbilligend zu schauen?

»Du sagst ja gar nichts.«

Was sollte sie auch sagen? Im Gegensatz zu ihr schien er sich nicht darüber zu freuen, dass Ring ganz offenbar zufrieden mit ihr war und sie erneut engagieren wollte.

Bergström setzte sich wieder an seinen Schreibtisch, rutschte ein wenig vor und sah sie eindringlich an. Greta spürte, wie sie unter seinem Blick in sich zusammensank, schrumpfte. »Ich will ehrlich sein: Mir behagt das nicht. Ich finde, du bist viel zu jung für so was.«

So was? Was meinte er damit? In einem Film mitzuspielen, war doch nichts Unehrenhaftes.

»Er hat einen Narren an dir gefressen, und auch das behagt mir nicht. Du bist erst fünfzehn, Greta.«

Nun sagte sie doch etwas. »Fast sechzehn.«

»Schön, fast sechzehn, und damit trotzdem viel zu jung. Du stehst unter meinem Schutz, Greta, ich habe deiner Mutter versprochen, auf dich achtzugeben.«

Ich kann auf mich selbst aufpassen. Hatte sie laut gedacht? Oh, besser nicht!

Er sah sie noch immer an, sein Blick war jetzt nachdenklich. »Ich finde, Ring sollte sich eine ältere Darstellerin suchen. Und das werde ich ihm auch sagen.« Es klang entschlossen und zudem so, als dürfe sie nun gehen. Das Gespräch war beendet.

Greta holte tief Luft, ließ sie wieder entweichen und setzte erneut an. »Ich … würde gern mitspielen, Herr Bergström«, begann sie mit leiser, aber fester Stimme. »Es hat mir gefallen, und ich möchte es wieder tun.«

»Ich bin dagegen.«

»Aber ich … möchte selbst entscheiden.«

Er hob die Augenbrauen. »Nanu? So widerspenstig?«

Sie schüttelte den Kopf. »Ich wünsche mir einfach, dass Sie einverstanden sind.«

Er machte »Hm« und verschränkte die Arme. »Interessiert dich gar nicht, um was für einen Werbefilm es geht?«

»Doch, das interessiert mich.« *Ich habe ihn gleich so weit,* dachte sie mit einem brennenden Gefühl in der Brust. *Er wird klein beigeben, und ich habe gewonnen.*

»Nun, es soll um Backwaren gehen.«

»Backwaren?« Enttäuschung durchflutete sie, doch sie hatte sich rasch wieder im Griff. Dann eben Backwaren, warum nicht? Es war gleichgültig, ob sie Herrenanzüge vorführen oder mit einer Torte in der Hand herumspazieren sollte. Hauptsache, sie durfte in einem Film mitspielen.

Bergström schien ihre kurze Enttäuschung bemerkt zu haben, denn ein belustigtes, vielleicht sogar triumphierendes Lächeln umspielte seine Lippen. Zu Backwaren wird sie wohl kaum Ja sagen, mochte er gerade denken. »Ich sehe schon, du hast es dir anders überlegt.« Er zog ein Blatt Papier aus der Schublade und griff nach einem Stift.

»Nein, keineswegs.«

Er hielt in der Bewegung inne. »Wie bitte?«

»Ich möchte unbedingt in dem Film mitspielen, Herr Bergström«, erklärte sie selbstbewusst. *Lass bloß das Kinn unten, sonst siehst du trotzig aus.* Sie neigte den Kopf ein wenig zur Seite und setzte ihren Augenaufschlag ein, den sie vor dem Spiegel einstudiert hatte. Mit einem strahlenden Lächeln fügte sie hinzu: »Bitte sagen Sie Ja, Herr Bergström. Es ist mein inniger Wunsch.«

Er schien verwirrt, sogar verunsichert, seufzte verhalten – und nickte schließlich.

Sie hatte gewonnen.

In dem Werbefilm sollte Greta ein junges Mädchen spielen, das leidenschaftlich gern Kuchen aß. Das dürfte ihr nicht schwerfallen, sie liebte Kuchen und Torten jeglicher Art.

Gedreht wurde auf dem Dach des Grand Hotels. Zusammen mit drei anderen jungen Mädchen saß sie an einem hübsch gedeckten Tisch. Unablässig wurde neuer Kuchen gebracht.

Dann hatte der männliche Darsteller seinen Auftritt: Lars Hanson, groß, schlank, blondes welliges, zurückgekämmtes Haar, ausdrucksstarker Blick. Kurzum: Er sah umwerfend aus, und Gretas Kolleginnen kicherten nervös und mussten vom Regisseur zurechtgewiesen werden.

»Ein bisschen Disziplin, wenn ich bitten darf! Bringt den Marmorkuchen!«

Eine der jungen Frauen stöhnte auf. »Mir ist schon ganz schlecht.«

Auch Greta war bereits übel, doch sie futterte unbeirrt weiter und konzentrierte sich auf ihre Rolle. Sie wollte ihre Sache unbedingt gut machen. Dass die Schauspielerei ein Kinderspiel war, hatte sie nie geglaubt.

Laut Drehbuch sollte Hanson mit ihr flirten, und sie sollte so tun, als bemerke sie es nicht, weil sie mit Kuchenessen beschäftigt war. Er zündete sich eine Zigarette an, blies hübsche kleine Rauchkringel in die Luft und schlenderte am Tisch vorbei.

Greta blickte den Kringeln nach, lächelte versonnen und biss von ihrem Kuchen ab.

»Stopp!«, rief Ring. »Was ist mit dem Licht? Wieso ist es plötzlich so dunkel?«

»'tschuldigung!«, kam es von irgendwoher.

»Kurze Pause!«

Die Darstellerinnen einschließlich Greta atmeten auf. Um sie herum entstand ein Gewusel. Eine Frau zupfte an ihren Haaren und tupfte ihnen erneut Puder auf die Wangen. Eine andere Frau lief mit einem Klemmbrett umher und rief immer wieder: »Nun macht schon, nun macht schon!«

Greta wusste nicht, was und wen genau sie meinte.

»Gott, ist mir schlecht.« Die junge Frau neben ihr – Evelyne, wenn sie sich recht erinnerte – lehnte sich auf dem Stuhl zurück. »Ich kann nichts mehr essen, ich schwör's. Noch ein Bissen, und ich kippe vom Stuhl.«

»Oder er bricht unter dir zusammen«, meinte eine andere.

Die beiden kicherten.

Hanson kam und stellte sich neben Greta. »Du meinst es ernst, was?«

Sie war zusammengezuckt. »Wie bitte?«, stammelte sie.

Er hockte sich hin und sah sie lächelnd an. »Deine Rolle. Du nimmst sie sehr ernst.«

Sie nickte.

»Ich verstehe, was er gemeint hat.«

»Was? Wer?«

»Ring.« Er lächelte wieder. Oder immer noch? »Er hält große Stücke auf dich, hat richtig von dir geschwärmt.«

Greta wurde glühend rot und senkte hastig den Kopf.

Hanson legte ihr für einen kurzen Moment die Hand auf die Schulter, und sie hörte, wie die anderen Frauen nach Luft schnappten. »Nur weiter so, Kleine.«

Er sagte wirklich »Kleine«. Greta wusste nicht, ob sie wütend sein oder sich doch geschmeichelt fühlen sollte. Hanson hatte schon unter der Regie von Mauritz Stiller gespielt, einem bekannten schwedischen Regisseur. Er war ein richtiger ernst zu nehmender Schauspieler, und er hatte sie vor allen anderen gelobt. Über »Kleine« sollte sie hinwegsehen.

Und doch ritt sie der Teufel. Langsam erhob sie sich, strich ihren Rock glatt und sagte: »Klein bin ich eigentlich nicht.«

Hanson erhob sich ebenfalls, und so standen sie voreinander, Greta reichte ihm bis zur Nasenspitze. »Tatsächlich.« Er grinste amüsiert. »Dann nehme ich ›Kleine‹ zurück. Ich wollte dich auch nicht ärgern.« Er streckte die Hand aus, und sie nahm sie verblüfft. »Freunde?«

Die anderen Frauen tuschelten miteinander, bis Ring rief: »Es geht weiter, Leute! Ich erwarte volle Konzentration!«

Hanson zwinkerte ihr zu, und sie zwinkerte verwegen zurück.

»Wir sehen uns, Mädchen«, raunte er, bevor er seinen Platz einnahm und sich eine neue Zigarette anzündete.

Irgendwann, Greta hatte jedes Zeitgefühl verloren, erlöste Ring sie mit einem lauten »Schluss für heute! Danke!«.

Ihr rutschte ein erleichtertes Seufzen heraus, und sie legte den Rest des Kuchens zurück auf den Teller. Die nächsten Wochen würde sie kein einziges Stück mehr anrühren.

»Hilft mir jemand hoch?«, flüsterte Evelyne neben ihr.

Ring schlenderte zu ihnen herüber. Im Vorbeigehen drosch er Hanson auf die Schulter. »Glänzend, danke, Lars. Ich melde mich.«

Hanson nickte mit einem knappen Lächeln und ging davon.

Greta blickte ihm nach, und ihr ging etwas Seltsames durch den Kopf. *Er hat es sehr wahrscheinlich in Zukunft nicht mehr nötig, für einen drittklassigen Regisseur zu spielen.*

Auch Ring hatte ihm hinterhergeschaut. »Ich glaube, er kommt noch ganz groß raus.« Er wedelte mit der Hand. »Ihr könnt gehen, Mädchen.« Er legte den Arm um Gretas Schultern und zog sie vom Stuhl. »Und jetzt zu dir.«

Sie stolperte über ein Kabel, und jemand rief: »He, aufpassen!«

Ein junger Mann kam angelaufen und rollte das Kabel auf. »Geh mal zur Seite!«, wies er sie an. »Kann mal jemand das Licht wieder anmachen, hier sieht man ja seine eigenen Füße nicht!«

Greta wurde angerempelt, und sie geriet ins Straucheln.

Ring hatte sie blitzschnell festgehalten und an sich gezogen. »Hoppla.« Er strich ihr eine Haarsträhne aus dem Gesicht. »Du bist talentiert, Mädchen. Du erinnerst mich an Lili Ziedner. Weißt du, wer das ist?«

Sie schluckte fassungslos. Und ob sie die berühmte Varietékünstlerin kannte. Lili Ziedner war urkomisch – und ziemlich beleibt.

Erinnerte Greta ihn deshalb an sie? Weil sie beide pummelig waren? Sollte sie sich etwa darüber freuen? Nun, da konnte er lange warten.

»Aber du bist niedlicher«, raunte er ihr ins Ohr und spuckte dabei auf ihr Ohrläppchen. »Viel niedlicher. Und du bist wirklich talentiert, glaub mir, Mädchen. Die Leute können über dich lachen, das ist was Besonderes.«

»Danke«, sagte sie schüchtern und etwas säuerlich.

Eigentlich wollte sie nicht, dass die Leute sie lustig fanden, aber sie würde sich damit arrangieren. Vorerst.

Ring ließ ihre Schultern los, nickte ihr zu und ging davon, die Hände in den Hosentaschen.

Greta stand mit hängenden Schultern und rumorendem Magen da. Sie war bitter enttäuscht. Kein Wort von ihm, dass auch sie noch groß herauskäme.

Sie atmete tief durch und schüttelte die Enttäuschung ab. Es fiel ihr erstaunlich leicht. Ring war der Meinung, dass sie Talent hatte. War das nichts?

Greta hob den Kopf und streckte sich. Und was hatte Hanson vorhin zu ihr gesagt: »Wir sehen uns, Mädchen.«

Sie lächelte, mit einem Mal zuversichtlich und auf eigenartige Weise kribbelig. Ja, sie würden sich wiedersehen.

Kapitel 5

Stockholm im Frühjahr 1922

Anfang des Jahres hatte Greta überlegt, privaten Schauspielunterricht zu nehmen, und ihrer Mutter davon erzählt.

»Kind, bist du noch zu retten? Wer soll das bezahlen?«, hatte die gefragt.

»Ich natürlich«, hatte sie erwidert. »Ich verdiene Geld, Mama, und wenn ich jeden Monat ein bisschen was abzwacke, sollte es gehen.«

»Du meinst es wirklich ernst, was?«

Genau wie Hanson, hatte Greta gedacht, und ein heißes Glücksgefühl hatte sie durchströmt. Ja, sie meinte es ernst, und wie! Sie wollte Schauspielerin werden, eine richtige Schauspielerin, die mit bekannten, berühmten Regisseuren zusammenarbeitete. Manchmal, wenn sie abends im Bett lag und nicht einschlafen konnte, stellte sie sich vor, wie sie auf einer Bühne stand und sich verbeugte. Sie hörte die Menschen jubeln und applaudieren. In ihren Ohren war es die schönste, wohlklingendste Musik.

Doch dann überlegte sie es sich anders. Nein, vorerst

wollte sie keinen Privatunterricht. Ihre Mutter hatte recht, er war zu teuer, selbst wenn es ihr gelingen sollte, sich die Kronen vom Mund abzusparen. Eine richtige, eine klassische Schauspielschule, das wäre was! Miteinander und voneinander lernen musste wunderbar sein. Man war unter sich, teilte die Liebe zum Theater, zur Schauspielerei.

Greta hatte von einem Stipendium gehört, das die Schauspielakademie des Königlichen Dramatischen Theaters vergab. Aber bekäme sie ein Stipendium? Würde sie überhaupt die Aufnahmeprüfung bestehen?

Ach, so viele Fragen, und die Antworten würde sie wohl schuldig bleiben. Sie würde sich niemals trauen, an der Schauspielschule vorzusprechen.

An diesem Tag, es war noch früh am Morgen und Greta auf dem Weg zur Arbeit, dachte sie wieder einmal darüber nach. Wenn sie doch nur über ihren Schatten springen könnte!

Vor dem Schaufenster des PUB blieb sie stehen und warf einen Blick auf die hübsche Dekoration. Zwei Schaufensterpuppen zeigten die neue Frühjahrskollektion: schmale, knöchellange Röcke in Weiß, die Oberteile schlicht und hochgeschlossen mit sogenannten Fledermausärmeln, die gerade in Mode waren.

Greta blickte sich rasch um, presste die Stirn an die Scheibe und streckte einer der Puppen die Zunge heraus. »Egal, wie teuer dein Kleid auch sein mag, du siehst trotzdem sterbenslangweilig aus.«

»Ach ja?« Eine männliche Stimme ließ sie herumwirbeln. Ein Mann in dunklem Anzug und Hut stand da mit einem belustigten Schmunzeln auf den Lippen. »Aber ich verrate dir was: Ich sehe es genauso. Ich wünschte, lebendige Frauen würden die Kleider vorführen.«

»Dann sollten Sie zu einer Modenschau gehen«, erwiderte sie schlagfertig und ging an ihm vorbei zur Tür.

Kurz darauf packte Greta die neue Hutlieferung aus.

Es war mühsam wie immer, da es eine kleine Herausforderung war, jeden einzelnen Hut auszuwickeln. Wie üblich waren sie sehr gut eingepackt. Greta fluchte leise, als sie endlich eine Toque aus ihrer Verpackung befreit hatte.

Sie kniete vor dem Regal und sah aus dem Augenwinkel einen Mann in die Abteilung kommen. Kundschaft, auch das noch. Konnten die Leute nicht ein bisschen später kommen, damit sie in Ruhe auspacken und einsortieren konnte?

Sie stand auf und klopfte sich den Rock ab. »*God dag*, mein Herr. Was kann ich … Ach, Sie sind das.« Es war der Mann von vorhin, den sie vor dem Schaufenster getroffen hatte.

Mit strahlendem Lächeln stand er vor ihr und schaute sich interessiert um. »Hübsche Hüte haben Sie.«

»Es ist eine Hutabteilung, und es wäre schlimm, wenn unsere Hüte hässlich wären.«

Er lachte. »Sie sind recht schlagfertig, mein Fräulein.« Ach, nun war sie plötzlich ein Fräulein und wurde gesiezt.

Greta brachte eine leise Entschuldigung hervor. Sie war vorlaut gewesen, wenn nicht sogar frech. Gut, dass Bergström sie nicht gehört hatte.

»Es gibt keinen Grund, sich zu entschuldigen.« Der Mann blickte sich um. »Zeigen Sie mir ein paar Hüte.«

»Was für Hüte dürfen es denn sein, mein Herr?«

»Überraschen Sie mich.«

Das sollte ihr nicht schwerfallen.

Eine Viertelstunde später hatte er sich für einen schicken Fedora entschieden, der ihm hervorragend stand.

»Eine gute Wahl.« Greta nickte seinem Spiegelbild zu, und er schenkte ihr ein Lächeln.

»Dank Ihrer vorzüglichen Beratung.«

»Soll ich Ihnen den Hut einpacken? Brauchen Sie eine Schachtel oder genügt Papier?«

»Eine Schachtel wäre fein. Sie haben eine schöne Stimme, mein Fräulein. Sie hat einen angenehmen Klang.«

Greta wurde rot bis in die Haarspitzen. Sie war es gewohnt, wegen ihrer Höflichkeit und guten Beratung gelobt zu werden, über ihre Stimme hatte noch niemand etwas Nettes gesagt.

Um ihre Verlegenheit zu überspielen, stellte sie sich auf die Zehenspitzen und zog eine Hutschachtel vom oberen Regalbrett. Manchmal war es doch praktisch, so groß zu sein.

Sie musste sich räuspern. »Vielen Dank, mein Herr, sehr freundlich.« Sie legte den Fedora vorsichtig hinein. »Ich wünsche Ihnen viel Freude mit dem Hut.«

»Ich werde ihn wohl bei meiner nächsten Premiere tragen.« Er reichte ihr einen Geldschein.

Sofort wurde sie hellhörig. »Darf ich fragen, um was für

eine Premiere es sich handelt, oder ist das zu neugierig?« Sie blickte sich um, aber keine ihrer Kolleginnen war zu sehen.

»Ein bisschen Neugier kann nie schaden.« Er lächelte sie an. Ihr gefiel dieses Lächeln, es wirkte ungekünstelt. »Eine Filmpremiere.«

Ihr Herz schlug schneller. »Eine … Filmpremiere«, flüsterte sie ehrfürchtig.

»Sie mögen Filme?« Da war ein Blitzen in seinen Augen.

»Ich *liebe* Filme.« Sie legte den Deckel auf die Schachtel.

»Dann darf ich mich vielleicht vorstellen.« Der Mann trat einen Schritt zurück und verbeugte sich. »Mein Name ist Erik Petschler.« Er schien auf etwas zu warten. Darauf, dass sie ihn endlich erkannte? »Ich bin Schauspieler.«

Ein Schauspieler! Sie spürte, wie flammende Röte in ihr Gesicht kroch. »Tut mir leid, dass ich Sie nicht erkannt habe, ich …« Sie verstummte, weil sie nicht wusste, was sie noch sagen sollte oder sagen durfte. Dass sie nie zuvor von ihm gehört hatte?

»Das muss Ihnen nicht leidtun, mein Fräulein.« Er winkte großzügig ab und griff nach der Hutschachtel. Er wandte sich um und sagte noch im Gehen: »Ich werde bald wiederkommen.«

Greta starrte seinen Rücken an, bis er nicht mehr zu sehen war. Er wollte bald wiederkommen?

Sie grub die Fingernägel in die Handflächen. Und dann wusste sie mit einem Mal, was sie tun musste: Sie würde sich auf den Tag vorbereiten und nicht wieder herumstammeln wie ein dummes Schaf. Sie wollte, sie musste unbedingt Eindruck auf Petschler machen.

Kapitel 6

Petschler kam tatsächlich wieder. Nur wenige Tage später stand er plötzlich in der Hutabteilung, neben ihm drei elegante Frauen. Eine hatte Greta sofort erkannt, sie war Schauspielerin.

»*God dag,* mein Fräulein.« Petschler lupfte seinen Hut. »Wie schön, dass wir Sie antreffen.«

Sie hatte täglich mit seinem Kommen gerechnet und sich akribisch darauf vorbereitet. Nun jedoch, als er vor ihr stand, sanken ihr Mut und ihre Entschlossenheit. »Herr Petschler.« Immerhin klang ihre Stimme fest.

»Und Sie erinnern sich noch an meinen Namen. Machen Sie uns die Freude und führen uns herum? Wir suchen Kostüme für einen Film.«

Kostüme! Greta schluckte, ließ sich aber nicht anmerken, wie beeindruckt sie war.

»Nicht so bescheiden, Erik.« Eine der Frauen, eine dunkelblonde Schönheit, legte die Hand auf seinen Unterarm und lachte leise. »Es handelt sich nämlich um *seinen* Film, müssen Sie wissen. Erik ist nicht nur ein begabter Schauspieler, sondern auch Regisseur und Drehbuchautor.«

Greta wischte sich die feuchten Hände an ihrem Kleid ab. Regisseur, Drehbuchautor, Produzent; diese drei Worte schwirrten ihr durch den Kopf, machten sie ganz schwindelig. Sie würde alles darum geben, Petschler herumzuführen, doch leider gehörte das nicht zu ihrem Aufgabenbereich. »Ich bin nur für Hüte zuständig. Wenn Sie Kostüme suchen, sollten Sie unten in der Bekleidungsabteilung …«

Er hob die Hand und schüttelte den Kopf. »Es wäre mir lieber, wenn Sie das übernehmen würden. Wie ist Ihr Name?«

»Greta«, hauchte sie. »Greta Gustafsson.«

»Bei Ihnen sind wir in den besten Händen, Fräulein Gustafsson«, erklärte er.

Die Schauspielerin an seiner Seite lachte glockenhell, und Greta wünschte, ihr eigenes Lachen klänge auch so schön.

»Na schön, ich will sehen, was sich machen lässt.« Sie würde Frau Hellberg um Erlaubnis fragen und sehr überzeugend sein.

Stunden später hatten Petschler und seine Begleiterinnen – sie alle waren Schauspielerinnen, wie Greta erfahren hatte – etliches anprobiert und sich gegenseitig vorgeführt.

Die Frauen wirkten unentschlossen, er dagegen hatte sich bereits Anzug, Mantel und passenden Hut ausgesucht. »Meine Damen.« Er klatschte in die Hände. »Wenn ich einen Vorschlag machen darf? Oder nein …« Er legte den Finger unter die Nase und warf Greta einen Blick zu. »Ich finde, Sie sollten etwas auswählen.«

»Ich?« *Nicht mehr stammeln, dumme Gans, und halte deinen Kopf gerade. Was soll er denn von dir denken?*

Sie zog zwei weiße spitzenbesetzte Kleider hervor, außerdem einen grauen Rock, eine helle Bluse und einen Regenmantel. Der hatte einer der Schauspielerinnen besonders gut gestanden. »Und dazu drei Glockenhüte, wenn Sie einverstanden sind.«

Die Frauen sahen sich überrascht an, nickten dann aber einhellig, als sie Petschlers begeistertes Gesicht sahen.

»Wunderbare Wahl, Fräulein Gustafsson. Oder darf ich Sie Greta nennen?«

Sie nickte selig. Und dann ritt sie wieder der Teufel, und kühn sagte sie: »Ich möchte auch Schauspielerin werden.«

Er hob die Augenbrauen, während sich zwei der Frauen anstießen und amüsierte Blicke zuwarfen. »Soso, Schauspielerin wollen Sie werden.« Mehr sagte er nicht, bezahlte die Rechnung, spreizte die Ellbogen und führte seine Begleiterinnen zum Ausgang. Dort drehte er sich halb um und rief Greta über die Schulter zu: »Dann kommen Sie doch einfach zum Vorsprechen!«

Wie erstarrt stand sie da, dann endlich hatte sie begriffen, was er gerade gesagt hatte.

Blitzschnell war sie bei ihm, hielt ihm und den Damen die Tür auf und hörte sich dabei keck fragen: »Wenn Sie mir sagen, wann und wo?«

»Oh, Sie meinen es also ernst.«

Wie oft schon hatte sie diesen Satz gehört.

Petschler war stehen geblieben und sah sie nachdenklich an. »Nächsten Donnerstag um siebzehn Uhr.« Er drückte ihr eine Visitenkarte in die Hand. »Und seien Sie pünktlich, Greta.«

»Natürlich.« Ihre Stimme war kratzig, noch rauer als sonst. »Danke, Herr Petschler, vielen Dank.« Sollte sie sonst noch etwas sagen? Dass sie gut vorbereitet sein würde? Wie sehr sie sich freute?

Doch sie schwieg, aus gutem Grund. Sie wusste nämlich, dass sie sehr wahrscheinlich kein vernünftiges Wort herausbekommen würde. Sie wusste außerdem, dass sich gerade eine Tür geöffnet hatte, die Tür zu einer anderen Welt. Ihrer Welt.

Kapitel 7

Die Adresse auf der Visitenkarte hatte Greta zu einem unscheinbaren Haus geführt, und sie blieb mit nervös pochendem Herzen davor stehen. Sie musste auf die Toilette, schon wieder. *Nein, das ist nur die Aufregung,* sagte sie sich. *Atme tief in den Bauch, so wie du's in der Schule gelernt hast.*

Als sie am Nebeneingang des Theaters gestanden und auf die Schauspieler gewartet hatte, hatte sie aufgeschnappt, wie sich zwei Männer über Stimm- und Atemübungen unterhielten.

Zu Hause hatte sie es nachgemacht, immer wieder: Die Lippen geschürzt, den Mund halb geöffnet, zischend und flatternd den Atem entweichen lassen.

Das hatte sie auch auf dem Weg hierher getan, und immer, wenn ihr jemand begegnet war, hatte sie gehofft, man würde sie für eine Schauspielerin halten, die übte.

Greta wischte die feuchten Hände an ihrem Kleid ab – ganz neu aus der Sommerkollektion –, atmete ein letztes Mal tief durch und öffnete die Pforte. Sie knarzte schauerlich, gleich darauf ertönte im Haus Hundegebell.

Noch bevor sie den Türklopfer betätigen konnte, wurde

die Tür geöffnet. »Donnerwetter, Sie sind wirklich pünktlich, Fräulein Gustafsson.« Petschler stand vor ihr, eine Zigarette in der Hand. Neben ihm ein vierbeiniges Etwas, bei dem nicht auf Anhieb zu erkennen war, wo vorn und hinten war. »Das ist Bente. Keine Angst, er beißt nicht. Kommen Sie herein.« Er trat beiseite, und sie ging an ihm vorbei.

Sie befanden sich in einer Art Windfang, etwas, das ihre Mutter sich immer gewünscht hatte. »Man kann dort den Mantel ablegen und die Schuhe ausziehen. Der Flur bleibt sauber. Praktisch, nicht wahr?«

Wieso kam es ihr ausgerechnet jetzt in den Sinn, wo sie weiß Gott anderes zu bedenken hatte?

»Was haben Sie denn?« Petschler schaute sie verwundert an. »Stimmt was nicht?«

»Nein, nein, Verzeihung, Herr Petschler, alles in Ordnung.«

»Möchten Sie ablegen?«

»Nein, vielen Dank.« Es gab auch gar nichts abzulegen, sie trug weder Mantel noch Strickjacke, dazu war es viel zu warm.

Er lachte kopfschüttelnd. »Wie dumm von mir. Was sollten Sie auch ablegen?«

»Vielleicht meine Schuhe? Dann bliebe das Haus sauber.«

Er grinste. »Ich mag Ihren Humor, Greta.« Er wurde schlagartig ernst. »Können Sie auf Knopfdruck komisch sein?«

Sie stutzte, blinzelte. »Auf Knopfdruck? Wie meinen Sie das?«

»Sehen Sie mich an: Jetzt bin ich ernst – und jetzt …«

Über sein Gesicht huschte ein breites Lächeln, und dann begann er lauthals zu lachen.

Greta betrachtete ihn dabei, studierte seinen Gesichtsausdruck, bis sie meinte, etwas in seinen Augen zu erkennen, das ihn offenbarte. Das bewies, dass er im Grunde nicht wirklich amüsiert war, sondern lachte, weil er es *wollte*. »Ihre Augen …«, sagte sie nachdenklich. »Sie blitzen nicht wie sonst, wenn Sie lachen.«

Er hörte auf zu lachen. »Sie sind gut, Greta, erschreckend gut. Sie studieren Menschen, beobachten sehr genau, das ist wichtig. Weil man von Menschen eine Menge lernen kann.« Er hielt ihr die Tür zum Flur auf. »Gehen Sie gleich weiter, die zweite Tür links. Bente, komm her!«

Er ließ den Hund in einen anderen Raum und schloss die Tür. »Und sei brav, verstanden?«

Greta blieb vor der Tür stehen, und er kam, um sie ihr zu öffnen. »Wir sind da.«

Es war ein Wohnzimmer, gemütlich eingerichtet mit einem Sofa, drei Sesseln, einem Bücherregal und zwei Stühlen vor dem Fenster. Im Fenster stand ein Topf mit einem traurig aussehenden Veilchen.

»Das Arme.« Greta ging hin und strich über eins der Blätter. »Es braucht Wasser.«

»Ich vergesse es dauernd. Vielleicht sollte ich hin und wieder auch mit ihm reden, aber ich weiß nicht, was. Fällt Ihnen was ein?«

Sie drehte sich zu ihm um, musste lachen. »Sie könnten ihm erzählen, wie Ihr Tag war.«

Er verschränkte die Arme und betrachtete das Veilchen.

»Ja, warum nicht.« Einen Augenblick schwieg er, dann sagte er plötzlich: »Und jetzt Sie, Greta.«

Sie wusste nicht gleich, was er meinte, wahrscheinlich sprach er von der armen Topfpflanze. Sie unterdrückte ein Seufzen, hockte sich vor das Veilchen und flüsterte: »Du siehst erbärmlich aus, mein Liebes. Gefällt dir der Platz etwa nicht? Schau nur, wie hübsch es im Garten ist. Siehst du die große Eiche?«

Hinter ihr begann Petschler brüllend zu lachen, und sie drehte sich verwirrt zu ihm um. Als er sich beruhigt hatte, sagte er: »Also erstens: Der Garten ist nicht hübsch, sondern ungepflegt. Mir fehlt die Zeit, mich darum zu kümmern. Zweitens ist das keine Eiche, sondern eine Linde, und drittens …«, er grinste über das ganze Gesicht, »… habe ich Sie nicht aufgefordert, mit der Zimmerpflanze zu sprechen, sondern mir zu demonstrieren, dass Sie auf Knopfdruck lachen können.«

Greta musste erstens, zweitens und drittens erst einmal verdauen und sich durch den Kopf gehen lassen. Schließlich nickte sie betreten. »Tut mir leid, ich dachte …«

Er winkte ab. »Egal, was Sie dachten, Greta, Sie haben mich sehr zum Lachen gebracht. Ich glaube, in Ihnen steckt eine Menge komödiantisches Talent. Was meinen Sie?«

Wollte er das wirklich wissen? Und sollte sie wirklich ehrlich sein? »Möchten Sie, dass ich Sie anschwindele, oder erwarten Sie eine ehrliche Antwort?«

Er ging rückwärts ein paar Schritte bis zu einem der Sessel und setzte sich. Er schlug die Beine übereinander und sah sie gespannt an. »Beides. Flunkern Sie ungeniert, Greta, erzählen Sie mir das Blaue vom Himmel«, forderte er sie auf.

Sie gehorchte auf Kommando. »Ich wusste schon als Kind, dass ich urkomisch sein kann. Ständig habe ich meine Eltern und Geschwister zum Lachen gebracht, indem ich etwas Lustiges gesagt oder getan habe. Ich konnte auch stolpern und hinfallen, und es sah so echt aus, dass meine Mutter angelaufen kam und fragte, ob ich mir wehgetan hätte. Manchmal habe ich meine Schwester nachgeahmt oder meinen Bruder, ihn konnte ich besonders gut.«

Petschlers Mundwinkel zuckten. »Und jetzt seien Sie ehrlich, Greta.«

»Ich wollte nie komisch sein, das liegt mir eigentlich überhaupt nicht. Ich will ernste Rollen spielen, damit überzeugen. Ich will, dass die Leute über mich weinen müssen, dass sie den Atem anhalten und ihr Herz sich vor Traurigkeit zusammenzieht. Ich will die Menschen berühren.«

Er schwieg, dann nickte er, sagte aber noch immer nichts, wippte nur mit dem Bein.

Sie stand am Fenster, den Rücken zum Veilchen, und überlegte, ob sie etwas falsch gemacht hatte. Oder fand er sie einfach nur langweilig, nichtssagend? Das war beinahe das Schlimmste, was sie sich vorstellen konnte.

Sie hatte nie langweilig oder nichtssagend sein wollen. Sie wollte unnahbar sein, geheimnisvoll. Im Laufe der Jahre hatte sie gelernt, ihre Empfindungen hinter einer Maske zu verbergen. Inzwischen beherrschte sie es hervorragend. Niemand sollte in ihr Herz schauen, niemanden ging es etwas an, wie es in ihr aussah. War das Geheimnisvolle nicht ohnehin sehr viel reizvoller, als wenn man ein offenes Buch war?

»Aber wenn Sie mich komisch haben wollen, werde ich komisch sein«, erklärte sie nach einer Weile. »Ich werde das Komischsein sehr ernst nehmen, Herr Petschler.«

Er hörte auf mit dem Bein zu wippen, erhob sich und kam zu ihr. »Das war fantastisch, Greta, ich habe Ihnen jedes Wort geglaubt. Jedes einzelne Wort. Sie haben etwas an sich, dem man sich nicht entziehen kann. Ich könnte es nicht mal genauer benennen.« Es klang bedauernd, wahrscheinlich wünschte er wirklich, es ihr erklären zu können. »Ich will auch ehrlich sein: Sie sind keine Schönheit, aber das erscheint vollkommen unwichtig. Sie haben Ausstrahlung, und das ist es, worauf es ankommt.« Er machte eine Pause und sah sie nachdenklich an. »Ich will einen Film machen, eine Komödie. Ich möchte, dass Sie mitspielen. Aber Sie müssten einen Badeanzug tragen. Können Sie sich das vorstellen?«

»Ja, Herr Petschler.« Sie würde auch einen Putzeimer auf dem Kopf tragen, wenn er nur an sie glaubte. Wenn sie nur die Chance bekäme, in einem Film, einem richtigen Film, mitzuspielen. »Aber … sollte ich nicht erst einmal vorsprechen?« Deswegen war sie doch auch gekommen.

»Das ist nicht nötig.« Er lächelte sie an. »Ich habe genug gesehen, Sie haben mir gezeigt, was Sie können.«

Greta schluckte. Sie musste träumen.

»Dann will ich sehen, dass Bergström Ihnen für die Aufnahmen freigibt.«

»Das ist mir gleichgültig. Ich will in Ihrem Film mitspielen, und wissen Sie was?« Es war ihr in diesem Moment durch den Kopf gegangen. »Ich wollte sowieso kündigen, das Verkaufen von Hüten oder anderen Sachen ist nichts für mich. Jedenfalls nicht auf Dauer.«

Petschler hatte verdattert zugehört, hier und da die Stirn gerunzelt. »Sind Sie sicher, Greta?«

»Ich war mir nie sicherer, Herr Petschler.«

Kapitel 8

Insel Dalarö

Dalarö gehört zu den Schäreninseln, etwa eine Bootsstunde von Stockholm entfernt, und als Petschler verkündet hatte, dass die Dreharbeiten dort stattfinden würden, war Greta in Jubel ausgebrochen. Ein ganz ungewöhnlicher spontaner Gefühlsausbruch. Es war bestimmt herrlich, dort zu drehen.

Petschler selbst würde die Hauptrolle übernehmen.

Ein Drehbuch gab es allerdings nicht, was sie stutzig machte. Aber sie nahm es hin, wie sie alles hinnehmen würde.

Dieser Film war ihr Einstieg ins Filmgeschäft, und genau das hatte sie auch als Kündigungsgrund angegeben. Bergström hatte sie angesehen, als sei sie nicht bei Trost, und vermutlich dachten das auch ihre Kollegen und Kolleginnen.

Ihre Mutter hatte wie erwartet zunächst verständnislos reagiert und den Kopf geschüttelt. »Du bist verrückt, Greta. Die Stelle im Kaufhaus, noch dazu einem so vornehmen wie dem PUB, war eine sichere Arbeit. Warum setzt du das aufs Spiel?«

»Weil ich unbedingt Schauspielerin werden will. Und das werde ich auch schaffen!«

Ihre Mutter hatte verhalten geseufzt und schließlich eingelenkt. »Wenn du meinst, dass es das Beste für dich ist …«

»Das ist es, Mama.« Entschlossenheit und Zähigkeit gehörten zu ihren Eigenschaften, und wenn sie fest an etwas glaubte, würde sie es erreichen.

Alva beneidete sie glühend, und ihr Bruder klopfte ihr anerkennend auf die Schulter. »Du wirst deinen Weg machen, Schwesterchen, davon bin ich überzeugt.«

Die ersten Tage auf Dalarö waren tatsächlich herrlich, geradezu berauschend. Nach Drehschluss ging Greta schwimmen oder legte sich auf den Steg und träumte von einer großen Karriere.

Die Handlung des Films war schnell zusammengefasst: Greta und zwei weitere Darstellerinnen – darunter eine der Frauen, die mit Petschler im PUB gewesen waren – spielten die Töchter eines Regimentsführers, die viel Unsinn im Kopf haben. Petschler spielte Max Petterson, einen Mann, der von der Armee desertiert, weil er unter Liebeskummer leidet.

Greta war enttäuscht, so hatte sie sich das nicht vorgestellt. Aber sie ließ sich nichts anmerken, sprang zusammen mit ihren Rollenschwestern barfuß umher, planschte im Wasser, ließ sich Juckpulver in den Badeanzug stecken, verfolgte anschließend kreischend und kichernd die Übeltäterin, versuchte, einen Fisch zu fangen und mit ihren Schwestern ein Zelt aufzubauen. Was in einem heillosen Durcheinander endete. Sie stolperten, fielen hin und kugelten übereinander. Petschler als Petterson hockte derweil im Gebüsch und beobachtete sie dabei.

Greta kam es vor, als sei sie wieder in ihre Kindheit katapultiert worden, aber sie machte brav alles mit. Schließlich sollte es eine Komödie werden.

Die Dreharbeiten dauerten nur wenige Tage, und als sie beendet waren, nahm Petschler sie beiseite. »Ich bin sehr zufrieden mit dir.« Inzwischen duzte er sie, genau wie alle anderen. »Du hast deine Sache sehr gut gemacht, Greta.«

Sie freute sich über das Lob, auch wenn sie der Meinung war, nicht viel getan zu haben, außer sich kindisch zu benehmen. »Wann soll der Film gezeigt werden?«

»Ende des Jahres. Nimm deine ganze Familie und alle Freunde mit ins Kino.« Er schenkte ihr ein gönnerhaftes Lächeln. »Ich melde mich bei dir. Ich darf doch, oder?«

Für einen neuen Film?, dachte sie und spürte ein gewisses Unbehagen. Wollte sie wirklich einen weiteren derart albernen Film drehen?

Aber sie erwiderte sein Lächeln und nickte. »Natürlich. Ich freue mich, Herr Petschler.«

Wie gut sie mittlerweile darin war, anderen etwas vorzuspielen, hemmungslos zu flunkern und sich nicht mal dafür zu schämen.

»Was hast du jetzt vor?«, wollte er wissen.

»Ich weiß es nicht.« Greta zuckte die Schultern und unterdrückte ein resigniertes Seufzen.

»Du hättest nicht kündigen sollen, Mädchen.« Es klang nicht tadelnd oder vorwurfsvoll, eher besorgt.

Sie hob den Kopf und sah ihn fest an. »Es war die richtige Entscheidung.«

»Hmm«, er runzelte die Stirn und legte den Finger unter die Nase, wie so oft, wenn er nachdachte. »Ich glaube, mir fällt da was ein. Warum bewirbst du dich nicht um ein Stipendium an der Schauspielschule? Ich kenne den ehemaligen Direktor ganz gut, vielleicht kann ich ein gutes Wort für dich einlegen.«

Sie war so gerührt, dass sie nicht wusste, was sie sagen sollte. Er wollte sich für sie einsetzen?

»Hab ich dich sprachlos gemacht?«

»Das würden Sie wirklich für mich tun?«

»Enwall und ich sind alte Freunde, wir treffen uns dann und wann zum Mittagessen. Soll ich ihm von dir erzählen?« Ein Grinsen huschte über sein Gesicht. »Nein, ich habe eine bessere Idee, Greta. Ich gebe dir Bescheid, wenn wir uns wieder treffen, und du stößt einfach – sagen wir, rein zufällig – dazu. Was meinst du?«

Sie hätte so gern »Ja!« gerufen, aber die Wahrheit war: Der Mut hatte sie plötzlich verlassen. Ein Stipendium? Sie?

»Meinen Sie, dass ich das schaffe? Es werden sich doch bestimmt furchtbar viele bewerben.« Und alle waren vermutlich besser, talentierter als sie.

Petschler sah sie an. »Ich dachte, du meinst es ernst.«

Mehr musste er nicht sagen.

Greta straffte die Schultern. Ihre Entschlossenheit kehrte zurück. »Das tue ich auch. Ja, ich werde kommen, Herr Petschler.«

Kapitel 9

Wenige Wochen später war es so weit.

Petschler hatte Greta angerufen und mitgeteilt, dass er und Enwall sich am Tag darauf zum Mittagessen treffen wollten.

»Wir sind um Punkt zwölf verabredet, am besten, du erscheinst um eins, dann haben wir schon ein paar Gläschen intus, und Frans ist bester Laune.«

Greta hatte ein Sommerkleid in einem Blauton angezogen, das locker um ihre Hüften fiel. Sie mochte bequeme Kleidung, nicht nur, weil die ihre mollige Figur verdeckte. Seit Wochen verbot sie sich Süßes, warum wurde sie nicht schlanker?

Um Punkt ein Uhr betrat sie das Restaurant, in dem Hochbetrieb herrschte. Petschler und Enwall saßen ganz hinten in einer Art Separee und unterhielten sich angeregt. Offenbar hatten sie bereits gegessen, denn auf dem Tisch standen nichts weiter als eine Flasche Wein, zwei Gläser und ein Aschenbecher.

Greta atmete ein paarmal tief durch, zupfte an ihrem Kleid und stellte fest, dass sie schon wieder auf die Toilette musste. Dabei hatte sie seit Stunden nichts getrunken. *Das ist nur die Nervosität,* sagte sie sich. *Geh einfach hin und benimm dich wie eine erwachsene junge Frau. Das wirst du doch wohl hinbekommen.*

Nach den ersten Schritten glaubte sie, in Ohnmacht zu fallen. Sie hörte schon die Leute rufen: »Hilft mal jemand dem pummeligen Mädchen hoch?«

Kalter Schweiß brach ihr aus, und ihr Herz klopfte so wild, dass sie glaubte, alle müssten es hören und möglicherweise sogar sehen können.

Sie warf einen flüchtigen Blick auf ihren Oberkörper. Alles an ihr war rund, nur ihre Brüste waren klein und flach wie leicht aufgegangene Pfannkuchen.

Auf weichen Knien ging sie zum Tisch der beiden Männer und räusperte sich. »Verzeihen Sie, ich hoffe, ich störe nicht.«

Petschler schaute sie an und tat sehr verblüfft. »Fräulein Gustafsson, na, so eine Überraschung.« Seine Augen blitzten, und ein kaum merkliches Lächeln huschte über sein Gesicht. »Frans, darf ich dir Greta Gustafsson vorstellen? Sie hat in meinem Film *Luffar-Petter* mitgespielt, ich hatte dir davon erzählt.«

Der frühere Direktor musterte sie von oben bis unten. »Sie wollen Schauspielerin werden, hat Erik erzählt.«

»So ist es, Herr Enwall.«

Er hob die buschigen Augenbrauen. »Sieh an, sie kennt sogar meinen Namen.«

Greta errötete. *Du dumme Gans!*

Enwall warf Petschler einen amüsierten Blick zu. »Wie kann das sein?«

»Oh, das ist leicht zu erklären, Frans.« Petschler lachte unbekümmert. »Ich habe Fräulein Gustafsson viel von dir erzählt und auch, dass wir uns gerne hier zum Mittagessen treffen. Da wird sie eins und eins zusammengezählt haben. Nicht wahr, Fräulein Gustafsson?«

»Oh ja, genauso war es«, versicherte sie. »Ich bin im Rechnen zwar eine Null, aber eins und eins zusammenzuzählen, gelingt mir mühelos.«

Petschler grinste bis über die Ohren, und Enwall stutzte und brach dann in dröhnendes Gelächter aus. »Schlagfertig ist sie, dein Fräulein Gustafsson. Gefällt mir. Wollen Sie sich nicht für einen Moment zu uns setzen?«

Greta wusste nicht, wie ihr geschah. Wieselflink hatte sie Platz genommen, auch wenn ihre Beine nicht recht wollten.

»Ein Gläschen Wein?« Enwall griff nach der Flasche.

»Nein, vielen Dank, ich mache mir nichts aus Alkohol.«

Er schien nicht zu wissen, ob sie scherzte, denn er hob erneut die Augenbrauen und sah sie verdutzt an. Dann lachte er wieder herzlich. »Wie alt sind Sie, Fräulein Gustafsson?«

»Fast siebzehn.«

Er schenkte sich und Petschler großzügig ein, und als er die Flasche abstellte, seufzte er. »Man müsste noch mal siebzehn sein, was, Erik?«

»Besser nicht.«

Er betrachtete verträumt sein Glas, dann schüttelte er den Kopf. »Alter Narr.« Vermutlich sprach er von sich selbst.

»Erik ist ganz angetan von Ihnen, Fräulein Gustafsson. Er sagt, Sie seien sehr talentiert.«

»Das freut mich.« Wahrscheinlich glühte sie inzwischen.

»Sie haben eine sehr schöne Stimme. Dunkel und doch samtweich.«

Dunkel und samtweich, was für wunderbare Worte! Greta beschloss, sich auf ewig an sie zu erinnern.

Petschler räusperte sich kurz, ehe er ansetzte: »Ich habe Fräulein Gustafsson von dem Stipendium erzählt, Frans. Sie möchte sich gern darum bewerben.«

»Ach ja? Soso.« Enwall trank einen Schluck und schien nachzudenken. »Was würden Sie denn vorsprechen?«, fragte er dann unvermittelt.

Greta fiel fast vom Stuhl. Darauf war sie nicht vorbereitet!

Wie dumm, wie unverzeihlich! Sie spürte, wie ihr die Hitze bis über die Ohren kroch. Vielleicht würde sie nun doch noch ohnmächtig werden. Sie warf Petschler einen Hilfe suchenden, verzweifelten Blick zu.

»Sagten Sie nicht, dass Sie Ibsens *Die Frau vom Meer* so lieben?« Er quittierte ihren Blick mit einem unmerklichen Nicken.

»Ja, das … sagte ich, richtig.« Sie konnte kaum noch röter werden, es fühlte sich bereits an, als sei ihr Gesicht ein einziger Feuerball.

Natürlich wusste sie, wer Ibsen war, von *Die Frau am Meer* hatte sie allerdings keine einzige Zeile gelesen.

Was, wenn Enwall sie bat, daraus zu rezitieren? Sie würde sich nicht nur bis auf die Knochen blamieren, sie könnte sich ein Stipendium auch abschminken. Und zwar für alle Zeiten.

Himmel, worin hatte sie sich da bloß verstrickt! Sie sollte die Beine in die Hand nehmen und davonrennen.

»Ibsen, soso.« Enwall nickte. »Nun, ich schätze ihn auch sehr. Dann rate ich Ihnen, sich gut vorzubereiten, Fräulein Gustafsson. Es wird nicht leicht werden, es gibt immer sehr viele Bewerber.«

Greta war unendlich erleichtert und betete, er würde es ihr nicht anmerken. »Ich werde mein Bestes geben, Herr Enwall, ich werde *alles* geben.«

Er schmunzelte väterlich. »Das klingt sehr entschlossen. Ich mache Ihnen einen Vorschlag: Wenn Sie wollen, helfe ich Ihnen dabei, sich auf die Prüfung vorzubereiten.«

Petschler stieß eine Art Pfeifton aus. »Frans! Das ist wirklich nett von dir.«

Enwall verschränkte die Hände über dem ausladenden Bauch. »Ich habe den Eindruck, dass Fräulein Gustafsson es sehr ernst mit der Schauspielerei meint. Du kennst mich, Erik, und weißt, dass mich Entschlossenheit und Ehrgeiz rühren. Nun, was sagen Sie dazu, Fräulein Gustafsson?«

Wenn sie doch nur etwas sagen könnte! »Ich ähm … vielen Dank«, stammelte sie.

»Danke ja oder danke nein?«

»Ich ähm … danke ja, Herr Enwall.«

»Na also.« Er trank seinen Wein. »Dann lassen Sie uns einen Termin ausmachen. Was halten Sie von Mittwochnachmittag nächster Woche?«

Nächste Woche schon! Das war zu früh, viel zu früh! Wie

sollte sie das schaffen? Doch sie zwang sich zu einem Lächeln. »Ist gut, Herr Enwall.« Sie würde es schaffen *müssen*!

Er gab ihr seine Visitenkarte, und sie bedankte sich mit brüchiger Stimme. Auf zittrigen Beinen stand sie auf, schüttelte erst seine und dann Petschlers Hand, der ihr verschwörerisch zuzwinkerte.

Kerzengerade, als trüge sie einen Stapel Bücher auf dem Kopf, ging sie los und hörte noch, wie Enwall Petschler zuraunte: »Du hast recht, sie hat Ausstrahlung.«

Greta schwebte durchs Lokal, seine Worte wie den Nachklang einer unbeschreiblich schönen Sinfonie in den Ohren. Ein wohliger Schauer rann ihre Wirbelsäule hinab.

Als sie aus der Tür trat, holte sie tief Luft und überlegte laut zu jubeln. Doch sie ließ es bleiben und lächelte stattdessen nur.

Kapitel 10

»Seien Sie ganz unbesorgt.« Frans Enwall saß in seinem Ohrensessel am Fenster, die Hände vor dem Bauch verschränkt, und schaute Greta aufmunternd an. »Niemand außer mir kann Sie hier sehen oder hören. Wir sind ganz unter uns.«

Sie stand vor ihm, die feuchten Hände eng an den Körper gepresst, der Magen vor Aufregung verkrampft – und bekam keinen einzigen Ton heraus. Das ging bereits seit Minuten so, es war ein Wunder, dass er sie nicht längst hinausgeworfen hatte. »Kommen Sie wieder, wenn Sie dazu bereit sind«, hörte sie ihn schon sagen.

Dabei war sie bereit. Sie hatte den kurzen Text wieder und wieder geübt, zusammen mit Alva, die sie geduldig abgehört hatte. Noch auf dem Weg zu seinem Haus hatte sie den Text vor sich hingemurmelt, die Stimmlage verändert, die Worte anders betont.

Und nun stand sie hier wie ein Häufchen Elend und stockte schon beim zweiten Satz. »Darf ich noch mal anfangen?«

Enwall nickte. »Sicher. Aber vielleicht atmen Sie erst mal tief durch, Greta, entspannen Sie sich. Wie gesagt, wir sind hier unter uns. Sie wollen doch Schauspielerin werden, nicht wahr, dann müssen Sie Ihre Hemmungen ablegen, Ihre Scheu verlieren. Das Publikum verzeiht nicht, wenn es spürt, dass ein Schauspieler eigentlich viel lieber woanders stünde als auf der Bühne.«

»Aber ich will auf einer Bühne stehen!«, rief sie verzweifelt.

»Das weiß ich, Greta, aber Sie müssen versuchen Ihre Hemmungen abzustreifen.« Er stand auf und kam zu ihr, legte eine Hand auf ihren Bauch und sagte mit ruhiger Stimme: »Atmen Sie tief ein. Ganz tief, bis Sie meinen, dass der Atem in meine Hand fließt.«

Atmen konnte doch nicht so schwer sein! Wieso wurde er bei ihr flacher und flacher, bis sie zu hecheln begann wie ein Hund?

»Ich mache Ihnen einen Vorschlag«, sagte Enwall schließlich. »Sie gehen ein bisschen in den Garten hinaus und versuchen, sich zu entspannen.« Er nahm wieder in seinem Sessel Platz und schloss die Augen. Wahrscheinlich dachte er gerade, dass sie ein hoffnungsloser Fall war und er seine kostbare Zeit verplemperte.

Sie fühlte sich lausig, blieb stehen und ballte die Fäuste. Sie war furchtbar wütend auf sich! Was war sie doch nur für eine alberne, schlotternde Gans! Er gab ihr diese großartige, wahrscheinlich einzigartige Chance, und sie verspielte sie! Ohne seine Hilfe würde sic die Aufnahmeprüfung nie im Leben bestehen. Am liebsten würde sie die Faust an ihren Kopf schlagen, so zornig war sie. Vielleicht würden die verfluchten Worte dann endlich herausplumpsen.

Doch es war ja nicht nur der Text, der ihr nicht mehr einfallen wollte, es war auch dieser abscheuliche Kloß in ihrem Hals und das beängstigende Gefühl zu versagen, das sie so lähmte.

»Nun gehen Sie schon«, sagte er müde und wedelte mit der Hand.

Er verlor die Geduld mit ihr, kein Wunder.

Eilig verließ sie das Zimmer und stand verloren auf dem Flur. Wo war die Tür zur Küche, von der es in den Garten hinausging? Als sie hereingekommen war, hatte die Tür offen gestanden, und sie hatte einen Blick in den Garten werfen können.

Greta wandte sich nach links, als eine Tür geöffnet wurde und Enwalls Frau vor ihr stand. Er hatte sie vorhin kurz miteinander bekannt gemacht. »Fräulein Gustafsson.« Ihr Lächeln war so mütterlich, dass Greta schlucken musste. Am liebsten hätte sie sich ihr an die Brust geworfen und geschluchzt. »Sind Sie schon fertig?«

»Nein, ich soll … ich will einen Moment in den Garten gehen.«

»Kommen Sie, ich bringe Sie hinaus.« Agda Enwall legte den Arm um ihre Schultern und führte sie in den kleinen Garten, in dem es blühte und herrlich nach Kirschen duftete. »Pflücken Sie sich gern ein paar vom Baum dort drüben.« Sie deutete nach links. »Er hängt so voll, dass wir kaum nachkommen. Am Ende fressen uns die Stare alle vor der Nase weg.«

Greta lächelte, sie konnte gar nicht anders. Die Anspannung fiel ein wenig von ihr ab, als sie zum Kirschbaum ging und sich auf die Zehenspitzen stellte. Aus dem Augenwinkel sah sie Frau Enwall, die eine vertrocknete Blüte von einem Rosenstrauch zupfte.

Die Enwalls waren allesamt Schauspieler, und Greta hatte überlegt, wie es wohl sein mochte, in einer solchen Familie aufzuwachsen. Wurde von früh bis spät über das Theater gesprochen? Probten sie voreinander und hörten sich gegenseitig ab?

Greta zog zwei Kirschen ab und steckte sie sich in den Mund. Gerade als Frau Enwall herüberrief, dass sie in diesem Jahr leider etwas wurmstichig seien. Greta hatte sie bereits heruntergeschluckt und stellte sich vor, wie ein ekliger weißer Wurm durch ihren Magen kroch. Sie verzog angewidert das Gesicht, pflückte aber weiter. Es beruhigte sie.

Während sie Kirsche um Kirsche in ihren Mund schob, ging ihr plötzlich durch den Kopf, dass es doch im Grunde ganz einfach war: Sie musste ihre Gedanken vor dem Vorsprechen nur sortieren und sich auf das Wesentliche konzentrieren.

Sie pflückte weiter Kirschen, ging ein paar Schritte umher und rief sich den Text in Erinnerung. Es dauerte nur zwei Wimpernschläge, und er war wieder da.

Nachdem Petschler im Lokal gemeint hatte, sie würde Ibsens *Die Frau vom Meer* lieben, war sie gleich losgegangen, um sich das Buch auszuleihen. »Konzentrier dich auf die Hilde«, hatte er ihr am Tag darauf geraten, als sie ihn voller Verzweiflung angerufen hatte. »Und am besten, du lernst auch noch den Monolog aus dem dritten Akt von Lagerlöfs *Dunungen.*«

Um Gottes willen, hatte sie gedacht. Wie sollte sie das

nur schaffen? Sie hatte sich nie viel aus Büchern gemacht, sie brauchte keine Geschichten, um träumen zu können.

Wieder einmal war ihr aufgegangen, wie schrecklich ungebildet sie war. Hätte sie in der Schule doch nur besser aufgepasst! Vielleicht hätte ihr das Lernen sogar irgendwann Freude gemacht. Appetit kam schließlich beim Essen, das sagte man doch.

Greta hob den Kopf und schaute in den Baumwipfel, wo eine Amsel saß, eine Kirsche im Schnabel, und sie listig ansah.

»Dir schmeckt's auch, was?« Sie schob sich eine Kirsche in den Mund und begann leise vor sich hin zu sprechen. »Sie haben wohl gerade eine Morgenpromenade gemacht, Lyngstrand?«

»Ach nein«, antwortete sie mit verstellter Stimme. »Aus dem Spaziergang ist heute nicht viel geworden.«

Sie wischte sich die Hände am Kleid ab, verließ den Garten und kehrte ins Haus zurück. *Du schaffst es! Der Text sitzt! Konzentrier dich!*

In der Küche traf sie auf Frau Enwall, die Rosen in eine Vase stellte. »Wunderhübsch, nicht wahr?«

Sie nickte zerstreut. *Konzentrier dich!*

»Ich liebe Rosen. Sie auch, Fräulein Gustafsson?«

»Was? Ich … nein, ich meine, ja«, stammelte sie. *Ich war ein paar Augenblicke draußen im Wasser …*, rezitierte sie in Gedanken weiter.

»Sie duften so herrlich, finden Sie nicht auch?« Frau Enwall rückte die eine oder andere zurecht, bis sie zufrieden war.

»Ich habe da unten Ihre Frau Mama gesehen.« Greta verstummte abrupt. Ach du Schreck, hatte sie gerade laut gesprochen?

Agda Enwall betrachtete die Rosen, den Kopf zur Seite geneigt, und sagte wie nebenher: »Sie ging in ihre Badezelle.« Sie sah Greta mit einem Lächeln an. »Lyngstrand aus *Die Frau vom Meer*. Ich habe vor einer kleinen Ewigkeit die Ellida gespielt.«

»Wirklich?« Greta war ganz ehrfürchtig. Zugleich kam sie sich albern vor. Weil sie den Text laut aufgesagt hatte, und weil sie so ein dummes, ungebildetes Ding war.

Frau Enwall stellte die Vase auf einen Tisch im Flur und legte den Arm um ihre Schultern. »Ich bringe Sie zu meinem Mann. Sie haben Ihre Sache sehr gut gemacht, Fräulein Gustafsson. Sie haben sich nicht von mir ablenken lassen. Ich nehme an, dass Sie den Text noch heute Nacht im Schlaf aufsagen können.« Sie öffnete die Tür zu Enwalls Arbeitszimmer. »Da ist sie wieder, deine Schülerin, Frans.« Und an Greta gewandt raunte sie: »Ich hoffe, Sie nehmen mir meine kleine List nicht übel.«

Greta schüttelte den Kopf. »Danke, Frau Enwall«, flüsterte sie und straffte die Schultern. Sie würde ihre Sache auch vor Herrn Enwall gut machen.

Kapitel 11

Tatsächlich schaffte sie es, den Text fast fehlerfrei aufzusagen, auch wenn sie dreimal anfangen musste, weil die Nervosität sie wieder überkam.

Enwall hatte aufmerksam zugehört und sie nicht aus den Augen gelassen. »Das war schon gar nicht so schlecht, Fräulein Gustafsson. Aber ich denke, das können Sie noch besser.«

Er beugte sich vor, die Ellbogen auf den Knien. »Stellen Sie sich vor, Sie sind Hilde. Sie sprechen nicht nur ihre Worte, Sie *sind* sie. Verstehen Sie, was ich meine?«

Zögernd nickte sie.

»Hilde ist ein Backfisch, ein halbwüchsiges Ding, forsch, ein wenig frech und vorlaut.« Er lehnte sich zurück. »Fangen Sie an.«

»Ich weiß nicht, ob ich das kann«, sagte sie kläglich.

»Eine Schauspielerin muss sich in die Rolle hineinversetzen, die sie spielt, sie muss sie ausfüllen. Sie muss durch Stimme und Körperhaltung zeigen, was sie gerade fühlt, was sie denkt. Wer das nicht beherrscht, ist kein Schauspieler.«

»Gut, ich will's versuchen.«

»Nicht *versuchen*, Greta.« Er sah sie an. »Sie müssen es *wollen*. Sie müssen es *tun*. Sie müssen mit jeder Faser Ihres Körpers Hilde sein.«

Greta räusperte sich, ging ein paar Schritte und begann.

Doch nach wenigen Worten sank sie in sich zusammen. Sie konnte nicht, sie würde es nie schaffen. Sie war schlecht, grauenvoll und würde nie eine Schauspielerin sein.

»Fangen Sie noch mal an.« Enwall schlug die Beine übereinander und wippte mit dem Knie. »Sie sind jetzt nicht Greta, sondern Hilde, die Tochter des Arztes. Nein, wissen Sie was, wir machen es anders, ganz anders.« Er dachte noch einen Moment nach, bevor er sie zu sich winkte. »Setzen Sie sich neben mich.«

Sie nahm Platz. Was kam jetzt?

»Was halten Sie von Ellida?«

»Ellida?«, fragte sie verwirrt. »Ich fürchte, ich weiß nicht …«

»Na, Sie werden doch einen Eindruck von ihr haben.«

Das Blut rauschte in ihren Ohren. Sie hatte sich auf Hilde konzentriert, wie Petschler ihr geraten hatte, und nun fragte Enwall sie nach Ellida? Die Wahrheit war, sie hatte nicht die geringste Ahnung, was sie von ihr halten sollte. Ellida war ihr völlig gleichgültig, sie hatte über sie hinweggelesen und nur auf Hilde geachtet. »Ich finde sie … nett.« *Du dummes Huhn! Nett? Was soll er denn damit anfangen? Und was meinst du überhaupt damit?* »Nein, nett wollte ich nicht sagen, ich …« Sie verstummte, dachte nach, wischte sich die Hände am Kleid ab, wieder und wieder, bis sie meinte, den Stoff durchgerieben zu haben. »Ich wollte eigentlich sagen … Nun, ich finde …«

Enwall legte die Hand auf ihren Unterarm. »Du hast dich in Hilde reingekniet, richtig?« Er duzte sie einfach, und sie nahm es hin. Es war nicht wichtig.

Sie nickte unglücklich.

»Dachte ich mir.« Er machte »Hmm«, runzelte die Stirn und stand auf. »Dann sage ich dir, was *ich* von ihr halte. Ellida ist eine unglückliche Frau, sie hat mir leidgetan. Sie ist mit einem Mann verheiratet und weiß nicht, ob sie ihn liebt. Eigentlich war sie mit einem anderen verlobt, an ihn muss sie ständig denken. Sie weiß, dass es kein gemeinsames Leben gibt, aber sie kann nicht aufhören, es sich vorzustellen.« Er sah sie erwartungsvoll und interessiert an. »Was denkst du gerade?«

Sie hob die Augenbrauen und brauchte einen Augenblick, um aufzuspüren, was ihr durch den Kopf gegangen war. »Ich kann mir sehr gut vorstellen, wie es für Ellida sein muss. Wie es ist, wenn man nicht weiß, wohin man gehört, wer man eigentlich ist. Wenn man unzufrieden ist, es aber nicht zeigen darf.«

»Du kannst dich in sie hineinversetzen.« Er nickte zufrieden.

»Ich glaube schon.«

»Am Ende bleibt sie bei ihrem Mann, wie du weißt.« Er wollte weitersprechen, hielt jedoch inne und sah sie fragend an. »Das weißt du doch, oder?«

Greta wich seinem Blick aus. Sie schämte sich. »Ehrlich gesagt …« Doch dann fiel ihr mit einem Mal ein, wie die Geschichte ausging, was mit Ellida geschehen war. Sie hatte es ja gelesen, sich nur nicht mehr daran erinnert. »Sie bleibt bei ihrem Mann, aus freien Stücken, obwohl er sie freigegeben hat.«

»Was glaubst du, weshalb bleibt sie bei ihm? Sie könnte doch gehen und anderswo glücklich werden. Vielleicht mit dem Mann, mit dem sie mal verlobt war.«

Sie dachte kurz nach, dabei wusste sie die Antwort bereits. »Sie bleibt bei ihm, weil sie es selbst entscheiden kann. Sie könnte ihn verlassen, aber das will sie ja eigentlich gar nicht.«

»Dann ist ihr ihr freier Wille wichtiger als ein neues Leben?«

»Ich denke schon, ja.«

Enwall schmunzelte. »Du bist ein kluges Mädchen, Greta, und ich höre dir gern zu. Deine Stimme ist ungewöhnlich für dein Alter.«

»Danke«, sagte sie schüchtern. »Wenigstens etwas, das schön an mir ist.«

»Aber, aber. Nicht so pessimistisch, du wirst deinen Weg machen, das glaube ich fest.«

»Aber ich bin nicht klug, Herr Enwall, ganz im Gegenteil, ich bin schrecklich dumm und ungebildet«, platzte es aus ihr heraus.

»Wie kommst du denn darauf?«, fragte er sichtlich verblüfft.

»Ich habe die Schule verabscheut, am liebsten waren mir die Pausen, dann konnte ich allein sein und träumen. Ich habe mir noch nie was aus Büchern gemacht, Ibsen habe ich erst in der vergangenen Woche gelesen.« Abrupt verstummte sie. War sie noch zu retten! Er würde sie hochkant hinauswerfen, und das hätte sie auch verdient. Sie war ein solcher Dummkopf!

Doch er grinste amüsiert. »Irgendwie dachte ich mir schon so was, Greta. Du hast mich angeschwindelt, und das ziemlich gut. Du magst nicht viel aus der Schule mitgenommen haben, aber du kannst vieles nachholen. Du musst es nur wollen.«

Sie befürchtete, weinen zu müssen. »Sie sind mir nicht böse?«

»Nein. Na ja, vielleicht ein klitzekleines bisschen.« Er lächelte, wurde aber gleich wieder ernst. »Ich bin froh, dass du mir die Wahrheit gesagt hast. Hör auf, dich zu schämen, dann werden auch deine Hemmungen von dir abfallen. Trau dir ruhig etwas zu.«

»Glauben Sie, dass ich die Aufnahmeprüfung schaffen werde, Herr Enwall?« Nun war es heraus, das, was sie eigentlich für sich behalten wollte.

»Nein, nicht zum jetzigen Zeitpunkt«, antwortete er mit der Ehrlichkeit, die sie sich erhofft hatte. »Aber du kannst es schaffen, wenn du hart an dir arbeitest. Du hast eine sehr schöne Stimme, Greta, die Leute werden an deinen Lippen hängen, du musst sie nur dazu bringen.«

»Meinen Sie, dass ich das kann?«

Er sah sie nachdenklich an und nickte schließlich.

»Helfen Sie mir dabei?«

»Hatte ich das nicht bereits gesagt?«

Kapitel 12

Enwall hielt Wort, und als er erkrankte, übernahm seine Tochter seine Rolle. Signe war eine erfolgreiche Bühnenschauspielerin, und als sie das erste Mal im Sessel saß, das Gesicht unergründlich, zitterten Greta die Knie.

»Mein Vater glaubt an Sie, Fräulein Gustafsson, ich aber werde unvoreingenommen sein und mich nicht von ihm beeinflussen lassen. Überzeugen Sie mich, dass er sich nicht irrt.«

Gretas Magen hatte sich vor Furcht und Anspannung zusammengezogen. Kein Laut war über ihre Lippen gekommen, sie stand nur da, die Hände eng am Körper. Ihr Blick huschte unruhig durchs Zimmer, fand nirgendwo Halt.

»Fangen Sie an, Fräulein Gustafsson.« Es klang nicht ungeduldig, doch Greta wusste, wenn sie noch länger stumm dastand, würde Signe aufstehen und gehen. Und vermutlich nicht zurückkommen.

Also hatte sie sich mehrmals geräuspert, bis sie geglaubt hatte, dass sie nun sprechen konnte. »Ich werde, ähm, den Monolog aus dem, ähm, dritten Akt von, ähm, Selma Lagerlöfs *Dunungen* sprechen.« Sie hatte ihn bestimmt hundertmal aufgesagt, während Alva auf dem Bett gesessen und gelauscht hatte. Wieder und wieder hatte ihre Schwester den Kopf geschüttelt. »Fang noch mal an, und sprich lauter«, oder sie hatte gesagt: »Den Rücken gerade, steh nicht krumm und schief da. Du bist kein Baum, der sich im Wind biegt, du bist Greta Gustafsson, die Schauspielerin werden will.«

»Oh, ich liebe das Stück.« Signe Enwall machte es sich bequem und schlug die Beine übereinander. »Aber bevor Sie anfangen, möchte ich, dass Sie den Satz noch mal sagen.«

»Wie? Ich … verstehe nicht …«

»Erzählen Sie mir, was Sie rezitieren wollen, aber ohne ein einziges Ähm.«

Greta schluckte. Schluckte wieder, räusperte sich und setzte an. »Ich. ähm …«

»Noch mal, bitte.«

»Ich werde den Monolog aus. ähm …«

»Noch mal, Fräulein Gustafsson.«

»Den Monolog aus dem dritten …«

»Im ganzen Satz, bitte.«

Sie schwitzte. Sie spürte, wie ihr der Schweiß die Wirbelsäule hinabrann. »Ich werde den Monolog aus dem dritten Satz … Verzeihung … aus dem dritten Akt …«

Signe Enwall beugte sich vor. »Wovor haben Sie solche Angst, Fräulein Gustafsson?«

»Dass ich mich blamiere.«

Signe nickte. »Noch mal von vorn, bitte.«

»Ich werde den dritten Monolog aus dem Akt …« Sie verstummte. Falsch! »Verzeihung, darf ich noch mal?«

»Ich bitte darum.«

Greta atmete tief durch, schloss für einen Moment die Augen, straffte die Schultern und erinnerte sich an das, was Alva gesagt hatte: »Stell dir vor, du sitzt im Publikum und hörst dir selbst zu. Du siehst dich dort stehen, wie du schlotterst und schwitzt und herumstammelst.«

»Das ist … schrecklich, Alva.«

»Genau. Und deshalb wirst du dich jetzt zusammenreißen, Greta. Brust raus, die Schultern gerade. Niemand will eine verbogene Schauspielerin sehen.«

Sie hatte lachen müssen, gleichzeitig war ihr zum Heulen zumute gewesen.

Erneut holte sie Luft und begann mit leiser, aber fester Stimme: »Ich werde den Monolog aus dem dritten Akt von Selma Lagerlöfs *Dunungen* verbiegen.«

Signes Mundwinkel zuckten, dann lachte sie. »Interessant. Und wie haben Sie das vor, Fräulein Gustafsson?«

»Ich … verstehe nicht …«

»Sie haben gesagt, dass Sie den Monolog verbiegen wollen.«

»Was? Nein, das wollte ich natürlich nicht sagen!« Ihr schoss das Blut ins Gesicht. Sie hatte es schon wieder verdorben! Sie sollte gehen und nicht wiederkommen. Es wäre besser für alle.

»Fangen Sie einfach noch einmal an«, sagte Signe mit freundlicher, warmer Stimme. »Das war doch schon sehr gut – bis auf das Verbiegen.« Sie lächelte Greta aufmunternd an. »Und lächeln Sie ruhig mal, Ihr Lächeln ist sehr hübsch.«

Greta zog die Mundwinkel auseinander.

»Nicht so verkrampft.« Signe erhob sich und kam zu ihr. »Sehen Sie mich an. Und jetzt lachen Sie.«

»Das kann ich nicht.«

»Natürlich können Sie.« Signe machte es vor und zwickte sie in die Seite, bis sie tatsächlich lachen musste. »Lauter!«

Sie kicherte.

»Noch lauter.«

Sie lachte aus voller Kehle. Sogar für sie selbst klang es fröhlich.

»Na also.« Signe nickte zufrieden und setzte sich wieder. »Und nun erzählen Sie mir, was Sie aufsagen werden.«

Tag um Tag verging, und Greta wurde immer sicherer und legte die Furcht ab, sich zu blamieren. Eine glänzende Vorstellung lieferte sie dennoch nicht ab. Während Signe nickte und gelegentlich sogar applaudierte, war sie selbst nie mit sich zufrieden.

»Ich bin lausig, nicht wahr?«

»Nein, wie kommen Sie darauf?«

»Ich glaube, ich werde nie eine Schauspielerin sein.«

Signe war aufgestanden. »Wir machen ein paar Lockerungsübungen. Machen Sie es mir einfach nach.« Sie hob die Arme, ließ sie kreisen, schlenkerte damit, drehte sich im Kreis und tanzte durch den Raum.

Greta tat es ihr gleich, auch wenn sie sich dabei unbeholfen und lächerlich vorkam. Denn während Signe wie eine Elfe durchs Zimmer schwebte, wankte sie wie ein Tanzbär, der am Nasenring herumgeführt wurde. Sie bewegte sich ungeschickt, blieb an der Teppichkante hängen oder stieß gegen einen Sessel.

Schließlich ballte sie die Fäuste. »Ich kann es einfach nicht, Fräulein Enwall! Ich bin plump und ungelenk. Ring hatte recht, ich bin eine Lachnummer, eine zweite Lili Ziedner.«

Signe legte die Hände auf ihre Schultern. »Jetzt hören Sie mir mal gut zu, Greta. Sie sind keine Lachnummer, und Sie sind auch keine zweite Lili Ziedner. Wie konnte er nur so etwas zu Ihnen sagen? Sie sind nur befangen, vielleicht ein wenig linkisch. Daran können Sie arbeiten. Strengen Sie sich an, Greta, jeden Tag von Neuem, arbeiten Sie an sich. Arbeiten Sie an Ihrer Haltung, Ihrem Gang. Bewegen Sie sich vor dem Spiegel, beobachten Sie sich, geben Sie nicht auf.«

Greta schluckte gegen die Tränen an. »Danke, Fräulein Enwall. Ich weiß, Sie wollen nur nett sein …«

»Nett? Unsinn, ich bin ehrlich zu Ihnen. Sie brauchen ein bisschen Schliff und viel Übung. Beides ist nicht unmöglich. Warum versuchen Sie es nicht?«

»Das will ich ja«, sagte sie kläglich.

»Vielleicht nicht genug?« Signe schaute sie herausfordernd an. »Haben wir, mein Vater und ich, uns womöglich doch in Ihnen getäuscht?«

Greta wollte etwas Trotziges entgegnen, doch sie schwieg. Signe hatte recht, sie sollte es versuchen, wieder und wieder, bis sie es verinnerlicht hatte. »Gut, ich werde an mir arbeiten.«

»Fein.« Signe zwinkerte ihr zu. »Dann dürfen Sie jetzt

nach Herzenslust lachen, schließlich haben Sie sich gerade ein feierliches Versprechen gegeben.«

Sie versuchte es, doch heraus kam nur ein jämmerlicher Ton, der klang wie das Maunzen einer Katze.

»Nur nicht aufgeben, Greta. Versuchen Sie es wieder.«

»Aber mir ist nicht nach Lachen zumute.«

»Deshalb sollen Sie es ja weiter versuchen.«

Sie zwang ihre Mundwinkel auseinander, zeigte die Zähne, gluckste schließlich und prustete los. Bis ihr die Tränen übers Gesicht liefen. Und sie wunderte sich, wie leicht es ihr plötzlich fiel.

Kapitel 13

Am Tag der Prüfung war Greta so nervös, dass sie ihren Bruder bat, sie zum Theater zu begleiten. »Ich fürchte, meine Beine werden mich nicht tragen. Sollte ich umkippen, musst du mich heimbringen, ja?«

Die Jury bestand aus Schauspiellehrern, Kritikern und Journalisten, und als sie an der Reihe war, betrat sie wie in Trance die Bühne, die doch eigentlich ihre Welt bedeutete.

Sie hatte rasende Kopfschmerzen, weil sie die Nächte zuvor kaum geschlafen hatte, und sie kam beinahe um vor Aufregung und Lampenfieber. Doch sie sprach ihren Text fehlerfrei, auch wenn sie bei jeder weiteren Zeile davon überzeugt war, sich an die folgenden Worte nicht mehr zu erinnern. Sie würde verstummen, regungslos dastehen und vor Scham im Erdboden versinken. Die Jury würde tuscheln, und man würde sich einhellig fragen, was um Himmels willen dieses schüchterne, unbedarfte junge Ding dort oben auf der Bühne zu suchen hatte.

In der letzten Szene sollte sie lachen, und sie rief sich ihre Stunden mit Signe ins Gedächtnis, so wie sie es sich vorgenommen hatte. *Erinnere dich daran, was sie zu dir gesagt hat, was du tun sollst. Erinnere dich an ihr Lachen, ihre zwanglose Fröhlichkeit.*

Und es schien ihr zu gelingen, zumindest lachte sie laut und herzhaft, so wie sie es geübt, einstudiert hatte.

Es war zu dunkel, um die Gesichter der Jury zu erkennen. Sie versuchte es auch erst gar nicht, wollte nicht sehen, wie man sie mitleidig belächelte oder womöglich entsetzt über ihre Kühnheit den Kopf schüttelte.

Greta knickste, wünschte noch einen schönen Tag und lief so schnell von der Bühne, dass sie davon ausgehen musste, über ein Kabel zu stolpern oder etwas umzurennen.

Doch sie kam heil zum Seiteneingang, schob die Tür auf und lehnte sich draußen mit rasendem Herzklopfen an die Hauswand. Sie schloss die Augen. Das war's. Das war der Traum von einer Schauspielkarriere. Er war ausgeträumt.

Mehr als siebzig Bewerber gab es, und alle waren so viel talentierter als sie. Warum war sie überhaupt hergekommen? Es war doch ohnehin zum Scheitern verurteilt, sie würde nie auf einer Bühne stehen und ein Publikum mitreißen und begeistern.

Ihr fehlte es doch an allem, was eine gute Schauspielerin ausmachte.

Mit gesenkten Schultern ging sie nach Hause, legte sich angezogen aufs Bett und beantwortete einsilbig die Fragen ihrer Mutter.

Auch in dieser Nacht schlief sie kaum und stand früh am Morgen erschöpft wie nach einer durchtanzten Nacht auf.

Nach ein paar Tagen kam ein Anruf von Enwall.

Greta musste den Telefonhörer mit beiden Händen festhalten, sie umklammerte ihn geradezu. »Ja?«, hauchte sie.

Sagen Sie es frei heraus, sagen Sie, dass ich nicht bestanden habe. Ich rechne sowieso nicht damit, bringen wir es also hinter uns.

»Du bist aufgenommen, Greta«, hörte sie ihn sagen.

Sie begriff es jedoch nicht. Deshalb schwieg sie.

»Bist du noch am Apparat?«

»Ja.«

»Hast du gehört, was ich gesagt habe?«

»Ja.«

»Du hast bestanden. Freust du dich denn gar nicht?«

»Ich … weiß nicht.« *Vielleicht, nein, ganz bestimmt träume ich.*

»Du hast es geschafft, Greta. Ich bin stolz auf dich.«

Nun endlich begriff sie, auch wenn es noch dauerte, weil sie befürchtete, doch zu träumen und jeden Moment aufzuwachen. »Sie haben den Ausdruck deiner Stimme gelobt«, sagte er weiter. »Und sie finden, dass du Ausstrahlung besitzt. Eine ganz besondere Ausstrahlung.« Er lachte. »Hab ich's dir nicht gesagt, Greta? Du kannst die Menschen dazu bringen, dass sie an deinen Lippen hängen.«

»Ja«, sagte sie mit belegter Stimme. »Das sagten Sie.«

Noch immer verstand sie nicht, was sie an sich haben sollte, das andere Ausstrahlung nannten. Sie war linkisch, pummelig und hatte eine grauenvolle Haltung.

»Du scheinst dich überhaupt nicht zu freuen.«

»Doch, doch ich freue mich sogar ganz schrecklich, Herr Enwall, ich bin nur …« *… hoffnungslos überfordert von meinen*

Gefühlen. Wie so oft. Sie begann zu schluchzen, ganz leise, sodass er es hoffentlich nicht hören konnte.

»Weinst du etwa?«

»Das ist … nur die Freude, Herr Enwall.«

»Willkommen an der Akademie des Königlichen Theaters, Greta«, sagte er feierlich.

Sie wischte die Tränen mit dem Handrücken weg und schniefte. »Danke.«

»Du wirst doch nicht kneifen?«, fragte er plötzlich, als sie geglaubt hatte, er hätte bereits aufgelegt.

»Kneifen? Nein!«, sagte sie empört.

»Dann ist's ja gut. Wir glauben nämlich an dich, Greta. Du wirst deinen Weg machen.«

Sie bedankte sich erneut, legte auf und stand eine Weile reglos da. Sie hatte tatsächlich bestanden, sie war aufgenommen worden! Bald würde sie eine richtige Schauspielerin sein, auf einer Bühne stehen.

Nie zuvor hatte sie sich so selig, so glücklich gefühlt.

Sie wünschte, ihr Vater wäre noch da und könnte sich mit ihr freuen.

Kapitel 14

Stockholm im Frühjahr des darauffolgenden Jahres

Greta war so glücklich! Die vergangenen Monate waren die aufregendsten und schönsten ihres Lebens gewesen. Könnte ihr Vater sie doch nur sehen und erleben, wie sie sich stetig weiterentwickelte. Könnte er sehen, wie unbefangen und heiter sie sich im Kreis ihrer Mitstudenten bewegte, wie sie lachte und plauderte.

Viele der Studenten waren längst zu Freunden geworden, unter ihnen Mimi Pollak, der Greta sich sehr nah fühlte.

Auch Eva hatte sie sich verbunden gefühlt, aber mit Mimi war es anders. Mimi verstand sie *wirklich,* und die gemeinsame Leidenschaft für die Schauspielerei krönte ihre Verbundenheit. Greta spürte zudem, dass sie sich zu Mimi hingezogen fühlte, auf eine Art, die ihr anfangs etwas unangenehm gewesen war.

Häufig hatte sie den innigen, beinahe überwältigenden Wunsch, Mimis Haar zu berühren, ihr Gesicht zu streicheln und ihre Hände zu halten. Dann und wann war das Bedürfnis so übermächtig, dass sie ihm nachgab.

Doch Mimi schien es weder peinlich zu sein, noch empfand sie es als Übergriff. »Ich mag dich doch auch, Greta«, sagte sie zum Beispiel in diesen Momenten, nahm ihr Gesicht in die Hände und küsste sie auf die Wange, gelegentlich sogar auf die Lippen.

Bin ich etwa in Mimi verliebt?, fragte sie sich oft, fand aber keine Antwort.

Eva und sie dagegen hatten sich mehr und mehr entfremdet, ihre Freundschaft hatte die Zeit und die unterschiedlichen Interessen und Aufgaben ganz offensichtlich nicht überstanden.

Der Unterricht an der Akademie machte Greta solchen Spaß, dass sie sich schon samstags auf den kommenden Montag freute.

Um Geld zu sparen, ging sie morgens zu Fuß zur Akademie. Dann schwenkte sie fröhlich ihre Handtasche, sprach die Rolle laut vor sich hin, die sie gerade erarbeitete, oder gab sich ihren Gedanken und Träumen hin. Eines Tages würde sie auf einer großen Theaterbühne stehen und spielen, als gäbe es kein Morgen mehr. Die Menschen würden ihr zujubeln und applaudieren, und sie würde sich wieder und wieder verbeugen und Blumensträuße entgegennehmen. *Greta Gustafsson spielt die Ellida*, würde zum Beispiel auf einem der Plakate stehen, und darauf wäre sie strahlend schön; gertenschlank, mit rosiger Haut, verführerischem Blick und seidig glänzendem Haar.

Jedes Wort der Lehrer saugte sie auf wie ein Schwamm.

Stimmbildung und Haltungsschulung liebte sie besonders. Wie interessant es war, mit Stimme, Körperhaltung,

Gestik und Mimik Gefühle wie Trauer, Zorn, Hass und Stolz, aber auch Freude und Überschwang ausdrücken zu können. »Oh, Erschöpfung auszudrücken, sollte mir leichtfallen«, sagte sie so manches Mal und brachte die anderen damit zum Lachen. Sie brachte sie überhaupt oft zum Lachen, mit schlagfertigen Antworten und trockenem Humor.

Eurythmie dagegen bereitete ihr Probleme. Sie war so schrecklich ungeschickt. Das Tanzen war das Allerschlimmste! Ständig trat sie irgendwem auf die Füße, rempelte ihn an oder lief sogar in jemanden hinein, wenn sie eine Drehung vollführen sollte. Im Tanz Gefühle auszudrücken, war nicht nur eine Herausforderung, es war schlichtweg etwas, das ihr nicht gelingen wollte. »Eine Primaballerina werde ich jedenfalls nicht«, sagte sie, wenn sie mal wieder jemanden versehentlich angestoßen hatte. Konnte man wirklich lernen, sich graziös zu bewegen? Würde sie irgendwann leicht wie eine Feder durch einen Raum schweben und sich dabei drehen, ohne umzufallen?

Zudem belastete sie ihre mangelnde Bildung. Sie wusste es ja längst, doch immer wieder mit der Nase darauf gestoßen zu werden, bereitete ihr Kummer und Magenschmerzen.

Als ihre Lehrerin Frau Schildknecht von Maria Stuart sprach, und Mitstudentinnen begeistert sagten, wie gern sie sie spielen würden, raunte Greta ihrer Nachbarin Vera zu, wer diese Maria Stuart denn sei.

Vera gluckste, als hätte sie einen ihrer Witze gemacht. »Du bist wirklich zu komisch, Greta.«

Am Abend fragte sie Mimi nach Maria Stuart. »Ich hoffe,

du lachst mich nicht aus, aber ich weiß nicht, wer das ist. Gab es sie wirklich, oder ist sie eine Erfindung?«

Mimi lachte nicht, stattdessen erzählte sie ihr von der Königin der Schotten, deren Tod genauso tragisch war wie ihr Leben.

Die Studenten gaben auch kleine Theatervorführungen, und es wurde gemunkelt, dass sich dann und wann bekannte oder weniger bekannte Regisseure ins Publikum mischten. Greta versuchte, sich nicht anmerken zu lassen, wie nervös es sie machte, und konzentrierte sich auf ihre Rolle.

An den Wochenenden ging sie mit Freunden ins Theater – für die Studenten gab es Freikarten – und anschließend in ein Tanzlokal. Immer wurde es sehr spät, und sie fand nicht in den Schlaf. Entsprechend erschöpft kroch sie morgens aus dem Bett und brauchte eine Ewigkeit, um sich zurechtzumachen.

Die Folge war, dass sie in schöner Regelmäßigkeit zu spät zum Unterricht kam. Beim ersten Mal huschte sie leise zu ihrem Platz und war erstaunt, dass ihr Lehrer sie nicht zurechtwies. Hätte er sie vor versammelter Mannschaft getadelt, wäre es bei diesem einen Mal geblieben. Greta hasste es, offen zurechtgewiesen zu werden, und würde vor Scham im Erdboden versinken. Doch da ihrem Zuspätkommen auch keinerlei Konsequenzen folgten, kümmerte es sie wenig, als sie sich wieder und wieder verspätete. Bis es für alle zur Gewohnheit wurde. Hatte sie früher nicht bezweifelt, dass Unpünktlichkeit zur Gewohnheit werden konnte?

Nach einem weiteren aufregenden Wochenende, an dem

Greta und ihre Freunde erst im Theater und danach in einem Lokal gewesen waren, kam sie wie üblich viel zu spät, setzte sich schweigend und gähnte verstohlen. Sie zwang sich, dem Unterricht zu folgen. Wäre sie doch bloß nicht so müde!

»Greta Gustafsson, Sie sollen später zu Herrn Molander kommen«, sagte ihre Lehrerin. »Oder sind Sie dazu zu müde?«

Sie wurde puterrot. »Nein«, stammelte sie und hörte, wie einige kicherten.

Herr Molander war der Direktor der Akademie, und sie ging davon aus, dass es nun mindestens einen Tadel geben würde. Vielleicht würde er sie sogar hinauswerfen. Das hatte sie nun davon. *Wenn ich aus dieser Sache heil herauskomme, schwöre ich, dass ich nie wieder unpünktlich sein werde.*

»Was er wohl von dir will?«, flüsterte Vera. »Hast du was angestellt?«

»Außer ständig zu spät zu kommen? Nein.«

Nach dem Unterricht wusch sie sich das Gesicht, richtete ihr Kleid – der Kragen war schmuddelig, es war ihr gar nicht aufgefallen – und machte sich auf den Weg zu Molanders Büro.

Ich muss mehr auf mein Äußeres achten. Wenn ich schon kein Geld für neue Kleider habe, sollte ich wenigstens darauf achten, dass meine Sachen sauber und ordentlich sind.

Sie atmete einmal durch und klopfte an.

»Nur herein, Fräulein Gustafsson.« Woher wusste er, dass sie es war?

Sie öffnete die Tür und trat schüchtern ins Zimmer. Es

roch nach kaltem Rauch und einem Frauenparfüm, vermutlich dem seiner Sekretärin. »Sie wollten mich sprechen?«

»So ist es.« Er winkte sie zu sich und bat sie, Platz zu nehmen.

Sein Schreibtisch war akkurat aufgeräumt, nur ein einziges Blatt Papier lag darauf. Er nahm es und warf einen Blick darauf. »Nun, es ist folgendermaßen, Fräulein Gustafsson …« Er holte Luft und sah sie an.

Jetzt kommt es, dachte sie. *Er überlegt, wie er es mir sagen soll.* Oder sollte sie nicht besser beginnen? Mit einer Entschuldigung und dem festen Versprechen, von nun an immer pünktlich zu sein? Oder war es dazu schon zu spät?

»Kennen Sie Mauritz Stiller?«, begann er, als sie sich gerade dazu durchgerungen hatte, das Wort zu ergreifen.

Zögernd nickte sie. War das eine Fangfrage? Natürlich hatte sie schon von Stiller gehört, er war ein recht bekannter Regisseur.

»Er sucht zwei Darstellerinnen für seinen neuen Film.«

Greta fragte sich, was sie damit zu tun hatte. Warum sagte er nicht einfach: »So geht das nicht, Fräulein Gustafsson, ich fürchte, Sie nehmen den Unterricht nicht ernst.«

»Stiller hat Sie in Shakespeares *Wintermärchen* gesehen.«

»Oh.« Mehr brachte sie nicht heraus. Sie hatte die Hermione gespielt, eine Rolle, die sie liebte. »Greta spielt Hermione nicht, sie *ist* sie«, behaupteten ihre Mitstudenten.

»Er sagt, Sie hätten die Hermione mit solcher Inbrunst gespielt, dass er nicht wegschauen konnte.«

Vor Freude wurde sie rot. »Das … ist sehr freundlich von ihm.«

»Sie sollen morgen Vormittag vorsprechen, Fräulein Gustafsson.« Molander faltete die Hände und betrachtete seine Fingernägel. »Sie und Fräulein Mårtenson.«

»Ich? Aber ich …« *Ich kann das nicht,* war ihr erster Gedanke. Sie fühlte sich geschmeichelt und empfand sogar so etwas wie Stolz, aber bei Stiller für eine Filmrolle vorsprechen – nein, unmöglich. Es musste sich um einen Irrtum handeln, sie war doch längst noch nicht so weit. Bestimmt verwechselte Stiller sie mit einer Studentin aus dem zweiten Jahr.

»Es handelt sich um eine kleine Rolle, Fräulein Gustafsson«, schien er sie beruhigen zu wollen. »Stiller erwartet Sie beide um Punkt zehn.« Hatte er *Punkt zehn* betont? »Hier ist seine Adresse.« Er reichte ihr eine Visitenkarte.

Greta schwankte zwischen blanker Panik und etwas, für das sie kein Wort fand. Eine Art Hoffnungsschimmer, dass sie doch mehr war, mehr sein konnte, als sie selbst glaubte?

»Und?« Er sah sie neugierig an. »Was sagen Sie?«

»Ich weiß nicht … Ich fürchte, ich …«

»Etwas mehr Mut, Fräulein Gustafsson, Sie sind hier an einer renommierten Akademie, und Sie sind talentiert, wie Ihre Lehrer finden.«

»Aber ich …«, setzte sie erneut an.

»Wenn Sie nicht selbst an sich glauben, wer soll es dann tun?« Er schaute nun ernst, ein wenig sorgenvoll, wie ihr schien.

Schließlich nickte sie ergeben und stand auf. »Vielen Dank«, murmelte sie, als sie die Tür hinter sich schloss.

Draußen auf dem Gang lehnte sie sich mit dem Rücken

an die Wand und zählte langsam bis fünf. Dann ging sie los, aufrecht und mit erhobenem Kopf.

Ihr Gang sollte Entschlossenheit demonstrieren, und sie hoffte inständig, sie auch zu empfinden.

Kapitel 15

»Ich bin so aufgeregt! Du auch?« Mona Mårtenson zwickte Greta ins Bein. Nicht zum ersten Mal, seit sie vor der Tür des schlichten, zweistöckigen Hauses standen und darauf warteten, eingelassen zu werden.

»Aua.« Greta schob ihre Hand weg.

»Entschuldige.« Mona betrachtete sie stirnrunzelnd. »Bist du wirklich so entspannt, oder tust du nur so?«

Ich sterbe vor Nervosität. »Was soll schon groß passieren?«

»Was passieren soll? Dass wir nicht überzeugend sind, zum Beispiel? Mauritz Stiller ist ein berühmter Regisseur, und wir sollen bei ihm vorsprechen! Ich hab schon mal für eine Rolle vorgesprochen, und ich hab ihn nicht überzeugt. Diesmal aber wird es klappen.« Mona hob den Kopf. »Ob man uns nicht gehört hat?«

»Wo du doch fast die Tür eingetreten hast?« Greta blickte ebenfalls nach oben zu einem der Fenster. Sie hatten mehrfach geklopft, doch nichts außer Hundegebell war zu hören gewesen. *Nicht schon wieder,* war ihr durch den Kopf gegangen.

»Und wenn er gar nicht da ist?«, flüsterte Mona.

»Er hat uns hergebeten, wieso sollte er dann nicht da sein?«

»Er ist eine Berühmtheit, und du weißt doch, wie die sind.«

»Nein, weiß ich ehrlich gesagt nicht.«

Endlich wurde die Tür geöffnet, und eine Frau in einem hochgeschlossenen grauen Kleid mit weißem Kragen stand vor ihnen. »Sie wünschen?«

»Mona Mårtenson, und das ist Fräulein Gustafsson«, ergriff Mona das Wort. »Herr Stiller hat uns herbestellt, wir sollen vorsprechen.«

Die Frau hob die Augenbrauen. Ihr Gesichtsausdruck erinnerte Greta an ihre Mutter. So sah sie aus, wenn Greta wieder mal zu spät nach Hause gekommen war. »So? Davon weiß ich nichts.«

»Um zehn Uhr.« Mona blickte bedeutungsvoll auf ihre hübsche Armbanduhr.

Die Frau brummte etwas und trat zur Seite. »Herr Stiller ist nicht da. Aber Sie können in seinem Arbeitszimmer warten.« Sie schloss die Tür hinter ihnen und ging voran.

Sie waren gerade am Treppenabsatz angekommen, als ein riesiger Hund aus einem der Zimmer stürmte und an Greta hochsprang. Sie stieß einen erschrockenen Schrei aus, und Mona kreischte und versuchte das Tier mit den Händen abzuwehren.

»Keine Sorge, er beißt nicht.« Die Frau packte ihn am Halsband und brachte ihn in eins der Zimmer. »Du wartest hier brav, hast du gehört?«

Greta nutzte die Zeit, um sich umzuschauen. Die Diele

war mit rot gemusterten Mosaikfliesen ausgelegt, eine breite Treppe führte ins Obergeschoss. *Wie viele Zimmer mochte das Haus wohl haben?*, überlegte sie.

»Kommen Sie«, sagte die Frau, nun deutlich freundlicher. Ob sie Stillers Frau war? Oder seine Haushälterin?

Die beiden folgten ihr die Treppe hinauf.

»Schick, oder?«, flüsterte Mona. »Richtig nobel.«

Sie wurden in ein dunkel eingerichtetes Zimmer gebeten, in dem ein großer Schreibtisch quer vor dem Fenster stand, gegenüber befand sich ein hohes Regal, und in der Ecke stand ein runder Tisch mit einem Sofa und zwei Sesseln.

»Nehmen Sie Platz. Wenn Herr Stiller Sie für zehn Uhr herbestellt hat, wird er gleich da sein.« Die Frau nickte ihnen zu und schloss die Tür.

Würde seine Frau Herr Stiller sagen?, überlegte Greta. Nein, unwahrscheinlich. Also musste sie seine Haushälterin sein.

Sie ging zum Fenster und schaute nach draußen in den kleinen Garten, der akkurat gepflegt war. Es gab ein paar Rhododendronbüsche und eine Linde, unter der eine hübsche Laube stand. Vielleicht saß Stiller abends da und las Drehbücher?

Sie hörte Schritte und huschte zu einem der Sessel.

»Vielleicht bringt sie uns Limonade«, flüsterte Mona hoffnungsvoll. »Ich hab schrecklichen Durst.«

Die Tür wurde geöffnet, und ein sehr großer Mann kam herein.

Er blieb stehen, musterte sie beide, hob flüchtig die Augenbrauen, nickte dann, zog seinen Mantel aus und hängte ihn an den Garderobenständer neben der Tür. »Fräulein Mårtenson«, sagte er mit dem Rücken zu ihnen. »Wir kennen uns ja bereits. Und Sie sind Fräulein Gustafsson, nehme ich an. Ich habe mich etwas verspätet«, fügte er ohne jegliches Bedauern in der Stimme hinzu und ging zum Schreibtisch. Er nahm Platz, verschränkte die Hände und schaute sie abwechselnd an. »Ich suche zwei hübsche junge Damen für meinen neuen Film. Sagt Ihnen *Gösta Berling* etwas?«

Was für ein stechender Blick, dachte Greta und erschauderte. Ihr war, als blicke er direkt in ihre Seele und stochere dort herum. Sie fühlte sich unbehaglich und wäre am liebsten gegangen. Stiller hatte einen ungewöhnlich großen Kopf, der etwas deplatziert auf seinen schmalen Schultern wirkte. Auch seine Hände waren riesig. Immerzu musste sie darauf starren.

»Natürlich«, plapperte Mona. »*Gösta Berling* von Selma Lagerlöf.«

Nie gehört, dachte Greta und spürte, wie ihr das Blut in die Wangen schoss.

Stiller nickte. »Ich stelle Sie mir als Gräfin Ebba Dohna vor«, sagte er zu Mona.

Sie schlug die Hand vor den Mund. »Oh mein Gott!«

»Genauso theatralisch möchte ich Sie haben«, sagte er ungerührt, öffnete eine Schublade und zog einen Stapel Papier heraus, den er ihr reichte. »Das Drehbuch.«

Sie nahm es mit zitternder Hand, als handele es sich um den Heiligen Gral.

»Die Dreharbeiten beginnen im Sommer.« Stiller schaute sie an, als wäre das Gespräch nun beendet und sie entlassen.

Sie schien das allerdings anders zu sehen. Sie begann

eine Unterhaltung über das Stück, erzählte ausschweifend, wie sehr sie die Rolle der Gräfin Ebba liebe und dass sie ihn nicht enttäuschen würde.

Irgendwann schien es ihm zu viel zu werden, denn er hob die Hand und unterbrach sie. »Genug, Fräulein Mårtenson, Sie dürfen gehen. Meine Zeit ist kostbar, und ich will mich noch Fräulein Gustafsson widmen.«

Greta sank in sich zusammen.

»In einer Woche kommen Sie wieder und sprechen vor. Dann werden wir sehen, ob Sie mich überzeugen können.«

Mona wurde feuerrot, erhob sich hastig und streckte die Hand aus. »Natürlich, Herr Stiller. Ich werde Sie nicht enttäuschen.« Das sagte sie ein weiteres Mal, als sie bereits halb aus der Tür war.

»Ich denke, ich habe es nun verstanden.« Er nickte ihr kühl zu und wartete, bis sich die Tür hinter ihr schloss.

Dann seufzte er verhalten und bohrte seinen Blick in Greta. »Nun, Fräulein Gustafsson, wir hatten noch nicht das Vergnügen.«

Sie schluckte. »Nein.«

»Stehen Sie auf.«

Sie erhob sich, und er musterte sie von oben bis unten. »Sie sind ungewöhnlich groß für eine Frau.«

»Ich weiß.«

»Ihr Kleid ist grauenvoll. Besitzen Sie nichts Hübsches?«

»Tut mir …«

»Und wie schief Sie dastehen, meine Güte.« Er stand auf, kam zu ihr und legte die Hände auf ihre Schultern. Er drückte sie nach hinten, runzelte die Stirn und murmelte etwas wie »Daran kann man arbeiten«. Er ließ sie los, hob ihr Kinn an und ging ein paar Schritte. Er blieb stehen und betrachtete sie aus der Entfernung, neigte den Kopf, runzelte die Stirn und nickte schließlich. »Und Sie sind zu dick. Wenn Sie als Schauspielerin arbeiten wollen, müssen Sie mindestens zehn Kilo abnehmen, besser noch fünfzehn.«

Sie wollte nicken, schaffte es aber nicht. Ihr Nacken hatte sich versteift, und sie spürte, wie sich ihr Magen zusammenzog.

Plötzlich kam Stiller wieder näher, blieb direkt vor ihr stehen und schaute ihr ins Gesicht. Sie meinte, unter seinem Blick in den Boden zu wachsen, mehr und mehr zu schrumpfen. »Aber Sie sind recht hübsch. Meine Güte, diese Wimpern, ist das zu fassen! Aber sie sind viel zu hell. Die müsste man dunkler machen.« Er wandte sich ab, ging erneut ein paar Schritte. »Ich habe Sie als Hermione gesehen, Fräulein Gustafsson, und Sie haben mich beeindruckt.« Mit dem Rücken zu ihr stand er da. »Sie haben Ausstrahlung, ganz ohne Zweifel.« Er seufzte. »Aber Sie sind zu dick und viel zu …« Er suchte offenbar nach einem passenden Wort. »… verkrampft. Daran müssen Sie arbeiten, sonst wird das nichts.« Er machte eine Pause und sagte dann unvermittelt: »Legen Sie sich dort drüben auf das Sofa.«

Sie erstarrte. So lief das also. Sie sollte nett zu ihm sein, sehr nett, und dafür würde er ihr eine Rolle geben.

Nein, nicht mit ihr!

Sie schielte zur Tür. Nur drei, vielleicht vier Schritte …

»Nun machen Sie schon«, sagte er ungeduldig und fuchtelte mit der Hand herum. »Meine Zeit ist kostbar.«

Sie wollte ihn anfahren, dass er ganz offenbar Zeit für ein Schäferstündchen hatte, doch dazu kam sie nicht.

Er eilte zu ihr und schob sie kurzerhand zum Sofa. »Legen Sie sich hin, und tun Sie so, als seien Sie krank.«

»Wie bitte?« Hatte er gewisse Vorlieben?

Stiller schüttelte den Kopf. »Meine Güte, sind Sie immer so störrisch? Hinlegen, habe ich gesagt. Ich will sehen, ob Sie mehr können als die Hermione.«

Erst jetzt begriff sie, dass er nicht vorhatte, sie zu etwas zu zwingen, zu dem sie nicht bereit wäre. Er wollte sie prüfen.

Folgsam legte sie sich auf die Couch und schloss die Augen. *Hoffentlich habe ich mich nicht geirrt. Was, wenn er sich doch zu mir legt und mich …*

»Ist das schon alles?«

Sie öffnete die Augen und sah ihn neben sich stehen. Ungeduldig wippte er auf den Zehenspitzen. »Mehr haben Sie mir nicht zu bieten, Fräulein Gustafsson?«

»Nein, ich meine, doch. Ich weiß nicht …«

Er verdrehte die Augen. »Ist es eine unlösbare Herausforderung, mir eine Kranke zu demonstrieren?«

Sie spürte Tränen aufsteigen, außerdem war sie wütend. So wütend, dass sie ihn am liebsten wegstoßen und anschreien würde.

Er sah sie mit seinem durchbohrenden Blick an. »Sie haben Angst, Ihre Gefühle zu zeigen, warum auch immer. Wenn Sie Schauspielerin werden wollen, *müssen* Sie aber Ihre Gefühle zeigen. Begreifen Sie das nicht?«

»Doch«, brachte sie mühsam hervor.

»Also? Worauf warten Sie dann?«

Greta schluckte, biss die Zähne zusammen und setzte eine leidende Miene auf. Sollte sie vielleicht noch ein bisschen wimmern, oder wäre das zu übertrieben?

»Ist das alles?«

Sie runzelte gequält die Stirn, krümmte sich ein wenig und legte den Arm über ihre Augen. Dann bäumte sie sich auf, als fahre ein entsetzlicher Schmerz durch ihren Körper, und sackte wieder in sich zusammen. War das überzeugend genug?

Stiller stand unbeweglich da, die Miene unergründlich. »Stehen Sie auf«, sagte er nach einer kleinen Weile. »Sie können gehen.«

Sie war so schnell auf den Beinen, dass ihr schwindelig wurde. Ohne sich noch einmal umzudrehen, lief sie zur Tür. Es war vorbei, sie hatte es gehörig vermasselt.

Die Tür fiel hinter ihr ins Schloss. Das Geräusch war wie der letzte Vorhang. Sie hatte versagt. Es war vorbei, bevor es überhaupt erst begonnen hatte.

Kapitel 16

»Und? Was hat er gesagt? Was solltest du spielen?« Alle hatten durcheinandergeredet, als Greta am Tag darauf zum Unterricht gekommen war. Pünktlich zur Abwechslung.

»Was er gesagt hat?« Sie zuckte die Schultern. »Nicht sehr viel. Ich sollte mich auf die Couch legen und so tun, als wäre ich krank.«

»Was?« Vera hatte sie ungläubig angesehen. »Das war alles?«

»Ja, und anschließend hat er gesagt, ich könne gehen.«

Sie hatte in der Nacht kaum geschlafen, wie auch? Wieder und wieder war sie den Vormittag durchgegangen, hatte versucht, sich an jedes ihrer Worte, an jede Bewegung zu erinnern. Was hätte sie besser machen können, was anders ausdrücken?

Alles, brachte sie es schließlich auf den Punkt. Sie hatte auf ganzer Linie versagt.

Vor ihren Mitstudenten wollte sie sich aber nicht anmerken lassen, wie sehr sie mit sich haderte. Sie tat so, als sei ihr das alles völlig gleichgültig.

Als sie während einer Theaterprobe mit Vera hinter der

Bühne stand und auf ihren Auftritt wartete, sagte Vera mit einem Mal: »Weißt du, was mich an dir irritiert? Ich werde einfach nicht schlau aus dir. Du hast zum Beispiel noch kein einziges Wort über deine Familie verloren. Und ich frage mich, warum?«

Greta schwieg. Sie wollte nicht über ihre Familie sprechen, weil es nichts Interessantes über sie zu sagen gab.

»Ich frage mich auch, ob du wirklich so ahnungslos bist, wie du immer tust, oder uns allen nur was vorspielst.«

Dann wäre ich eine verdammt gute Schauspielerin. »Erwartest du darauf eine Antwort?« Sie sah Vera nicht an, ihr Blick ruhte auf der Bühne.

»Nein.«

»Gut.«

Molanders Sekretärin kam angelaufen. »Wo ist Fräulein Gustafsson?« Sie blickte sich um, entdeckte Greta und eilte zu ihr. Atemlos sagte sie: »Herr Stiller ist am Telefon.«

Greta rührte sich nicht.

»Er will mit Ihnen sprechen. Nun kommen Sie schon.« Sie fuchtelte mit der Hand und schob Greta vor sich her.

Was will er von mir? Will er mir brühwarm erzählen, wie untalentiert er mich findet? Wie dick, plump und verkrampft?

Die Sekretärin öffnete die Tür zu ihrem Büro und zeigte auf den Hörer, der neben dem Telefon lag.

Greta stand unbeholfen da.

»Nun reden Sie schon mit ihm.« Sie drückte ihr den Hörer in die Hand und schüttelte den Kopf.

Greta musste sich mehrmals räuspern, ehe sie etwas sagen konnte. »Hier spricht Greta Gustafsson.«

»Na endlich. Meine Güte, hat das gedauert. Kommen Sie heute Nachmittag zu mir. Ich erwarte Sie um Punkt sechzehn Uhr.« Er legte auf.

Sie starrte erst den Telefonhörer, dann die Sekretärin an, als wüsste die eine Antwort.

»Und? Was wollte er von Ihnen?«

»Ich soll heute Nachmittag zu ihm kommen.« Mit butterweichen Knien verließ sie das Büro.

Was hatte das zu bedeuten? Wollte Stiller ihr lieber von Angesicht zu Angesicht sagen, was er von ihr hielt? Dann wäre er grausamer, als sie gedacht hätte. Sie mochte ihn nicht besonders, aber er war ein bekannter Regisseur, der mit großen Schauspielerinnen arbeitete. Sie *sollte* ihn also mögen, wenigstens ein bisschen.

Sie ging zum Fenster und schaute hinaus auf den kargen Hof, auf dem ein paar Studenten rauchend herumstanden. Plötzlich fühlte sie sich verloren und vollkommen fehl am Platz. Sie gehörte doch gar nicht hierher. Aber wohin gehörte sie dann?

Nein, sagte sie sich schließlich. *Ich gehöre genau hierher.*

Sie zupfte an ihrem Kleid, dessen Saum so oft ausgelassen worden war, dass er ganz fransig war. *Haben Sie kein Hübscheres?*

Nein, noch nicht, dachte sie, und die Anspannung fiel von ihr ab, wie Staub, den sie weggewischt hatte. *Aber das wird sich ändern.*

Stiller saß am Schreibtisch, als sie um Punkt vier Uhr sein Arbeitszimmer betrat. »Da sind Sie ja.« Er winkte sie zu sich.

»Setzen Sie sich.« Er raschelte mit Papier, schien etwas zu suchen, murmelte: »Wo hab ich's denn? Ach, da!« Er blickte auf und sah sie an. »Können Sie sich vorstellen, die Gräfin Elisabeth Dohna zu spielen?«

Nein. Sie schluckte. »Ich … weiß nicht.«

Er verdrehte die Augen, stand auf und ging durchs Zimmer. »Was wollen Sie eigentlich, Fräulein Gustafsson?«

»Ich verstehe nicht …«

»Oh doch, Sie verstehen mich sehr gut.« Er blieb stehen und schaute sie durchdringend an. »Sie wollen Schauspielerin werden, deshalb gehen Sie auf die Akademie. Sie waren hier, um mich von Ihrem Talent zu überzeugen, oder etwa nicht?« Er wartete ihre Antwort nicht ab. »Na also. Sie haben Ausstrahlung, Fräulein Gustafsson, ohne Zweifel. Und ganz untalentiert sind Sie auch nicht. Ich glaube, aus Ihnen kann man etwas machen. Sie sind wie ein ungeschliffener Diamant.« Er kam näher und sah sie nachdenklich an. »Sie haben ein hübsches, frisches Gesicht, und Ihre Stimme ist ganz außergewöhnlich. Also?«

Ein ungeschliffener Diamant? Sie musste wieder schlucken. »Ja«, sagte sie nach einer längeren Pause.

»Wie, ja?« Er verdrehte erneut die Augen. »Das Erste, das Sie sich angewöhnen sollten, sind ganze Sätze, Fräulein Gustafsson.« Er runzelte die Stirn. »Und wo wir gerade bei Ihrem Namen sind …«

Was gefiel ihm daran nicht? Sie mochte ihren Namen.

»Gustafsson ist viel zu lang.«

Zu dick, zu verkrampft, zu lang. Was denn noch?

»Sie sollten sich einen kurzen Namen zulegen, einen einprägsamen.« Er kniff die Augen zusammen. »Ein klangvoller kurzer Name … hmmm … Er könnte Ihrer Karriere förderlich sein.«

Er könnte ihrer Karriere förderlich sein? Sie spürte, wie ihr Magen sich zusammenzog. Was redete er denn da von Karriere? Sie war doch gerade erst am Anfang, hatte doch überhaupt nichts vorzuweisen. Aber sie sagte nichts. Irgendwie hatte sie den Faden verloren.

»Was ist nun mit der Gräfin?«

Sie hielt seinem Blick stand. »Ja, ich kann mir vorstellen, die Gräfin Elisabeth Dohna zu spielen«, hörte sie sich sagen.

Er stieß ein hörbares Zischen aus und setzte sich wieder. »Na also.« Er gab ihr einen kleinen Stapel Papier, der lose zusammengeheftet war. »Bereiten Sie sich gut vor, Fräulein Gustafsson, ich neige nicht dazu, eine zweite Chance zu geben.«

Eine Stunde später saß sie neben Mimi auf der Couch. Mimi teilte sich die winzige Wohnung mit einer Studentin.

Während sie ausführlich berichtete, rutschte Mimi etwas näher und griff nach ihrer Hand. »Das hat er wirklich gesagt? Du wärst ein ungeschliffener Diamant? Greta! Das ist fantastisch! Absolut phänomenal! Wenn Mauritz Stiller das sagt, muss es stimmen. Man sagt, er habe ein Händchen für Talente, er sieht, was andere nicht sehen können.« Sie legte den Arm um ihre Schultern und zog sie fest an sich. »Ich freue mich so für dich!«

Alles an Mimi war echt, vielleicht mochte Greta sie deshalb so. Oder war es doch mehr als nur mögen?

Ihr Herz schlug wild, und als sie Mimis Atem dicht an ihrem Gesicht spürte, meinte sie, es würde ihr gleich aus der Brust springen.

Um ihre Verlegenheit zu überspielen, kam sie auf das Thema zu sprechen, das Stiller angeschnitten hatte. »Er sagt, ich bräuchte einen neuen Namen.«

»Was gefällt ihm an Greta nicht?«

Sie musste lachen. »Es geht nicht um meinen Vornamen, sondern um den Nachnamen.«

Mimi ließ ihre Hand los und lehnte sich zurück. »Verstehe.«

»Er findet ihn zu lang. Er sagt, ich brauche einen klangvollen, der … meiner Karriere förderlich ist.«

»Das hat er gesagt?«

Greta zuckte die Schultern und nickte. Plötzlich kam sie sich wie eine Betrügerin vor. Führte sie Stiller nicht an der Nase herum, wenn sie sagte, sie traue sich zu, die Gräfin zu spielen? Führte sie nicht alle an der Nase herum, weil sie auf die Akademie ging? War nicht alles an ihr eine einzige große Lüge, ein So-tun-als-ob?

Ihr Herz flatterte, und sie wusste nicht, ob es an ihren Gedanken, ihrer Verzagtheit oder an Mimis Gegenwart lag. »Ich glaube, ich kann das nicht, Mimi«, setzte sie zögernd an.

»Was kannst du nicht?«

»Die Gräfin Elisabeth spielen. Ich kann das nicht«, sagte sie kläglich. »Ich bin noch nicht so weit.«

»Wie weit glaubst du denn sein zu müssen, Süße?« Manchmal nannte Mimi sie so. »Es ist erst mal nur ein Vorsprechen. Stiller glaubt, dass du es kannst, also wirst du ihn überzeugen. Fertig.«

»Aber ich kann das nicht, Mimi!«, rief sie leidenschaftlich.

»Ich glaube, es wäre nicht schlecht, wenn du dich bei Stiller auch so überzeugend gibst.« Mimi grinste. »Ich helfe dir beim Lernen. Wir kriegen das hin, Greta.«

»Glaubst du?«

»Ich bin davon überzeugt.« Mimi schmiegte sich an sie und lehnte den Kopf an ihre Schulter. »Du kannst es zu etwas bringen, Greta. Es ist eine große Chance, verspiel sie nicht, indem du sie gar nicht erst wahrnimmst.«

»Ich weiß. Aber ich …«

Mimi setzte sich auf und sah sie ernst an. »Schsch …« Sie legte den Finger auf ihre Lippen. »Nichts da, Greta, du kannst es. Ich weiß es. Du wirst vorsprechen und ihn aus den Schuhen hauen.« Sie lachte und küsste Greta auf den Mund. »Aber lass dich ja nicht von ihm küssen, hörst du?«

Greta wollte empört etwas entgegnen, kam aber nicht dazu.

»War nur Spaß.« Ihre Freundin lachte glockenhell.

Sie mochte auch Mimis Lachen, im Grunde mochte sie alles an ihr.

Mimi kuschelte sich wieder an sie und seufzte. »Ach, ich glaube, ich bin ein bisschen verliebt in dich. Ist nicht weiter schlimm, oder?«

In ihrem Hals war es ganz eng. »Nein«, sagte sie mit rauer Stimme.

»Ich bin dauernd in irgendwen verliebt.« Mimi lachte unbekümmert. »Ich mag das Gefühl.« Sie sprang auf und durchquerte das Zimmer.

Greta beobachtete sie dabei. Wie schön sie aussah, und wie anmutig sie sich bewegte! *Wäre ich doch auch so!*

Sie horchte in sich, ob sie nicht vielleicht enttäuscht war. Immerhin hatte Mimi gerade gesagt, dass sie ständig verliebt in jemanden war. Nein, sie war nicht enttäuscht, nicht mal besonders überrascht. Vielmehr fühlte sie sich geschmeichelt, dass sie zum Kreis derer gehörte, die Mimis Liebe ganz offenbar verdienten.

»Greta … hmm …« Mimi legte den Finger unter die Nase und ging vom Fenster zur Tür und wieder zurück. »Verflixt, mir fällt kein wohlklingender Name ein. Dir?«

»Nein.« In Wahrheit hatte sie noch gar nicht darüber nachgedacht.

Ihre Freundin öffnete den Wandschrank und nahm eine Flasche heraus. »Uns wird schon noch was einfallen. Erst mal stoßen wir an, ja?«

Kapitel 17

Greta hatte sich akribisch auf ihre Rolle vorbereitet, doch als sie vor Stiller stand und beginnen sollte, war der Text verschwunden. Wieder einmal. Noch auf dem Weg zu Stiller hatte sie ihn wieder und wieder vor sich hin gemurmelt, nun jedoch schien es, als habe sie nie zuvor auch nur ein Wort gelesen, geschweige denn auswendig gelernt.

Verzweifelt und mit rasendem Puls stand sie da, die feuchten Hände an den Körper gedrückt, und ihr war speiübel. »Darf ich bitte, ähm, noch mal anfangen?«, fragte sie mit bebender Stimme. *Heul jetzt bloß nicht! Nicht auch das noch!*

Stiller nickte. Gemütlich zurückgelehnt saß er da, die Augen auf sie gerichtet, die Miene unergründlich.

Sie holte Luft und suchte in ihrem Gedächtnis nach dem Text. Er musste doch irgendwo sein!

»Haben Sie gelernt, Fräulein Gustafsson?« Es klang interessiert, als erkundige er sich, ob sie gern im Regen spazieren gehe.

»Natürlich hab ich gelernt!«, rief sie und hätte sich am liebsten mit der Faust an die Stirn gehämmert. »Ich verstehe das nicht!«

Ein Schmunzeln huschte über sein Gesicht und ließ ihn sofort gutmütig und beinahe väterlich aussehen. Er stand auf und kam zu ihr. »Ich schon. Sie sind gehemmt, Fräulein Gustafsson, irgendetwas hindert Sie daran, Ihre Gefühle zu offenbaren. Befreien Sie sich davon, lassen Sie es los.«

Als wäre das so einfach! »Aber … wie soll ich das schaffen? Ich versuche es doch ständig!«

»Sie werden in der Akademie bestimmt Atemübungen gelernt haben. Warum wenden Sie sie nicht an?«

»Weil … es funktioniert einfach nicht!« Sie grub die Fingernägel in die Handflächen und presste die Lippen aufeinander.

»*So* funktioniert es natürlich nicht.« Er zeigte auf ihren Mund. »Sie sind viel zu verkrampft. Öffnen Sie die Lippen und pusten Sie, als würden Sie eine Kerze ausblasen.«

Sie kam sich albern vor, aber sie versuchte es. Und tatsächlich spürte sie, wie sie sich etwas entspannte.

»Ich glaube, in Ihnen steckt so viel mehr, als Sie zeigen, Fräulein Gustafsson. Es ist ein Jammer.« Er seufzte kopfschüttelnd und nahm wieder Platz. »Wie wollen Sie die Menschen begeistern, wenn Sie stocksteif dastehen und sie anschauen wie ein scheues Reh?«

»Ich *will* die Menschen begeistern, ich will es unbedingt!«

»Dann tun Sie es. Seien Sie die Greta, die Sie sein wollen.« Er neigte den Kopf zur Seite und betrachtete sie. »Wie wollen Sie gern sein?«

»Interessant. Geheimnisvoll. Faszinierend.« Sie hatte nicht darüber nachdenken müssen.

Stiller nickte, schwieg aber zunächst. Erst nach einer ganzen Weile sagte er: »Jemand, der dasteht und stammelt, ist weder das eine noch das andere.«

»Glauben Sie, das weiß ich nicht!«, schleuderte sie ihm entgegen. Wollte er sie absichtlich so zornig machen? Nun, dann war es ihm gelungen.

»Jemand, der nur dasteht, erscheint einfältig und langweilig.«

»Das weiß ich!«, rief sie aufgebracht.

»Man wird ihn auslachen.«

»Ich weiß!«

Er sprang auf und funkelte sie an. »Dann stehen Sie verdammt noch mal nicht da und stammeln herum, als hätten Sie nicht alle beisammen! Seien Sie interessant und faszinierend! Überwinden Sie endlich Ihre Hemmungen, legen Sie Ihre Angst vor was auch immer ab! Herrgott noch mal, was soll ich denn bloß mit Ihnen machen!«, brauste er auf und lief durchs Zimmer. Dabei raufte er sich die Haare und murmelte etwas von »Da kann man ja verrückt werden« vor sich hin.

Greta war zutiefst verwirrt und verunsichert. Dann aber regte sich etwas in ihr, zunächst ein winziger Funke und schließlich der feste Wille, Stiller zu überraschen, zu beeindrucken und über ihn zu triumphieren.

Sie räusperte sich einmal, trat einen Schritt vor und begann mit kräftiger Stimme, die Gräfin Elisabeth Dohna zu geben. Stiller stand reglos da, mit dem Rücken zu ihr.

Nach ein paar Worten ging sie umher, gestikulierte lebhaft und geriet nicht ein einziges Mal ins Stocken.

Als sie zu Ende gesprochen hatte, kam ihr Herzschlag

ihr vor wie Donnerhall. Sie beobachtete Stiller, der sich noch immer nicht regte.

»Lars Hanson wird die Hauptrolle übernehmen«, sagte er mit einem Mal, ohne sich umzudrehen.

»Lars Hanson? Oh, ich kenne ihn!«

Er drehte sich zu ihr um. »Ach ja?«

»Wir haben zusammen in einem Werbefilm gespielt«, plauderte sie, als säßen sie nett bei Kaffee und Kuchen zusammen. Sie erzählte sogar von dem Dreh und dass sie Unmengen von Torte hatte verdrücken müssen. Als sie geendet hatte, wusste sie, dass sie einen Fehler gemacht hatte. So wie Stiller sie ansah, würde sie wahrscheinlich gleich zu hören bekommen, dass ihm nun klar war, warum sie aussah, wie sie aussah.

Doch erstaunlicherweise sagte er kein Wort.

»Trotzdem habe ich eine Menge gelernt«, plapperte sie weiter. Sie konnte einfach nicht aufhören. Vielleicht wollte sie, dass er sie endlich von einer anderen Seite kennenlernte. »Und Hanson ist so talentiert, und er ist überhaupt nicht eingebildet.« Sie erinnerte sich noch gut an seine Worte zum Abschied. »Wir sehen uns, Mädchen.«

»Waren Sie in ihn verliebt?«

»Was? Nein!« Sie musste laut lachen. »Auch wenn er ziemlich gut aussieht.« Sie gluckste und bemühte sich um ein ernstes Gesicht. So recht wollte es nicht gelingen.

Stillers Mundwinkel zuckten, dann zeigte er plötzlich auf sie und fuchtelte mit dem Finger. »Endlich hab ich Sie! Das da gerade war echt und unverstellt. Das waren Sie! Endlich haben Sie mich hinter Ihre Fassade blicken lassen.«

Greta sah ihn stumm an. *Nein, ich habe* Sie, dachte sie.

Er ließ sie nicht aus den Augen. »Und schon ist sie wieder da, die Fassade.« Er kam zu ihr, die Miene ernst. »Fangen Sie an, sich zu öffnen, Greta. Seien Sie die, die Sie sein wollen. Niemand anderes kann Ihnen dabei helfen.« Er ging zu seinem Schreibtisch und sank mit einem Seufzen auf den Stuhl. »Die Dreharbeiten beginnen im Sommer, und sie werden eine Weile dauern. Schaffen Sie das?«

»Ich verstehe nicht …«

Er schlug mit der Faust auf den Tisch, dass der Aschenbecher darauf hüpfte. »Gott verflucht! Natürlich verstehen Sie! Tun Sie doch nicht immer so, als begreifen Sie nichts! Ich möchte Ihnen die Rolle der Gräfin geben.«

»Wirklich?«, hauchte sie.

»Ja, wirklich.« Er schnaubte. »Aber erst will ich sehen, wie Sie sich vor der Kamera machen. Kommen Sie morgen Vormittag zu Probeaufnahmen ins Studio.« Er atmete heftig aus. »Also? Werden Sie das schaffen?«

»Morgen Vormittag? Ja, das kann ich einrichten.«

Er warf den Kopf in den Nacken. »Das ist nicht zum Aushalten mit Ihnen! Ich meine, ob Sie sich die Probeaufnahmen zutrauen?«

Die Wahrheit wäre: Nein, auf gar keinen Fall. Wenn sie nur daran dachte, wurde ihr schon übel. Doch sie sagte leise: »Ich denke schon.«

Er schien noch etwas entgegnen zu wollen, schnaubte aber nur erneut und entließ sie mit einer Handbewegung. »Ich erwarte Sie um Punkt elf.«

Greta huschte zur Tür und schloss sie hinter sich. Probeaufnahmen! Um Himmels willen! Sie würde bestimmt stolpern, etwas umstoßen, sich verhaspeln.

Aber sie würde es versuchen. Sie *musste* es versuchen!

Sie war sogar zehn Minuten zu früh. Der Nebeneingang des Studios war verschlossen, und sie wusste nicht, ob sie anklopfen oder sich irgendwie anders bemerkbar machen sollte.

Oder würde Stiller sie abholen?

Während sie noch grübelte, wurde die Tür geöffnet, und eine junge Frau bat sie herein. »Sie sind bestimmt Fräulein Gustafsson. Kommen Sie, Herr Stiller wartet schon.«

Er wartete schon? Es war noch nicht mal elf. Oder bedeutete es lediglich, dass er sie erwartete?

Sie folgte der blonden zierlichen Frau in einen großen Raum, in dem nur eine Kamera und zwei Stühle standen. Sie blickte sich um, konnte aber nichts weiter entdecken.

»Das ist der Raum für die Probeaufnahmen«, erklärte die junge Frau. »Ich sage Herrn Stiller Bescheid. Setzen Sie sich doch schon mal.«

Greta wollte lieber stehen bleiben.

Es dauerte nur einen Moment, bis er hereingestürmt kam. »Da sind Sie ja. Wieso stehen Sie herum?«

»Ich …«

Er winkte ungeduldig ab. »Vollkommen egal.« Er sah sic nachdenklich an. »Sie sind hübsch, Greta, aber zu dick.« Wie oft wollte er ihr das noch sagen? »Wenn Sie die Rolle haben wollen, müssen Sie abnehmen.«

»Das sagten Sie bereits«, erwiderte sie etwas schnippisch.

»Sie müssen auch dringend an Ihrer Haltung arbeiten.« Er fuchtelte mit der Hand. »Gehen Sie mal quer durchs Zimmer.«

Sie tat es, spürte seine Blicke wie Nadelstiche auf sich.

»Sie gehen, als wären Ihre Beine Türpfosten!«, donnerte er, und sie blieb wie angewurzelt stehen. »Und Ihr Gang …« Er stieß einen eigenartigen Laut aus. »Sie winden sich wie eine Schlange.«

»Ich gehe nun mal so«, sagte sie mit eisiger Stimme.

Er kam zu ihr und legte die Hände auf ihre Schultern, wie er es schon mal getan hatte. »Ich gehe nun mal so«, äffte er sie nach. »Dann gehen Sie in Zukunft eben anders. Man kann alles lernen, alles, merken Sie sich das.«

Sie spürte Tränen aufsteigen und schluckte wütend dagegen an.

Plötzlich lag seine Hand auf ihrer Wange. Mit dem Daumen strich er über ihren Wangenknochen und lächelte. »Sie haben wirklich etwas an sich.« Dann schwenkte er erneut um und brüllte einen Namen.

Sofort ging eine Tür auf, und ein Mann kam herein. »Herr Stiller?«

»An die Kamera! Wir wollen sehen, ob sich mit Fräulein Gustafsson was anfangen lässt.«

Minuten später stand Greta stocksteif da, die Kamera war auf sie gerichtet. Der Mann, der eben hereingekommen war, saß auf einem Hocker und schaute sie über die Kamera hinweg fragend an. Er wartete, dass sie anfing, sich bewegte, doch sie konnte nicht. Arme und Beine gehorchten ihr nicht, und in ihrem Kopf fuhren die Gedanken Karussell. Sie hörte den Mann seufzen und sah, wie er Stiller einen Blick zuwarf.

Der gab ihm einen Wink, woraufhin er nickte, aufstand und das Studio verließ.

Greta blickte zu Boden. War sie nun entlassen? Sollte sie ebenfalls verschwinden?

Vorsichtig hob sie den Kopf. Wo war Stiller?

Sie entdeckte ihn in einer unbeleuchteten Ecke. Stumm saß er dort auf einem Hocker, die Beine übereinandergeschlagen.

Sein Gesicht konnte sie nicht erkennen, dazu war es zu dunkel. Sie überlegte, ihn zu fragen, ob sie gehen sollte, dann aber hörte sie ein leises Surren. Die Kamera lief noch.

Es ist noch nicht vorbei, ich habe noch eine Chance.

Und die wollte sie nutzen.

Sie strich sich das Haar aus der Stirn, setzte ein Lächeln auf und ging auf die Kamera zu, bis sie ganz nah davorstand.

Dann begann sie die Gräfin zu sprechen, zog einen Schmollmund, weil das, was sie sagte, traurig war, kummervoll. Es war, als wären sie und die Kamera ganz allein, und im Grunde war es ja auch so. Dass Stiller nur ein paar Schritte entfernt saß und sie beobachtete, hatte sie beinahe vergessen.

Greta schob sich eine Haarsträhne hinters Ohr, warf den Kopf zurück und ging zu einem der Stühle, um sich zu setzen.

Sekundenlang war es still, dann hörte sie Kleiderrascheln, das Kratzen von Holz, und kurz darauf stand Stiller vor ihr. »Was war das jetzt?«

»Gräfin Elisabeth. Ich dachte …«

»Das weiß ich, meine Güte!« Er sah sie ungläubig an, schüttelte den Kopf und kratzte sich an der Nase. »Sie bewegen sich linkisch, haben einen grauenhaften Gang, können sich nicht kleiden und …« Er winkte ab, als gäbe es zu viel aufzuzählen, und strahlte dann plötzlich. »Aber Sie haben etwas an sich, dem man sich nicht entziehen kann.« Er betrachtete ihr Gesicht. »Da ist etwas in Ihren Augen …« Er lächelte selig wie ein kleines Kind, schwenkte dann urplötzlich aber wieder um. »Sie machen mich wahnsinnig, Greta, aber ich werde das in Kauf nehmen. Ich will Sie für die Rolle haben.« Er trat zurück, schien noch zu überlegen und nickte schließlich. »Ja, ich will Sie haben. Und was Ihren Namen betrifft … Was halten Sie von Greta Gabor?«

»Greta Gabor«, wiederholte sie. Das klang nicht übel. Aber irgendetwas störte sie daran. »Hm, ich weiß nicht …«

»Was wissen Sie nicht?« Er stöhnte ungehalten auf.

»Es klingt etwas zu hart, zu unmelodisch.«

Stiller hob die Augenbrauen, sagte aber nichts.

Sie dachte weiter nach. Und dann wusste sie es mit einem Mal. »Warum nicht Greta Garbo?« Als sie es aussprach, musste sie lachen. Es waren lediglich zwei Buchstaben, die sie getauscht hatte, und schon hatte der Name einen vollkommen anderen Klang; weicher, weiblicher. Geheimnisvoller.

»Verraten Sie mir, was Sie so lustig finden?«

»Es ist nichts.« Sie winkte ab. »Was halten Sie von der kleinen Änderung?«

Er ging zwei, drei Schritte, blieb stehen und nickte. »Gut,

machen wir es so.« Er kam wieder zu ihr, legte die Hand unter ihr Kinn und sah sie eindringlich an. »Ich werde Sie ganz groß rausbringen.« Er deutete auf seinen Bauch. »Ich spür's hier drin. Und bisher habe ich mich noch nie getäuscht. Sie sind was ganz Besonderes, nur was genau, müssen wir noch herausfinden.«

Greta wusste nicht, wann sie zuletzt so schnell gelaufen war.

Als sie vor Mimis Haustür stand, hatte sie Seitenstechen und musste zu Atem kommen. Dann stürmte sie in den Hausflur, in dem es schauderhaft roch, und klopfte an Mimis Wohnungstür im ersten Stock. »Ich bin's, mach auf!«

Es dauerte eine Weile, bis geöffnet wurde. Ihre Freundin sah verschlafen aus, das Haar wirr. Sie war barfuß und trug nur einen Unterrock. »Greta? Du lieber Himmel, was machst du hier?«

»Es ist mitten am Tag, Mimi. Hast du etwa geschlafen?«

»Ich wollte mich nur kurz hinlegen und ausruhen. Bin wohl eingenickt. Komm rein.« Sie trat zur Seite, und Greta schlüpfte an ihr vorbei.

»Ich hab die Rolle, Mimi, ich hab sie!«

»Welche Rolle?« Ihre Freundin runzelte die Stirn, dann schien es ihr einzufallen. »Die Rolle, natürlich! Wie schön! Komm her.« Sie breitete die Arme aus, und Greta ließ sich hineinfallen. Es war himmlisch, ihren Duft einzuatmen. »Gratuliere.«

Sie machte sich etwas widerwillig los. »Es war schrecklich, aber irgendwie war's auch … schön.«

»Schrecklich schön, ich verstehe.« Mimi ging voran und

sank auf die Couch. »Pass auf, dass ich nicht gleich wieder einschlafe. Es war spät letzte Nacht.« Ihre Augen leuchteten.

Greta spürte einen heißen Stich in der Magengegend. Eifersucht? Aber sie hatte keinen Anspruch auf Mimi. Mimi strich ihr übers Gesicht. »Du hast mir gefehlt, Süße.«

»Ich wäre gern mitgekommen, aber ich wollte mich auf die Rolle vorbereiten und unbedingt ausgeruht sein.«

»Weiß ich doch.« Mimi tätschelte ihre Wange. »Du wirst also die Gräfin Elisabeth spielen. Ich bin so stolz auf dich. Aber erzähl doch erst mal genauer …«

Nachdem Greta ausführlich berichtet hatte, stand Mimi auf und holte die angebrochene Likörflasche aus dem Schrank.

»Wir wollen anstoßen? Um diese Zeit?«

»Hast du einen anderen Vorschlag, wie wir dein Engagement feiern sollen?«

»Nein.«

»Na, siehst du.« Mimi schenkte ihnen ein und hob ihr Glas. »Auf dich.« Sie trank aus und sah Greta an. »Weißt du, wie sehr ich dein Lachen liebe?«

Greta spürte, wie ihr das Blut in die Wangen kroch.

»Oh, du wirst rot, wie süß!« Mimi beugte sich vor und küsste sie auf den Mund. »Du kannst einen wirklich dazu bringen, sich in dich zu verlieben, Greta. Irgendwann wirst du jemandem das Herz brechen.«

»Unsinn …« Ihre Stimme war rau.

»Ich würde glatt wetten.«

»Du weißt doch, ich wette nicht.« Sie trank aus und schüttelte sich. »Ich heiße jetzt übrigens Greta Garbo.«

Mimi stellte ihr Glas ab und setzte sich wieder neben sie. »Greta Garbo, Greta Garbo … Das klingt … wie Musik.«

»Dann gefällt dir der Name?«

»Ich liebe ihn!«

Greta lächelte beglückt. »Ich auch.« Ihr war ganz feierlich zumute. Es fühlte sich an, als habe sich mit dem neuen Namen auch eine neue Tür geöffnet.

Kapitel 18

Stockholm im Herbst desselben Jahres

Der Film spielte im vorherigen Jahrhundert, und es ging um den Pfarrer Gösta Berling, der wegen seines liederlichen Lebenswandels des Amtes enthoben wird. Seitdem zieht er durch Schweden, und andere Vagabunden haben sich ihm angeschlossen. Unterschlupf finden sie schließlich auf Schloss Ekeby, das einem Major und wohlhabenden Bergwerkbesitzer und dessen Frau gehört. Dort lernt Berling die schöne Gräfin Elisabeth kennen und verliebt sich in sie. Elisabeth erwidert seine Liebe nicht nur, sie gibt ihm Halt und Zuversicht, und er beschließt, sein Leben zu ändern.

Lars Hanson spielte den jungen Pfarrer, und als Greta am ersten Tag ins Studio kam, lächelte er erfreut. »Sagte ich nicht, dass wir uns wiedersehen?« Er streckte die Hand aus. »Kommen Sie bloß nicht auf die Idee, mich jetzt Herr Hanson zu nennen. Ich bin Lars. Ich hab gehört, dass Sie sich einen neuen Namen zugelegt haben.«

Sie nickte verblüfft. Was war ihm sonst noch zu Ohren gekommen? Dass sie Stiller regelmäßig fuchsteufelswild machte? Dass er etwas in ihr sah, was außer ihm noch niemand gesehen hatte? Sie selbst eingeschlossen?

»Es war Stillers Idee.«

»Dachte ich mir. Vertrauen Sie ihm, Greta, er weiß sehr genau, was er tut.«

Sie hatte längst beschlossen, Stiller zu vertrauen. Als Regisseur war er eine Größe und hatte sich mit anspruchsvollen Filmen einen Namen gemacht. Sein Markenzeichen war, dass er komische, alberne Szenen ernst spielen ließ. So erhielten sie eine gewisse Dramatik.

Am ersten Drehtag hatte sie solches Lampenfieber, dass sie sich nicht rühren konnte. Arme und Beine gehorchten ihr nicht, und ihr Kopf war wie mit Watte ausgestopft.

Wieder gab Stiller dem Kameramann einen Wink, der daraufhin das Studio verließ. Wieder war sie allein mit der laufenden Kamera, und wieder geschah dasselbe wie bei den Probeaufnahmen: Sie taute auf, spielte und gab alles.

Stiller saß wieder abseits auf einem Hocker und sah ihr zu. Irgendwann sprang er auf und kam zu ihr. »Was war das, Greta?«

»Ich weiß nicht, was Sie meinen«, sagte sie verwirrt.

»Das war nicht die Gräfin, das war ein nuschelnder Kartoffelsack! Ein Sack voller verfaulter Kartoffeln!«, brüllte er sie an.

Sie sackte in sich zusammen, schluckte und ballte die Fäuste.

»Das war nichts, Greta, gar nichts! Noch mal von vorn! Und bewegen Sie sich endlich mal ein bisschen weiblich! Sie sind eine Frau, Greta, eine Frau!«

Aber ich bin nicht weiblich, wollte sie sagen, ließ es aber bleiben. Sie hatte sich nie weiblich gefühlt, vielleicht hatte sie sich deshalb diesen furchtbaren Gang angewöhnt. Oder war es genau andersherum?

Stiller ließ den Blick an ihrem Körper herabwandern. »Wie viel haben Sie abgenommen?«

»Drei Kilo«, sagte sie schüchtern. »Aber ich werde noch mehr abnehmen.« Sie hatte Schwitzkuren gemacht und sich Süßigkeiten eisern verkniffen. Das Essen konnte sie schlecht ganz einstellen, aber vermutlich erwartete er das von ihr.

»Das hoffe ich. Noch mal!« Er kehrte zu seinem Platz zurück, und das Spiel begann von vorn.

Und wieder und wieder und wieder.

Zuletzt fühlte sie sich so ausgelaugt, dass sie sich am liebsten auf den Boden legen, die Augen schließen und die Ohren zuhalten würde.

Stiller fluchte, schimpfte, tobte und brüllte. Nie konnte sie es ihm recht machen. Und immer wenn sie glaubte, an einem Punkt zu sein, an dem sie nur noch weglaufen wollte, kam er zu ihr, streichelte ihre Wange und sagte mit schmeichelnder Stimme: »Aber da ist etwas in Ihrem Gesicht … Ich sehe es ganz deutlich. Die Kamera muss es aber auch sehen, verstehen Sie? Ich will, dass alle sehen, was ich sehe.«

Jeder Drehtag lief ganz ähnlich ab. Greta gab ihr Bestes, doch es genügte Stiller nie. Er beschimpfte sie vor allen Anwesenden, dass sie gelinde gesagt ein weibliches Trampeltier sei, woraufhin sie zum ersten Mal die Beherrschung verlor und ihn anschrie: »Hören Sie auf, mich zu beleidigen, Stiller! Ich hasse Sie!«

Sie schlug die Hand vor den Mund und schluchzte erstickt.

Mit bestürzter Miene kam er zu ihr. »Aber, aber, Greta, nicht doch. Sie hassen mich ganz bestimmt nicht. Sie wissen doch, dass ich es nur gut mit Ihnen meine. Wir wollen doch beide, dass die Welt da draußen die Greta sieht, die ich sehe, nicht wahr?«

Damit nahm er ihr den Wind aus den Segeln. Aber sie fragte sich jeden Abend wieder, ob sie am kommenden Tag weitermachen wollte. Würde sie es irgendwann schaffen, ihn zu beeindrucken oder wenigstens zufriedenzustellen?

Die kurzen Drehpausen dagegen waren wohltuend. Greta hing an Hansons Lippen, wenn er von seinem Schauspielerdasein erzählte. Ob auch sie irgendwann einmal so viel Aufregendes erleben würde?

Stiller hasste es, wenn sie mit ihm zusammensaß und plauderte. Er schien es ihr übelzunehmen, dass sie zu dem Schauspieler aufblickte.

Schließlich glaubte sie auch zu wissen, warum: Stiller war ganz offenbar der Meinung, sie zolle ihm nicht gebührend Respekt und zeige zu wenig Dankbarkeit.

Daraufhin gerieten sie erneut in Streit, und Greta fragte sich, wann er sie wohl hinauswerfen und sich eine neue Darstellerin suchen würde.

Doch das geschah nicht. Stiller fluchte und schimpfte tagein, tagaus mit ihr, schmeichelte ihr gleich darauf mit honigsüßen Worten und Beteuerungen, dass sie ein ungeschliffener Diamant sei, den er zu schleifen gedachte.

Irgendwann – die Dreharbeiten dauerten bereits mehrere Wochen – hatte sie sich daran gewöhnt. Sie ließ ihn toben, wartete, bis er sich wieder abkühlte und zu Schmeicheleien überging.

Er schien sie bis aufs Blut reizen zu wollen, damit sie ihr Bestes gab. War es das?

Tatsächlich schien sie über sich hinauszuwachsen, und die anderen Darsteller lobten sie regelmäßig. »Lass dich bloß nicht von Stiller unterkriegen«, sagte Mona Mårtenson zum Beispiel, wenn er wieder mal einen seiner berühmten Tobsuchtsanfälle hatte. »Du wirst von Tag zu Tag besser.«

Wenn die Drehzeiten es zuließen, besuchte Greta weiterhin die Akademie. Beides unter einen Hut zu bringen, verlangte ihr einiges ab. Aber sie wollte es unbedingt schaffen und den Abschluss machen.

Abends war sie meistens so müde, dass sie gleich schlafen ging. Auf die neugierigen Fragen ihrer Mutter und ihrer Geschwister antwortete sie einsilbig, aber das war für ihre Familie nichts Neues. Besonders gesprächig war sie nie gewesen, und Rede und Antwort zu stehen, hasste sie.

»Was, wenn du eines Tages ein Interview geben musst?«, sagte Alva einmal zu ihr. »Willst du dann weglaufen?«

Sie zuckte die Schultern. »Wenn es möglich ist. Und wenn nicht, werde ich nur dasitzen und schweigen.«

Ihre Schwester lachte. »Das möchte ich sehen.«

»Schweigen ist viel interessanter als Plappern.«

»Die Reporter werden sonst was über dich schreiben.

Wenn du ihnen nichts lieferst, werden sie sich was ausdenken.«

Greta zuckte erneut die Schultern. »Wenn sie mich über meine Familie ausfragen, sage ich einfach, dass ich Eltern und Geschwister habe und in einem Haus lebe und zur Schule gegangen bin. Was gibt's auch mehr über mich zu sagen?«

Sie würde nie mehr preisgeben, als unbedingt nötig war, das hatte sie beschlossen. Je weniger man über sie wusste, desto interessanter machte sie sich. Und wenn die Presse sich etwas aus den Fingern saugen würde, bitte sehr.

Aber vielleicht wird es gar nicht so weit kommen, dachte sie eines Abends, nachdem sie erst spät nach Hause gekommen war, weil die Dreharbeiten so lange gedauert hatten.

Was, wenn man mich nach dem Film in der Luft zerreißt? Was, wenn sich Stiller in mir und auch sich selbst getäuscht hat?

Sie fühlte sich leer und zu Tode erschöpft, und ihr Magen knurrte entsetzlich. Das ewige Hungern war schrecklich, möglicherweise hatte sie deshalb so finstere Gedanken.

Kapitel 19

Anfang des Monats waren die Dreharbeiten nach draußen verlagert worden. Es hatte kräftig geschneit, und auf dem Weg zum Drehort war Greta ausgerutscht und hingefallen. Elsa, eine der Frauen, die ihnen mit den Kostümen behilflich waren, lachte, als sie aus den nassen Kleidern schlüpfte und sich schüttelte wie ein Hund. »Haben Sie sich in einer Schneewehe gewälzt, Kindchen?« Sie schloss Gretas dunkles, spitzenbesetztes Kleid, richtete den Kragen und rief nach Konstanze, der jungen Frau aus Deutschland, die für die Frisuren und Perücken verantwortlich war. »Sie haben ganz schön abgenommen, Mädchen«, sagte sie plötzlich und runzelte die Stirn. »Ich fürchte, wir müssen das Kleid ändern.«

Greta lächelte glücklich. Sie hatte es inzwischen auf sage und schreibe acht Kilogramm geschafft, die sie sich eisern abgehungert hatte. Ein hartes Stück Arbeit, das sie manchmal an den Rand eines Nervenzusammenbruchs gebracht hatte.

»Wie dünn will Stiller Sie noch haben?« Elsa seufzte kopfschüttelnd.

»Vielleicht genügt es ihm jetzt«, meinte Greta hoffnungsvoll. Sie sehnte sich nach einem riesigen Stück Käsetorte. Oder gedeckter Apfelkuchen!

Plötzlich stand Stiller vor ihr. Sie würde sich nicht wundern, wenn er ihre Gedanken gelesen hätte und sie nun bereits im Vorfeld ermahnen wollte. »Fertig?«, fragte er mit der mittlerweile vertrauten Ungeduld in der Stimme.

Sie nickte.

»Nein!«, rief Elsa und winkte Konstanze herbei. »Nun mach schon! Herr Stiller will nicht dauernd auf dich warten!«

Die junge Frau kam angelaufen, ihre Wangen glänzten erhitzt. »Verzeihung«, murmelte sie. In den Monaten, die sie in Stockholm war, hatte sie kaum Schwedisch gelernt. Meistens sprach sie in einem lustigen Kauderwelsch aus Deutsch, Englisch und Schwedisch, den alle ganz reizend fanden. Niemand außer Stiller tadelte sie deswegen. Diesmal beließ er es bei einem eisigen Blick und einem kurzen Kopfschütteln.

Konstanze wich dem Blick aus und widmete sich Gretas Hochsteckfrisur. Mit emsigen, sehr geschickten Fingern hatte sie sie in wenigen Minuten fertig, und Greta raffte den langen Rock.

Heute wollten sie eine abenteuerliche Szene auf einem zugefrorenen See drehen. Greta sollte über den zugefrorenen See eilen, um Berling zu suchen. Auf halber Strecke würde er ihr in einem Pferdeschlitten entgegenkommen und sie auflesen. Während sie gemeinsam über den See fuhren, sollten sie von einer Meute Wölfe verfolgt werden.

Am Tag zuvor hatte sie die Szene bereits mehrmals geprobt, doch Stiller hatte wie üblich ständig etwas auszusetzen gehabt.

»Greta, verflucht!«, hatte er einmal gebrüllt und war aufgebracht auf sie zugeschlittert. »Was sind Sie? Ein Esel oder eine Frau, die den Mann sehen will, den sie liebt?« Er hatte sie am Pelzkragen gepackt und fast zu Fall gebracht. »Sie sind besorgt! Sie haben Angst um ihn und auch um sich selbst! Sie wollen nur eins: endlich bei ihm sein! Ich will das alles auf Ihrem Gesicht sehen, verdammt noch mal!« Er hatte ihr Gesicht, das von der Kälte ganz starr gewesen war, zwischen seine Hände genommen. »Ich will sehen, was Sie fühlen, Greta! Zeigen Sie es mir!« Er hatte sie abrupt losgelassen und war zu seinem Platz zurückgekehrt. Kurz vor dem Ufer war er ausgerutscht und hingefallen. Niemand hatte sich getraut zu lachen. »Verflucht!«, hatte er wieder gebrüllt.

Wieder und wieder hatte er sie über den See gescheucht. Ihr war eiskalt gewesen, ihre Nase lief, die Augen tränten, und ihre Füße hatte sie nicht mehr gespürt.

»Noch mal!«, rief er jedes Mal, und sie hatte von vorn begonnen.

An diesem Tag sollte Hanson als Berling dazukommen. Er stand am Ufer, in einen warmen Pelzmantel gehüllt, die Mütze ins Gesicht gezogen, und rauchte.

Greta ging zu ihm und blies in ihre kalten Hände.

Er zwinkerte ihr zu. »Gut gefrühstückt?«

»Gar nichts.« Sie war so aufgeregt gewesen, dass sie nichts herunterbekommen hatte.

Er schnalzte mit der Zunge. »Sie hätten etwas essen sollen. Es wird anstrengend werden.«

Sie seufzte. »Ich weiß. Das war es gestern schon.« Und die Tage und Wochen davor. Sie hätte nicht gedacht, dass die

Dreharbeiten so kräftezehrend, solch eine Tortur sein würden.

Hanson sah sie mitfühlend an. »Vergessen Sie nie: Er will nur das Beste aus uns rausholen.«

Etwas ganz Ähnliches hatte Stiller auch zu ihr gesagt, als sie weinend vor ihm gestanden hatte, weil er sie wieder mal vor allen angebrüllt hatte. »Warum kritisieren Sie mich ständig, Stiller? Nie kann ich's Ihnen recht machen!«

»Greta.« Er hatte ihre Wange getätschelt. »Sie haben noch keinerlei Erfahrung, Sie brauchen Anleitung. Ich will, dass Sie alles geben.«

»Aber ich gebe alles«, hatte sie verzweifelt ausgerufen.

»Das glaube ich nicht. Sie können es besser, ich weiß das.«

Irgendwo jaulten Hunde, und sie zuckte zusammen. »Sind das die Wölfe?«, flüsterte sie und blickte sich um.

»Es sind sechs, und sie werden hinter uns herjagen, weil wir sehr appetitlich aussehen.«

Sie boxte ihn auf den Arm. »Sie finden das wohl lustig, Lars. Ich habe Angst vor ihnen.«

»Vor mir?« Er grinste und schnippte den Zigarettenstummel weg. »Nicht doch.«

Stiller kam zu ihnen. »Seid ihr so weit?«

Hanson nickte, Greta stand nur da und fror.

»Wo bleibt der Schlitten?«

»Er ist bereits da!«, rief jemand.

Wieder war lautes Jaulen zu hören.

»Oh Gott«, murmelte Greta.

»Keine Angst, sie sind gefüttert«, meinte Stiller trocken.

»Vielen Dank, dann bin ich beruhigt«, erwiderte sie genauso trocken.

»Sagen Sie bloß, Sie fürchten sich?«, witzelte er.

»Nein, ich liebe es, über einen gefrorenen See vor einer Horde Wölfe zu fliehen.«

»Es sind nur Schäferhunde«, sagte er, und sie starrte ihn ungläubig an.

»Wie bitte?«

»Schäferhunde. Ich habe sie trainieren lassen, Sie werden Ihnen also nichts tun.«

»Und wieso sagen Sie das erst jetzt, Stiller?«

Er grinste breit. »Weil ich die Angst, die Panik in Ihren Augen sehen wollte.«

Stunden später saß Greta im Pferdeschlitten, hinter ihr stand Hanson, die Peitsche in der Hand, und trieb das arme Pferd über den rutschigen See. »Schneller!«

Hinter ihnen sechs Schäferhunde, die immer näher kamen.

Angst zu zeigen, fiel Greta nicht schwer. Sie hatte entsetzliche Angst, auch wenn es keine Wölfe waren.

Der Schlitten glitt über das Eis, und sie wurde in den Sitz gedrückt. Vorsichtig spähte sie über ihre Schulter, die Hunde hatten aufgeholt. Das Jaulen der Tiere, das Knirschen auf der dünnen Schneedecke, die den See überzog, das Knallen der Peitsche und Hansons lauter Atem und ihr eigener Herzschlag; das war alles, was sie hörte.

Sie sprach ihren Text. »Halten Sie an, ich will aussteigen!«

Er schüttelte bedauernd den Kopf. »Das geht nicht, sehen Sie nicht die Wölfe?«

Sie bibberte und schob die klammen Hände in den Pelzmuff. Das rettende Ufer schien so schrecklich weit entfernt, als müsste es noch Stunden dauern, bis sie es erreichen würden. Es kam ihr sogar vor, als würde sich der Abstand zwischen ihnen und dem Ufer vergrößern.

Der Schlitten geriet kurz ins Schlingern, und Hanson murmelte: »Hoppla! Festhalten!«

Nur einen Wimpernschlag später rief Stiller: »Stopp! Aus!«

Hanson hielt den Schlitten an, das Pferd schnaubte, hatte Schaum vor dem Maul. Greta schlotterte.

Jemand brachte Decken, und sie wurden darin eingehüllt, nachdem sie aus dem Schlitten gestiegen waren. Himmel, war das kalt!

»Das war schon gar nicht schlecht«, meinte Stiller. Ein ungewöhnliches Lob. In Wahrheit war die Szene vermutlich grandios geworden. Der Kameramann warf Greta einen anerkennenden Blick zu, und sie quittierte ihn mit einem schüchternen Lächeln.

»Gut gemacht.« Stiller stand plötzlich neben ihr, die Hand auf ihrer Schulter. »Aber ich will noch mehr Beklemmung in Ihren Augen sehen. Zeigen Sie mir, wie es sich anfühlt, über den See zu fahren. Zeigen Sie mir, wie viel Angst Sie haben, dass das Eis brechen könnte.«

Tatsächlich hatte sie bisher mehr Angst vor den Hunden gehabt. Dass er sie nun darauf hinwies, dass das Eis möglicherweise brüchig sein könnte, ließ sie erstarren. »Hat niemand geprüft, dass es hält?«

»Doch, natürlich.« Er grinste und schob die Hände in seinen Wollmantel.

»Sie sind unmöglich!«

»Ich weiß, Sie hassen mich«, sagte er wie nebenbei.

»Manchmal schon.«

Jemand rief nach Konstanze, die gleich darauf vor ihr stand und ihr die pelzbesetzte Haube abnahm. Sie schob die widerspenstige Haarsträhne aus der Stirn, die sich während der Schlittenfahrt gelöst hatte.

»Stecken Sie es gut fest«, bat Greta sie. »Sonst wird es nicht halten.«

Jemand brachte einen Becher mit heißem Tee, und sie nippte vorsichtig daran. Ah, das tat gut. Sie spürte, wie bereits der erste Schluck ihren Körper wärmte.

Hanson rauchte schweigend eine Zigarette und verzichtete auf den Tee. Stiller lief umher und erklärte dem Kameramann, wie er sich die nächste Einstellung dachte. »Sie müssen ganz nah an ihr Gesicht, ihre Augen.«

Der Kameramann nickte.

»Und wenn sie hochsieht zu Hanson, müssen Sie ihr folgen. Ich will das Leuchten in ihren Augen haben, wenn sie ihn ansieht.«

Wieder nickte der Mann.

Ein anderer Mann rieb derweil den Rücken des Pferdes mit Stroh ab und legte ihm eine Decke um. Die nächsten Einstellungen würden nur Greta und Hanson zeigen.

Am späten Abend war Stiller so weit zufrieden, dass sie für heute Schluss machten. Er sprach noch einen Moment mit Hanson und ein paar anderen Schauspielern, danach kam er zu Greta.

»Gut gemacht«, sagte er wieder.

»Danke.« Sie tat so, als sei es nichts Besonderes, dass er sie lobte. In Wahrheit freute sie sich so sehr, dass sich ihr Magen zusammenzog. Gegessen hatte sie seit dem frühen Mittag nichts, wurde ihr erst jetzt bewusst. Ihre Mutter hatte sicher etwas gekocht, vielleicht einen deftigen Eintopf mit etwas Fleisch.

»Kann ich dann jetzt nach Hause?«

Er nickte. »Natürlich, oder dachten Sie, ich würde Sie noch dabehalten und Stunden weiterdrehen wollen?«

Greta winkte ab, sagte jedoch nichts. Was sie dachte, musste er nicht wissen.

Als sie sich abwandte und gehen wollte, rief er ihr nach: »Es ist zwecklos, Greta! Ich weiß, was Sie denken! Ich seh's in Ihren Augen!«

Kapitel 20

Nicht nur die Schlittenszene in *Gösta Berling* war aufsehenerregend, sondern auch der Brand von Schloss Ekeby. Noch nie hatte es eine so teure Filmszene gegeben, wie Stiller stolz behauptete. Mit leuchtenden Kinderaugen stand er da und ergötzte sich am Feuer und seiner eigenen Virtuosität.

Seine Augen leuchteten aber auch jedes Mal, wenn er sich im Vorführraum die einzelnen Szenen wieder und wieder ansah und vor sich hin murmelte.

Oft stand Greta daneben, wagte kaum zu atmen, geschweige denn ebenfalls hinzusehen. War er endlich mit ihr zufrieden? War sie gut genug gewesen? Sie hatte dreitausend Kronen für ihre Arbeit bekommen, ein kleines Vermögen. War sie ihr Geld wert?

»Und?«, fragte sie ihn dann doch irgendwann.

»Was und?« Er blinzelte verwirrt. Dann erhellte sich sein Gesicht. »Ach, Sie wollen wissen, wie ich Sie finde.« Statt einer Antwort deutete er auf ihr Gesicht in der Schlittenszene. »Sehen Sie hin, Greta, sehen Sie genau hin.«

Sie sah hin, wusste aber nicht, was er meinte.

»Das ist es, was ich von Ihnen wollte.« Er zeigte auf ihre

Augen. »Man sieht, was in Ihnen vorgeht. Man sieht Ihre schreckliche Angst, Ihre Sorge und Beklommenheit. Und man sieht, wie Sie zu Hanson stehen.«

Sie blinzelte verwundert. »Was soll das heißen, wie ich zu Hanson stehe?«

Er machte eine ungeduldige Handbewegung. »Ich meinte, wie die Gräfin zu Berling steht, Sie Dummerchen.« Er legte den Arm um ihre Schultern. »Sie waren gut, sehr gut sogar. Ich sagte ja, dass Sie etwas ganz Besonderes sind. Und das hier …«, wieder deutete er auf ihr Gesicht, »… ist etwas Besonderes. Die Leute werden später von Ihrem Gesichtsausdruck träumen.« Er sah sehr zufrieden aus. »Dieser Ausdruck, diese Präsenz … Sie leuchten von innen heraus, Greta. Sie sind fantastisch.«

Der Film sollte im Frühjahr des kommenden Jahres in einem Stockholmer Kino uraufgeführt werden. Da er mit vier Stunden ungewöhnlich lang war, hatte Stiller beschlossen, ihn in zwei Teilen zu zeigen.

Greta hatte sich nach einem gemeinsamen Abendessen von ihm überreden lassen, sich bereits fertige Szenen anzuschauen.

Als sie sich dann später als Gräfin Elisabeth sah, war sie starr vor Verunsicherung. War sie wirklich die Frau im feinen Wollmantel mit Pelzbesatz, die im Schlitten über den See jagte? Zögernd trat sie näher und betrachtete die Szene, studierte akribisch ihre Mimik, die Falte zwischen ihren Augen, den Zug um den Mund, der Sorge und Furcht ausdrücken sollte. War sie überzeugend?

Stiller stand stumm neben ihr, den Blick ebenfalls auf die Szene gerichtet. Seine Miene war ausdruckslos wie so oft.

Greta hatte schon häufig gedacht: Was geht nur in ihm vor? Was denkt er gerade? Und dann hatte er plötzlich losgepoltert oder aber erfreut applaudiert. Es gab aber auch häufig Momente, in denen er vollkommen durchschaubar war. Mauritz Stiller würde wohl auf ewig ein Rätsel für sie bleiben, und nicht nur für sie.

»Und?«, fragte sie ihn schüchtern. »Sind Sie zufrieden mit mir?«

Er verschränkte die Arme, drehte den Kopf und sah sie eine Weile an. »Sagte ich das nicht bereits?«

»Oh, doch«, erwiderte sie trocken. »Genauso oft, wie Sie mich anbrüllten und beleidigten.«

»Sie verstehen es immer noch nicht, was?« Er seufzte resigniert. »Es ist wichtig, dass ich Sie kritisiere, Greta! Es muss sein, damit Sie etwas lernen. Damit Sie jeden Tag besser werden. Gott noch mal, wann begreifen Sie es endlich?«

Als sie nichts sagte, drehte er ihren Kopf so, dass sie sich die Schlittenszene ansehen musste. »Sehen Sie hin. Na, was sehen Sie?«

»Eine junge Frau, die versucht, eine Gräfin zu spielen«, entgegnete sie missmutig. »Ich habe gedacht, ich hätte mein Bestes gegeben, aber es muss noch besser gehen. Noch viel besser.« Sie war selbst überrascht. War es gar nicht nur Stiller, der nie mit ihrer Leistung zufrieden war, sondern vor allem sie selbst? Schob sie es nur auf ihn, damit sie einen Grund hatte, nicht über sich nachdenken zu müssen?

Er hob verwundert die Augenbrauen und fragte dann: »Was ist mit Ihrer Ausbildung an der Akademie?«

»Was soll damit sein?«

»Wollen Sie weitermachen?«

»Natürlich. Ich muss noch so viel lernen. Das sagen Sie doch auch.«

Stiller machte eine wegwerfende Handbewegung. »Das können Sie bei mir besser. Begeben Sie sich ganz in meine Hände, und ich werde Ihnen alles beibringen, was Sie wissen und können müssen.«

Sie fühlte sich ein wenig überfordert und bat um etwas Bedenkzeit.

Wenige Tage später gab Greta einer Reporterin ein Interview. Sie war in ausgelassener Stimmung, und sie war stolz auf ihren ersten »richtigen« Film. Vielleicht hatte sie sich deshalb dazu hinreißen lassen.

Sie plauderte munter drauflos und erzählte von Stiller als grandiosem Regisseur, der das Beste in ihr zum Vorschein bringen wollte. Kaum war es heraus, ärgerte sie sich. Was tat sie denn hier? Hatte sie sich nicht geschworen, schweigsam und geheimnisvoll zu sein?

»Vielleicht schreiben Sie nicht alles, was ich von mir gebe«, sagte sie mit einem nervösen Lachen. »Ich rede manchmal, ohne nachzudenken.«

Als sie Stiller davon erzählte, tobte er. »Wie können Sie nur, Greta! Sie wissen doch, wie die Presseleute sind. Ich habe Sie doch oft genug gewarnt.« Das hatte er in der Tat. Stiller hasste die Presse. »Am besten, Sie machen in Zukunft einen großen Bogen um sie. Sie schreiben eh nur das, was sie wollen, egal, was Sie ihnen erzählt haben. Und? Haben Sie über meinen Vorschlag nachgedacht?«

»Sie meinen, mich in Ihre Hände zu begeben und die Akademie zu beenden?« Sie hatte lange darüber nachgedacht, war aber noch nicht zu einem klaren Ergebnis gekommen.

Dann jedoch sagte er mit warmer Stimme: »Vertrauen Sie mir, Greta. Hören Sie auf Ihr Herz.«

Ihr wurde ein wenig mulmig. Was meinte er damit? Machte er ihr etwa gerade Avancen? Sie musste sich räuspern. »Gut, einverstanden. Ich mache es.«

»Bravo.« Mehr sagte er nicht, doch er sah sehr zufrieden aus.

2. Teil

1924–1926

Kapitel 21

Stockholm im Frühjahr 1924

Anfang des Jahres war Greta doch wieder unentschlossen gewesen, ob es vernünftig war, in der Akademie aufzuhören. Würde sie es früher oder später bereuen?

Also zögerte sie ihre Kündigung hinaus, ging weiterhin zum Unterricht und genoss es, von ihren Mitstudenten bewundert zu werden. »Du bist zu beneiden, Greta, der große Mauritz Stiller!« Das und noch mehr bekam sie täglich zu hören. Es fühlte sich himmlisch an, zum ersten Mal in ihrem Leben kam sie sich wirklich wichtig vor.

Dann nahte der Tag der Filmpremiere, und sie wurde nervöser und nervöser. Würde ihre Karriere zu Ende sein, bevor sie überhaupt begonnen hatte?

Stiller hatte ihr eingebläut, sich bloß nicht wieder auf ein Interview einzulassen, und sie hatte gehorcht. Wie sie ihm im Grunde immer gehorchte. Sie hatte sich doch längst in seine Hände begeben, willig, sich von ihm nach seinem Gutdünken formen zu lassen.

Also kündigte sie ihren Akademievertrag und wunderte sich, wie leicht es ihr fiel und wie gut sie sich dabei fühlte.

Es war die richtige Entscheidung.

Am Abend der Premiere des ersten Teils ließ Stiller Champagner ausschenken und bedankte sich bei allen Darstellern und Mitarbeitern. Greta hatte ihn noch nie so gelöst, so euphorisch erlebt. Wieder mal stellte sie fest, wie wenig sie ihn doch kannte.

Er kam zu ihr und legte den Arm um ihre Schultern. »Du bestehst ja nur noch aus Haut und Knochen«, raunte er ihr ins Ohr.

Tatsächlich hatte sie inzwischen fast zehn Kilogramm abgenommen und stellte sich jeden Morgen vor den Spiegel, um zu überprüfen, ob man es ihr auch ansah. Sie drehte sich um die eigene Achse, zupfte an Bauch und Schenkeln und betrachtete ihre flachen, kaum vorhandenen Brüste. Sie würde sich vermutlich nie weiblich und begehrenswert fühlen, gleichgültig, wie zierlich sie noch werden würde. Aber sie war kein Pummelchen mehr, auch ihr Gesicht hatte endlich eine ovale Form angenommen. Augenbrauen und Wimpern hatten ihr noch nie gefallen, sie waren zu hell. Während der Dreharbeiten hatte sie gelernt, einen Augenbrauenstift und Tusche für die Wimpern zu benutzen, seitdem verließ sie das Haus nicht mehr ohne.

»Aufgeregt?«, fragte Stiller, und sie fuhr zusammen.

»Wie bitte?«

»Ob Sie aufgeregt sind?«

Sie lachte kopfschüttelnd. »Vielleicht entscheiden Sie

sich mal, ob Sie mich siezen oder duzen, Stiller. Und ja, ich bin furchtbar aufgeregt. Um ehrlich zu sein, sterbe ich gerade vor Angst.«

»Dazu besteht gar kein Grund«, meinte er abgeklärt und blickte sich suchend um. Offenbar wartete er auf jemanden.

Eine Frau? Niemand wusste genau, ob er sich nicht doch mehr aus Männern machte. Es gab da gewisse Gerüchte.

Greta war es gleich, sie wusste ja selbst kaum, was sie bevorzugte. Es gab etliche Frauen, die sie ungeheuer faszinierend fand, aber auch hübsche, charmante Männer, die ihr Herz zum Klopfen brachten.

»Wo ist Ihre Familie?«

»Dort drüben.« Ihre Mutter und ihre Geschwister standen ein paar Schritte entfernt zusammen und schauten zu ihr herüber.

Sie winkte ihnen zu.

»Das hübsche junge Ding, das Ihnen so ähnlich sieht, muss Ihre Schwester sein. Wollen Sie uns nicht vorstellen?«

»Wenn Sie möchten.« Sie legte die Hand auf seinen Arm, und sie schlenderten zu ihrer Familie.

Alva nahm sofort eine andere Haltung an, und Greta lachte in sich hinein. Bevor sie die beiden einander vorstellen konnte, hatte ihre Schwester das Wort ergriffen. »Es freut mich sehr, Sie kennenzulernen, Herr Stiller. Ich bin Alva, Gretas Schwester.«

Er nahm ihre Hand und führte sie kurz an seine Lippen. »Die Freude ist ganz auf meiner Seite. Dann müssen Sie Gretas Mutter sein.« Er verbeugte sich vor ihr, und Greta sah, dass sie verlegen errötete und rasch den Kopf senkte.

Er plauderte noch ein wenig mit allen, dann gab er das Zeichen, dass sie sich nun in den Filmsaal begeben sollten.

Aus dem Augenwinkel sah Greta Mimi und blieb stehen.

Ihre Freundin stürmte auf sie zu und riss sie fast um. »Gratuliere, Süße! Was für ein Tag!«

Sie lächelte. Mimi schien nicht den Hauch von Neid zu verspüren. Würde sie selbst genauso empfinden? Nein, wahrscheinlich wäre sie neidisch, auch wenn sie sich dafür schämen würde.

Mimi drückte ihre Hand. »Ich freue mich für dich.« Auch sie blickte sich suchend um. Auf wen mochte sie warten?

»Ich muss dir unbedingt was erzählen.« Greta sah sie abwartend an.

»Nicht jetzt.« Mimi schob sie in Richtung Eingang. »Nun geh schon, die anderen warten bestimmt schon auf dich.«

»Sehen wir uns später noch?«

»Was dachtest du denn!«

Greta folgte den anderen in den Saal. Die zweite Reihe war für sie und ihre Familie reserviert. Alle hatten bereits Platz genommen, und sie setzte sich zwischen Alva und ihre Mutter.

Jetzt spürte sie die Anspannung mehr als deutlich, ihr war übel, und ihr Puls raste. Es hing so viel davon ab, wie Presse und Publikum den Film aufnahmen. Möglicherweise hing ihr ganzes Leben davon ab.

Stiller saß mit den anderen Darstellern in der Reihe vor ihr. Er hatte sich umgedreht, als sie sich gesetzt hatte. »Da sind Sie ja.« Es klang missbilligend, dabei hatte sie kaum mehr als zwei Minuten mit Mimi geplaudert. Er konnte so kleinlich sein!

Aber sie wollte sich nicht ärgern, sie wollte den Abend genießen.

Wenig später betrat Stiller die Bühne, und das Publikum applaudierte. Er hatte bereits angekündigt, dass er eine Rede halten wollte. Er zog einen Zettel aus der Hosentasche und faltete ihn auseinander. »Verehrtes Publikum, liebe Freunde ...«

Gretas Magen zog sich vor Freude zusammen; auch sie gehörte zum erlauchten Kreis seiner Freunde.

»Er sieht irgendwie ... furchterregend aus«, meinte ihre Mutter.

Sie musste lachen und presste die Hand vor den Mund. Furchterregend, nun ja, so ganz falsch war das nicht. Sie fürchtete sich oft vor ihm und würde das auch in Zukunft wohl noch tun.

»Er ist wahnsinnig interessant«, flüsterte Alva auf der anderen Seite.

»Ich werde gern gefragt, wieso ich mit jungen, unverbrauchten Schauspielern arbeite«, begann er und blickte sich um. »Nun, es ist so: Junge Schauspieler haben diese Natürlichkeit, den unverstellten Blick auf das, was sie tun. Ein älterer Schauspieler versucht immer verzweifelt, zu dieser Natürlichkeit zurückzukehren, und das spürt man deutlich. Ein Laiendarsteller weiß so gut wie nichts über Technik und Wirkung, das macht sein Spiel so erfrischend.«

Die Menge raunte, ob nun zustimmend oder überrascht, dann sprach er weiter.

Greta hörte da bereits schon nicht mehr hin, weil Alva ihr das Programmheft gab, das sie aus dem Foyer mitgenommen hatte. »Das musst du lesen«, flüsterte sie. Es klang aufgeregt.

Greta betrachtete das Filmplakat, das vorn aufgedruckt war. Darauf waren sie, Lars Hanson und Gerda Lundequist zu sehen, die die vom Wahnsinn heimgesuchte Frau des Majors spielte.

Gretas Name wurde als Erstes genannt, und sie starrte auf die großen weißen Buchstaben: *Greta Garbo.*

Was genau sie fühlte, hätte sie nicht beschreiben können. Es war eine Mischung aus verschiedenen Emotionen; Erstaunen, Stolz, Freude, Aufregung, Angst und Anspannung.

Mit zittrigen Fingern schlug sie das Heft auf und überflog die Zeilen. Sie blinzelte. Hatte sie sich verlesen?

> *Stiller hat zwei Rollen mit Schülerinnen der Königlichen Schauspielakademie besetzt,* stand dort. *Mona Mårtenson und Greta Garbo. Die beiden sind der Lehm in den Händen des großartigen Bildhauers, der sein Handwerk versteht. Aber ist der Lehm weniger wert als die Hände, die ihn formen? Die junge Greta Garbo wird in ein paar Jahren auf der ganzen Welt berühmt sein. Sie hat etwas, das vielen anderen fehlt: eine besondere Ausstrahlung und eine ungewöhnliche, eigentümliche Schönheit …*

Vor ihren Augen flimmerten die Buchstaben, verschoben

sich ineinander und übereinander, bis der Text keinen Sinn mehr ergab.

Ach, Papa, könntest du doch heute dabei sein!

»Was hast du denn?«, flüsterte Alva. »Du müsstest doch jubeln.«

»Ich musste gerade an Papa denken, und wie schön es wäre, wenn er hier wäre.« Sie musste schlucken. Er fehlte ihr so furchtbar!

»Er sieht uns zu, da bin ich ganz sicher.« Alva hob kurz den Kopf und blickte nach oben.

Greta wünschte, sie könnte auch so gläubig, so zuversichtlich sein, dass es etwas nach dem Tod gab. Irgendetwas, an das sie sich klammern könnte. Doch sie befürchtete, dass es nichts als Dunkelheit und Stille gab.

»Er wird mächtig stolz auf dich sein«, wisperte ihre Schwester. »Genau wie ich, wie wir alle.«

»Meine Damen und Herren«, sagte Stiller soeben feierlich. »Ich wünsche beste Unterhaltung!« Er setzte sich zu den anderen.

Greta hielt den Atem an. Geschah das alles gerade wirklich? Oder lag sie nicht vielleicht doch im Bett und träumte süß?

Ihr fiel das Programmheft vom Schoß, und als sie sich danach bückte, stieß sie sich den Kopf am vorderen Sitz.

Alva kicherte.

Alle schauten wie gebannt auf die Leinwand und die ersten Bilder einer Landschaft.

Greta lehnte sich zurück, schloss die Augen und verschränkte die Hände ineinander. Himmel, war sie nervös!

Es war so still, dass man eine Nadel hätte fallen hören können.

Sie öffnete die Augen. Sie hatte geglaubt, es nicht zu ertragen, sich auf der Leinwand zu sehen.

Doch das Gegenteil war der Fall: Sie konnte nicht wegsehen.

Kapitel 22

Stiller hatte anschließend alle Mitwirkenden zu einem kleinen Umtrunk eingeladen, und Greta verabschiedete sich von ihrer Familie.

»Du warst wunderbar«, sagte ihre Mutter mit einem stolzen Lächeln. »Wie verliebt du Hanson angesehen hast!«

»Mama! Nicht ich habe Hanson verliebt angesehen, sondern die Gräfin Berling.«

»Das meinte ich doch. Und wie ihr über den See gesaust seid! Hattest du gar keine Angst vor den Wölfen? Nicht als Gräfin, meine ich, denn als sie hattest du Angst, das konnte man sehen.«

»Es waren keine echten Wölfe.«

»Nicht?«

»Es waren Schäferhunde. Stiller hatte ihnen Gewichte an die Schwänze binden lassen, damit sie nicht dauernd wedeln.«

»Nicht zu fassen!«

»Er bedient sich einiger Tricks, darin ist er unglaublich gut.«

»Du vergötterst ihn.« Alva grinste.

»Vergöttern?« Greta spürte, dass sie errötete. »Unsinn, ich lerne viel von ihm. Er ist mein … Mentor.« Ja, das war genau das richtige Wort, die passende Bezeichnung für ihn. Sie überlegte, ob sie es näher erklären sollte, doch von irgendwoher hörte sie Mimis Stimme und drehte sich um.

Ihre Freundin schälte sich aus einer Gruppe Leute und kam auf sie zugelaufen. »Das war phänomenal!«, rief sie schon von Weitem und rannte Greta fast um.

Sie fielen sich in die Arme und tanzten ausgelassen auf dem Bordsteig.

»Ich hab geheult«, sagte Mimi und lachte. »Du warst so überzeugend, dass ich wirklich heulen musste.«

»Danke, Mimi, das bedeutet mir viel.« Greta war so gerührt, dass sie glaubte, ebenfalls weinen zu müssen.

Ein gut aussehender junger Mann stand plötzlich bei ihnen. Über Mimis Gesicht huschte ein Strahlen, das Greta noch nie an ihr gesehen hatte. »Da bist du ja endlich! Nisse, darf ich dir die berühmte Greta Garbo vorstellen. Greta, das ist Nisse Lundell, mein Verlobter.«

Gretas Magen verkrampfte sich, gleichzeitig zog sich ihr Herz so schmerzhaft zusammen, dass sie nach Luft schnappen musste. Warum hatte Mimi ihr nie von dem Mann erzählt? Und verlobt? Wie konnte das sein? Wann war das alles geschehen? Erst jetzt begriff sie, wie Mimi sie eben genannt hatte.

»Berühmt? Jetzt hör aber auf«, sagte sie mit rauer Stimme.

»Freut mich sehr, Fräulein Garbo.« Der junge Mann streckte die Hand aus. Sein Händedruck war kräftig, und sie stellte sich vor, was diese Hand bereits berührt und erforscht hatte. Eifersucht, heiß wie prickelnde Nadelstiche, durchströmte sie.

»Fräulein Garbo.« Mimi prustete. »Sie heißt Greta.«

Sie rang sich ein gequältes Lächeln ab. »Freut mich auch, Herr Lundell. Nisse.«

»Eigentlich Nils«, erklärte er und legte den Arm um Mimis Taille. Er küsste sie aufs Haar. »Ich hab schon viel von Ihnen gehört. Mimi schwärmt jeden Tag von Ihnen.« Wieder gab er ihr einen Kuss, der so liebevoll, so zärtlich wirkte, dass Greta sich abwenden musste.

Er ist in sie verliebt, er liebt sie. Und sie liebt ihn. Ihr Herz zog sich erneut zusammen. *Meine Mimi. Er liebt meine Mimi.*

Mimi machte sich von ihm los und legte den Arm um Gretas Schultern. »Ist das nicht verrückt? Ich und verloben? Aber ich bin glücklich, so glücklich. Und ich wusste, dass du dich für mich freust.«

In dieser Nacht weinte Greta sich in den Schlaf, ihrem Triumph zum Trotz. Sie sollte doch eigentlich stolz sein, glücklich, aber sie konnte Mimis strahlendes Gesicht nicht abschütteln, das immer wieder vor ihr auftauchte. Sie war eifersüchtig, ja, und wie! Und sie hasste dieses Gefühl!

»Heulst du etwa?«, flüsterte Alva irgendwann und kam zu ihr ins Bett gekrochen. »Ich höre ja wohl nicht recht! Das war dein Abend, Greta, dein Erfolg! Und du liegst hier und schluchzt?« Sie zog Greta fest an sich und hielt sie.

»Es ist ja nur …« Greta schniefte. »Ich weine, weil ich …

so glücklich bin.« *Ich bin so glücklich. Und ich wusste, dass du dich für mich freust.*

»Dann ist's ja gut.« Alva strich ihr übers Haar. »Ich hab ja immer geglaubt, dass es dich zum Theater verschlägt, und nun bist du beim Film.«

»Hat er dir gefallen?« Greta zog ein Taschentuch unter dem Kopfkissen hervor und schnäuzte sich die Nase.

»Ob er mir gefallen hat? Fragst du mich das im Ernst? Er war großartig, Greta! *Du* warst großartig! Wie verliebt du Hanson angesehen hast!«

Sie verdrehte die Augen und schnaubte. »Fängst du auch noch an! Die *Gräfin* hat *Berling* verliebt angesehen.«

»Weiß ich doch. Du kommst noch ganz groß raus, Greta. Das heute war erst der Anfang, wirst sehen.«

Kapitel 23

Berlin im Sommer desselben Jahres

»Waren Sie schon mal in Deutschland?«, hatte Stiller gefragt, und Greta hatte verneint. Sie war noch nie aus Stockholm herausgekommen. »Sie werden mich nach Berlin begleiten. Unser Film wird dort gezeigt.«

Gösta Berling war in über zwanzig Länder verkauft worden, darunter auch Deutschland. In Schweden war der große Erfolg – auch in finanzieller Hinsicht – bislang ausgeblieben.

»Muss ich unbedingt mitkommen?« Berlin war so weit weg, und sie war das Reisen nicht gewohnt.

Verwundert und zugleich vorwurfsvoll blicken beherrschte er wie kein Zweiter. »Gerda Lundequist wird auch dabei sein. Für den Fall, dass Sie jemand Mütterliches an Ihrer Seite brauchen.« Es hatte spöttisch geklungen, und sie hatte nichts darauf erwidert.

Es war einer dieser Momente gewesen, in denen sie sich fragte, ob sie für ihn nicht nur ein naives Anhängsel war, das er herumkommandieren und nach seinen Vorstellungen und Launen formen konnte, wie es ihm beliebte. Oder sah er vielleicht doch eine aufstrebende Schauspielerin in ihr, die lediglich hin und wieder einen kleinen Schubs in die – seiner Meinung nach – richtige Richtung benötigte?

Manchmal verfluchte Greta ihn, dann wieder war sie ihm unendlich dankbar, dass er sich überhaupt mit ihr abgab und so viel Zeit und Mühsal in sie investierte.

Als sie im Berliner Hotel Adlon ankamen, blieb Greta wie angewurzelt im Foyer stehen und blickte sich ehrfürchtig und tief beeindruckt um. Herr im Himmel, war das feudal! Die Eingangshalle war riesig, und eine breite Treppe führte nach oben. In eleganten Sesseln saßen gut gekleidete Menschen mit übereinandergeschlagenen Beinen und lasen Zeitung.

Sie wollte sich kneifen. Geschah das hier wirklich?

Wortfetzen in den unterschiedlichsten Sprachen waren von überallher zu hören, und schon bald schwirrte ihr der Kopf. Sie wünschte, sie könnte sich so selbstsicher durch die Halle bewegen wie Stiller. Er fühlte sich sichtlich wohl, und allein seine Körperhaltung besagte: Ich gehöre hierher, ich bin einer von euch.

Stiller liebte es, zu demonstrieren, wie wohlhabend er war. Er gab das Geld mit vollen Händen aus und hatte den Ruf, verschwenderisch zu sein.

Greta hatte sich noch nie vorstellen können, wie es sein mochte, so viel Geld zu haben. Beruhigte es, oder verursachte es eher Unbehagen, weil man ständig in der Angst lebte, es wieder verlieren zu können?

Gerda Lundequist stand dicht neben ihr, als wolle sie sie beschützen. »Ist das nicht herrlich?«, flüsterte sie und blickte sich um. »Sehen Sie nur all die Menschen, Greta. Berühmtheiten sollen hier ein- und ausgehen, hab ich gehört. Wo ist eigentlich Stiller? Können Sie ihn irgendwo entdecken?«

Er hatte sich einfach davongemacht und sie mitten im Foyer stehen lassen. Fürsorge und Rücksicht gehörten nicht unbedingt zu seinen positiven Eigenschaften.

»Er wird bestimmt gleich wieder da sein.« Greta kam sich verloren vor und hatte das Gefühl, alle würden sie anstarren. Als sei sie ein Fremdkörper. *Sie* gehörte eben nicht hierher, sosehr sie auch wünschte, es wäre anders.

Jemand rempelte sie an, ein älterer Herr mit Zylinder, der sie entschuldigend anschaute. »Pardon, mein Fräulein«, sagte er auf Deutsch.

Sie nickte ihm zu und senkte dann rasch den Blick.

Wo blieb Stiller nur? Wie lange wollte er sie noch sich selbst überlassen?

Endlich sah sie ihn, er schälte sich aus einer Gruppe dreier Männer, die angeregt miteinander redeten. Mit ausladendem Schritt, eine Hand in der Hosentasche, kam er auf sie zu. »Da seid ihr ja!« Als hätten *sie ihn* warten lassen. »Ich dachte, ihr seid längst auf euren Zimmern.«

Gerda sah ihn verdutzt an. »Woher hätten wir wissen sollen, wo die sind?«

»Richtig, richtig«, murmelte er zerstreut und deutete nach rechts. »Dort drüben ist der Lift. Eure Zimmer sind im dritten Stock.« Er drückte ihr zwei Schlüssel in die Hand.

»Und unser Gepäck?«

»Wird bereits oben sein.« Es klang ungeduldig, typisch Mauritz Stiller. Wahrscheinlich war er in Gedanken längst woanders. Er brummte etwas von »Geschäften« und war kurz darauf wieder verschwunden.

»Kommen Sie, Kindchen.« Gerda legte den Arm um Gretas Schultern und führte sie zum Lift. »Sitten sind das. Manchmal frage ich mich, was in seinem Kopf vorgeht.«

Ein junger Mann in dunkelblauer Uniform mit blank polierten Knöpfen begrüßte sie mit einer Verbeugung. »Wohin möchten Sie, meine Damen?«

»In den dritten Stock.«

Er trat beiseite und drückte auf den Etagenknopf. Surrend setzte sich der Lift in Bewegung.

»Sie sprechen ziemlich gut Deutsch, Gerda«, meinte Greta.

»Oh, Sie übertreiben, Kindchen. Es reicht, um mich einigermaßen verständlich zu machen. Was ist mit Ihnen? Sie werden doch auch Deutschunterricht in der Schule gehabt haben.«

Greta verzog das Gesicht. Die Schule. Es holte sie wieder und wieder ein. »Ja, schon«, sagte sie gedehnt. »Aber ich war keine besonders … aufmerksame Schülerin.«

Ein »Pling« war zu hören, und die Tür öffnete sich zischend.

Der Page trat mit einer Verbeugung beiseite. »Soll ich Sie zu Ihren Zimmern begleiten?«

»Das wird nicht nötig sein. Vielen Dank.« Gerda warf einen Blick auf die Schlüssel in ihrer Hand, blickte sich kurz um und murmelte dann: »Ah, da vorn. Kommen Sie, Greta.«

Während sie den langen Flur entlanggingen, der mit einem weichen, tiefroten Teppich ausgelegt war, sagte sie: »Sie sollten sich nicht von Stiller abhängig machen.«

Greta konnte nicht anders: Sie kniete sich hin und strich mit den Händen über den Teppich. »Am liebsten würde ich mich darauflegen.«

»Tun Sie sich keinen Zwang an.«

Greta stand wieder auf. »Was meinen Sie mit abhängig?«

»Ich sehe doch, wie Sie an seinen Lippen hängen, wie Sie ihn anhimmeln. Alles, was er sagt, saugen Sie auf wie ein Schwamm.«

»Ich kann viel von ihm lernen«, sagte Greta ein wenig ungehalten.

»Das verstehe ich.« Gerda warf ihr einen mitfühlenden Blick zu. »Sie haben sehr jung Ihren Vater verloren, das ist immer schwer. Ich wollte nur sagen ...« Sie winkte ab. »Ach, vergessen Sie's einfach, Kindchen. Nichts für ungut.«

»Stiller hat mich dahin gebracht, wo ich jetzt bin«, fuhr Greta dennoch fort. Sie hatte das Bedürfnis, es zu erklären. »Er glaubt an mich.«

Gerda sah sie kurz an, erwiderte aber nichts. Vor ihrer Zimmertür blieb sie stehen und reichte Greta den anderen Schlüssel. »Soll ich Bescheid geben, dass auch Ihr Kleid gebügelt wird?«

»Das wäre nett. Danke.«

Gerda nickte. Sie wirkte etwas verstimmt.

»Ich wollte nicht undankbar sein. Ich habe auch von Ihnen eine Menge gelernt.«

»Ach, Kindchen, von undankbar ist nun wirklich nicht die Rede.« Gerda schloss die Tür auf, blickte sich rasch um und hob die Augenbrauen. »Donnerwetter! Ruhen Sie sich ein bisschen aus, Greta, und …«

»Ja?«

»Genießen Sie es.«

Greta lächelte. »Das werde ich.«

Ihr Zimmer war geräumig und mit zwei hübschen Sesseln, einem runden Tischchen, einem breiten Bett, Nachtschrank, einer Art Sekretär und einem überdimensionalen Kleiderschrank ausgestattet. Sie fragte sich, wer so viel Kleidung mitbringen mochte, dass sie den ganzen Schrank ausfüllen würde.

Sie selbst hatte nur ein kleines, schäbiges Köfferchen dabei, das bereits neben ihrem Bett stand, als sei es dorthin geschwebt. Es fehlte nur, dass es sich wie von Geisterhand öffnete und ihre Kleidung in den Schrank und auf die Bügel flattern würde.

Sie ging zum Fenster und schob den cremefarbenen Vorhang beiseite. Sie konnte auf die Straße hinunterblicken und sah die Menschen vorbeilaufen. Hier schienen es alle eilig zu haben, daheim in Stockholm kam es ihr ruhiger, gemütlicher vor.

Sie setzte sich aufs Bett, auf dem eine gesteppte Tagesdecke lag. Sie strich darüber, schlüpfte aus ihren Schuhen und legte sich auf die Decke. Heimweh überkam sie, sie sehnte sich nach ihrer Familie und auch nach Mimi. Wie es ihr wohl ging?

Ob sie glücklich war? Glücklich mit dem Mann, den sie gewählt hatte?

Werde ich auch irgendwann jemanden finden, mit dem ich glücklich sein kann? Sie wurde ganz wehmütig und musste mit den Tränen kämpfen.

Es klopfte. Erschrocken setzte sie sich auf und blickte zur Tür. Wer mochte das sein? Sollte sie so tun, als würde sie tief und fest schlafen?

Wieder klopfte es. »Greta? Darf ich reinkommen?« Gerda.

Sie stieß erleichtert die Luft aus. »Ja, kommen Sie nur!«

Ein Lachen war zu hören. »Sie müssen mich schon reinlassen.«

»Ach so.« Sie sprang vom Bett und öffnete.

»Stellen Sie sich vor, jeder könnte einfach in Ihr Zimmer kommen.« Gerda trat ein und sah sich neugierig um. »Schick, nicht wahr? Wie ist Ihr Bett?«

»Gut.«

Sie setzten sich nebeneinander aufs Bett, und Gerda wippte kurz auf und ab. »Ein bisschen komme ich mir vor wie eine Königin. Sie auch?«

»Nein.« *Ich komme mir vor wie ein kleines dummes Mädchen, das irgendwo abgestellt wurde und darauf wartet, wieder abgeholt zu werden.*

»Nein?« Sie hob verwundert die Augenbrauen. »Wussten Sie, dass die meisten Hotels keine Zimmer mit der Nummer dreizehn haben?«

»Wieso nicht?«

»Sind Sie etwa nicht abergläubisch?«

»Nein.«

»Wirklich nicht? Oh, ich schon. Was für hübsche Tapeten, nicht wahr? Alles ist so … pompös. Stiller lädt uns nach der Aufführung zum Essen ein, hat er Ihnen das gesagt?«

Greta überlegte. Sie wusste es nicht mehr. Er hatte fast pausenlos geredet, von Geschäften und wichtigen Terminen, doch sie war viel zu nervös gewesen, um zuzuhören. Sie hatte sich die ganze Zeit nur darauf konzentriert, keinen Fehler zu machen, eine gleichmütige Miene aufzusetzen und nicht krumm und schief dazustehen.

»Ich lasse Sie mal wieder allein.« Gerda erhob sich. »Ruhen Sie sich aus. Und …« Sie deutete auf den Koffer, der noch immer am Bett stand. »Sie sollten Ihr Kleid aufhängen, Kindchen.«

»Sagten Sie nicht, es würde gebügelt werden?«

Der Blick, den Gerda ihr zuwarf, erinnerte sie an ihre Mutter. »Schon, aber Sie wollen doch sicher nicht, dass man Sie für unordentlich hält, oder?«

»Nein, natürlich nicht.« Sie fasste sich ein Herz. »Kann ich Sie um etwas bitten?«

»Sicher.« Gerda war bereits halb aus der Tür.

»Würden Sie aufhören, mich dauernd Kindchen zu nennen?«

»Natürlich, ich … Ich dachte, es wäre … Nein, Sie haben recht. Schließen Sie hinter mir ab.« Die Tür fiel ins Schloss.

Ob sie sie verärgert hatte?

Es klopfte wieder. »Soll ich Sie um sieben abholen?«

»Das wäre fein. Danke, Gerda!«

»Gern geschehen!«

Greta schloss die Tür ab, nahm ihr Kleid aus dem Koffer – königsblau und nagelneu – und hängte es auf einen Bügel an den Schrank. Danach legte sie sich wieder aufs Bett und verschränkte die Hände im Nacken. Sie stellte sich vor, wie der Abend wohl verlaufen würde. Doch ihre Gedanken schweiften wieder ab, hin zu Mimi. Sie fehlte ihr so.

Lass gut sein, sagte sie sich nach einer Weile. *Mimi hat ihr Leben, und ich hab meins.*

Sie war in Berlin, in einem Hotel, von dem die halbe Welt sprach. In wenigen Stunden würde sie im Theater sitzen. Würden die Deutschen den Film mögen? Würden sie *sie* mögen?

Ich bin schon so weit gekommen, dachte sie mit einem eigenartigen Gefühl in der Brust. Es fühlte sich ein bisschen nach Beklemmung an, aber zugleich verspürte sie auch kindliche Freude und Kribbeligkeit, die sie nur mühsam beherrschen konnte.

Sie würde am liebsten aufspringen und durchs Zimmer tanzen, aber das wäre in der Tat kindisch.

Greta setzte sich auf die Bettkante, baumelte mit den Beinen und betrachtete den flauschigen, sicherlich kostbaren, bunt gemusterten Teppich, der fast das ganze Zimmer ausfüllte. Mit einem Kichern hüpfte sie vom Bett, legte sich auf den Teppich und schloss die Augen. »Greta Garbo, Schauspielerin aus Schweden, residiert im Berliner Hotel Adlon.« Sie seufzte. Ach, das klang fantastisch!

»Greta Garbo aus Stockholm, zu Gast im berühmten Hotel Adlon, präsentiert am Abend ihren Film *Gösta Berling.*«

Das klang noch besser.

Sie rollte sich auf den Bauch, stützte das Kinn in die Handfläche und strampelte mit den Beinen. »Greta Garbo, die berühmte Schauspielerin aus Schweden, liegt auf dem teuren Teppich im Hotel Adlon und fühlt sich wie eine Königin.« Sie prustete los und presste schnell die Hand auf den Mund.

Noch etwas anderes durchströmte sie bis in jede Faser ihres Körpers, etwas, das sie nie zuvor so stark empfunden hatte: Selbstvertrauen.

Kapitel 24

»Sie sehen so vergnügt aus, Greta«, war das Erste, was Stiller sagte, als sie sich um kurz nach sieben im Foyer trafen.

Als sie sich im Spiegel betrachtet hatte – in ihrem neuen Kleid, die Farbe stand ihr wirklich gut, mit geglättetem Haar und etwas Lippenstift – hatte sie sich hübsch gefühlt. Von einer Schönheit war sie weit entfernt, aber sie war sich zum ersten Mal weiblich vorgekommen, vielleicht sogar attraktiv.

Das änderte sich jedoch schlagartig, als Stiller sie und Gerda unterhakte und aus der breiten Eingangstür führte. Plötzlich war sie wieder die unbedarfte junge Frau, die sich linkisch bewegte.

Wo ist dein Selbstvertrauen, Greta?, dachte sie. *Erinnere dich, wie gut es sich angefühlt hat.*

Zwei Fotografen standen vor dem Hotel, und ein junger Mann sprang direkt vor ihre Füße. »Fräulein Garbo? Darf ich Sie etwas fragen?«

Stiller schob ihn grob weg. »Fräulein Garbo beantwortet keine Fragen.«

»Aber ich wollte nur wissen …«

»Lassen Sie uns durch. Fräulein Garbo und Frau Lundequist sind müde, das sehen Sie doch.«

Gerdas Mundwinkel zuckten, als Greta ihr einen verstohlenen Blick zuwarf.

Vor dem Hotel stand ein schwarzes Automobil, beide Türen waren geöffnet.

»Oh«, sagte Gerda nur und strahlte.

»Ist das für uns?«, fragte Greta überrascht. »Das ist aber schick.«

»Steig ein«, brummte Stiller und schob sie zur Tür.

»Wenn Sie mich schubsen, werde ich stolpern«, zischte sie.

Sie saß am Fenster, Stiller neben ihr, Gerda auf der anderen Seite.

»Sie reden kein Wort mit der Presse«, sagte er, nachdem das Automobil losgefahren war.

»Keine Sorge«, erwiderte sie trocken. »Mein Deutsch ist nicht besonders.«

»Umso besser.« Er war elegant angezogen, trug einen grauen Dreiteiler mit passendem Hut, aus der Westentasche lugte die Kette einer goldenen Taschenuhr, die vermutlich sehr teuer gewesen war. Sein Schnauzbart war mit Wachs in Form gebracht, und sie fragte sich, ob so ein Bart wohl kitzelte.

Sie musste lachen und unterdrückte es rasch.

»Hübsches Kleid übrigens. Die Farbe passt hervorragend zu deinen Augen. Aufgeregt?«

»Nein, kein bisschen. Natürlich bin ich aufgeregt, was dachten Sie denn?«

»Wieso warst du vorhin so vergnügt?«

»Nur so.« Sie wies ihn schon länger nicht mehr darauf hin, dass er sie noch immer nach Herzenslust duzte oder siezte.

»Nur so?« Er sah sie verwundert an. »Du hast doch nicht etwa getrunken?«

»Nein, natürlich nicht. Dann wäre ich ja noch wackliger auf den Beinen.« Sie schaute aus dem Fenster. Es war himmlisch, in einem Automobil durch die Stadt zu brausen. Allein dafür hatte sich der Besuch in Berlin schon gelohnt. Wenn sie das ihrer Mutter und ihren Geschwistern erzählen würde! Und Mimi!

»Es wird später Champagner geben.« Er legte die Hand kurz auf ihr Knie, eine Berührung, die sie eigentlich nicht mochte, und jedem anderen Mann hätte sie augenblicklich auf die Finger geklopft. Doch bei ihm war es anders. Inzwischen wäre ihr nicht mehr in den Sinn gekommen, er könnte zudringlich werden. Zumal er sie als Frau sehr wahrscheinlich ohnehin gar nicht wahrnahm. Sie war weder schön noch attraktiv oder gar betörend, sie war allerhöchstens hübsch.

»Champagner!« Gerda beugte sich vor und sah sie begeistert an.

Sie sagte nicht, dass sie noch nie welchen getrunken hatte.

»Oh, sehen Sie nur!«, rief Gerda mit einem Mal aus, und alle reckten den Hals und folgten ihrem Blick. »Ist es das? Sind wir da?«

Vor einem Gebäude mit einer breiten Markise stand eine lange Menschentraube.

Greta betrachtete das Gebäude und sah, dass unbekleidete Figuren die Front zierten. Wen stellten sie dar?

Das Automobil hielt an, und der Fahrer stieg aus, um die Tür zu öffnen.

Stiller zupfte am Revers seines Jacketts und räusperte sich. »Aussteigen, meine Damen.«

Der Fahrer war Gerda behilflich, dann stieg Stiller aus und reichte Greta die Hand. »Lächeln, immer schön lächeln«, sagte er leise.

Ein Raunen ging durch die Menschenmenge, und alle sahen zu ihnen herüber. Himmel, war das aufregend!

»Das müssen sie sein!«, rief jemand, und sofort lösten sich zwei Männer aus der Menge und steuerten auf sie zu.

Stiller stellte sich ihnen sofort in den Weg. »Wenn Sie Fragen haben, fassen Sie sich kurz.«

Einer der Männer schielte an ihm vorbei zu Greta. »Fräulein Garbo?«

»*Ich* werde Ihre Fragen beantworten«, verkündete Stiller laut und deutlich.

Der zweite Mann sprach kurz mit ihm und notierte sich etwas, während der andere noch immer zu Greta herüberschaute.

»Kommen Sie«, raunte Gerda und hakte sie unter.

Mit wild klopfendem Herzen ging Greta neben ihr her zur Eingangstür des Theaters. Vorbei an den Menschen, die miteinander tuschelten. Ihr Selbstvertrauen kehrte zurück.

Die Leute waren auch ihretwegen gekommen.

Sie blieb stehen und drehte sich zu ihnen um. Dann hob sie die Hand und winkte.

Ein älterer Mann mit Zylinder kam auf sie zu. »Willkommen im Mozartsaal, meine Damen. Darf ich Sie zu Ihrer Loge begleiten?«

»Wo haben Sie das gelernt?«, fragte Gerda, als sie ihm folgten. »Oder hat Stiller Ihnen das etwa auch beigebracht?«

»Was meinen Sie?«

»Sie winken wie eine Königin.«

Greta stutzte, dann musste sie lachen und verbarg es hinter vorgehaltener Hand. Sie sah, dass auch Gerda grinste.

»Lassen Sie uns den Abend genießen, Kindchen. Verzeihung, Greta.«

Wenig später saß sie zwischen Stiller und Gerda und beugte sich vor, um nach unten zu schauen. Huh, war das hoch!

Sie lehnte sich wieder zurück. *Ach, könntest du es nur sehen, Papa! Sie alle sind unseretwegen gekommen.*

Der Saal war erfüllt von Stimmengewirr und Kleiderrascheln, noch hatten nicht alle ihre Plätze gefunden. Immer wieder drehte sich jemand um und blickte zu ihnen hoch.

Stiller hob dann und wann die Hand und nickte ihnen zu.

Er genoss die Situation unverkennbar.

Plötzlich gingen die meisten Lichter aus, bis auf ein paar wenige an der Wand. Es war ganz still geworden.

Ein Mann betrat die Bühne, begrüßte alle und kündigte den Film an. Dann verbeugte er sich und machte eine Handbewegung in ihre Richtung. »Heißen wir auch den Regisseur Mauritz Stiller und zwei seiner Hauptdarstellerinnen willkommen: Greta Garbo und Gerda Lundequist.«

Greta schluckte, als sie ihren Namen hörte und das Publikum applaudierte. So viele Emotionen durchfluteten sie.

Als sich erneut hier und da jemand zu ihnen umdrehte, hob sie wieder die Hand und lächelte strahlend. Es fiel ihr ganz leicht, all die Nervosität schien von ihr abzufallen.

Stattdessen spürte sie, wie sie im Sessel wuchs, bis sie meinte, ihn ganz auszufüllen.

Als »Ende« auf der Leinwand zu sehen war und der Vorhang sich senkte, brach begeisterter Jubel aus. Die Zuschauer klatschten, riefen ihre Namen und warfen Blumen auf die Bühne.

Stiller drängte Greta und Gerda, mit ihm auf die Bühne zu kommen.

Stolpere jetzt bloß nicht! Um Himmels willen, achte auf deine Füße, mach kleine Schritte, pass auf dein Kleid auf, betete sie wieder und wieder herunter.

Sie mussten sich mehrfach verbeugen, bis Greta glaubte, ganz krumm zu sein. Die Leute waren aufgesprungen und applaudierten und jubelten frenetisch. Manche kamen angelaufen, um ihnen die Hand zu schütteln. Greta wurden Blumensträuße in den Arm gelegt, bis sie nicht mehr wusste, wie sie sie halten sollte, und sie schließlich zu ihren Füßen ablegen musste.

Fotografen liefen vor der Bühne umher, auf der Suche nach dem besten Platz für das beste Foto.

»Bravo! Bravo!«, kam es von überallher, und Blitzlichter blendeten sie.

»Lächeln, Greta«, raunte Stiller mit unbewegter Miene.

»Aber das tue ich doch!«, raunte sie zurück. Sah er das denn nicht? Vom vielen Lächeln taten ihr bereits die Mundwinkel weh.

Es fühlte sich unwirklich an, wie ein Traum, der herrlich und beängstigend zugleich war. Weil sie ahnte, dass alles vorbei wäre, sobald sie aufwachte.

Dann rief jemand: »Miss Garbo, Miss Garbo!«, und gleich darauf tönte es von allen Seiten: »Miss Garbo!«

Konnte das sein, riefen sie wirklich gerade ihren Namen?

Greta hob erneut die Hand. Und mit jeder weiteren Minute spürte sie, dass sich etwas verändert hatte. *Sie* hatte sich verändert.

Später saßen sie zu dritt im Speisesaal des Hotels, auf dem Tisch Platten mit Speisen, die Greta nie zuvor gesehen hatte.

Was war das alles? Offenbar war es essbar, denn Stiller hatte bereits begonnen zu essen.

Er hob sein Weinglas. »Auf uns und unseren Erfolg! Du siehst heute Abend übrigens sehr hübsch aus, Greta.«

Sie bedankte sich schüchtern und hoffte, er würde auch Gerda ein Kompliment machen. Sie sah nämlich sehr elegant aus in dem tannengrünen Kleid mit weißer Kragenspitze.

Er trank das Glas in zwei großen Zügen aus und goss sich erneut ein.

Sie hatte nur genippt und schnell die Hand auf ihr Glas gelegt.

»Es gibt Neuigkeiten«, sagte er wie nebenbei. »Ich will einen weiteren Film mit dir drehen, diesmal in Konstantinopel.«

»Um Himmels willen, wo liegt das denn?«

Gerda sah sie ungläubig an. »In der Türkei.«

»Türkei? Das ist doch schrecklich weit weg, oder?«

Stiller redete gleich weiter: »Du wirst ein Haremsmädchen spielen.«

»Aber ich werde doch etwas anhaben?«

Er lachte schallend. »Natürlich. Glaubst du, ich lasse dich nackt agieren?«

Da war sie nicht so sicher.

Er berichtete in wenigen Sätzen und eher unaufgeregt über den Film, den er drehen wollte. Greta sollte ein junges Mädchen während des russischen Bürgerkriegs spielen, das nach Konstantinopel flieht, wo es seinen Verlobten sucht. Dort wird es von ein paar Männern unter Drogen gesetzt und in einen Harem verkauft.

»Klingt ungeheuer romantisch«, meinte Gerda trocken und trank ihren Wein.

Greta gefiel die Vorstellung nicht besonders, ein wenig bekleidetes Haremsmädchen zu spielen, aber sie würde es tun. Weil Stiller es wollte, und weil es ihrer Karriere nützlich sein konnte. Das hoffte sie zumindest.

»Konstantinopel wird die perfekte Kulisse sein«, schwärmte er, während er sich den Teller ein weiteres Mal volllud. »Sonnenschein und jede Menge Exotik.« Er sah aus, als habe er alles bereits in den schillerndsten Farben vor Augen. »Die deutsche Produktionsfirma lässt mir völlig freie Hand. Du musst unbedingt den Hummer probieren, Greta.«

Hummer? Im Leben würde sie nicht dieses eigenartig

aussehende Getier essen. Sie würde es sich nicht mal *anschauen* wollen.

»Mitte Dezember soll es übrigens losgehen.«

»Aber Weihnachten werden wir doch daheim sein, oder?« Sie fürchtete sich vor seiner Antwort.

»Dummerchen, natürlich nicht. Dachtest du, wir drehen ein paar Tage, reisen dann nach Stockholm und kehren nach Weihnachten wieder zurück?«

Ja, genau das hatte sie gedacht, besser gesagt gehofft. Weihnachten in einem fremden Land mit lauter Menschen feiern zu müssen, die sie kaum kannte, war keine angenehme Vorstellung.

Ich bin eben doch noch immer das naive Mädchen aus Stockholm, das nichts von der Welt weiß.

Sie betrachtete ihren vollen Teller. Hunger hatte sie ohnehin nicht, nun war ihr auch der Appetit gründlich vergangen.

»Trink einen Schluck, das wird dir guttun«, meinte Stiller gönnerhaft und hob ihr Glas an ihre Lippen.

Sie trank artig einen Schluck und schob das Glas dann weg. Der Wein schwappte über auf die weiße Tischdecke, und Gerda schnaubte erschrocken.

Ich will nach Hause, dachte Greta kläglich. *Ich gehöre hier doch gar nicht hin. Was hab ich mir nur dabei gedacht, mich wenigstens für einen Moment wie eine große Schauspielerin zu fühlen?*

Stiller sah sie eindringlich an, die Augenbrauen erhoben. »Was ist denn? Du willst doch nicht davonlaufen?« Er lachte kurz auf, wurde aber gleich wieder ernst.

Musste er sie dauernd durchschauen? Wie konnte es sein, dass er sie so gut kannte?

»Nein, natürlich nicht«, murmelte sie unbehaglich.

»Dann bin ich beruhigt.« Er schenkte ihr ein frostiges Lächeln. »Das würde ich dir auch übel nehmen, schließlich meine ich's nur gut mit dir.«

Kapitel 25

Berlin, Anfang des Jahres 1925

Aus dem Film, den Stiller in der Türkei drehen wollte, war nichts geworden. Erst hatte er nicht die passenden Örtlichkeiten finden können, dann ging die deutsche Produktionsfirma bankrott, und der Vertrag wurde aufgelöst.

Nach und nach sickerte durch, dass Stiller sich gehörig verzettelt hatte. Ganz offenbar hatte er Verträge mit verschiedenen Produktionsfirmen gemacht, wohl mit dem Vorsatz, sich das Beste herauszupicken. Er tanzte gern auf mehreren Hochzeiten, aber das konnte nicht immer gut gehen.

Schließlich war er wieder nach Berlin gereist, um weitere Kontakte zu knüpfen. »Ich will unbedingt wieder einen Film mit dir machen«, hatte er zu Greta gesagt und sie gebeten, ihn zu begleiten.

Ihr Glaube an ihn war nach wie vor unerschütterlich.

In Berlin hatte sie Einar Hanson getroffen, der ebenfalls Schauspieler war und noch dazu aus ihrer Heimatstadt kam.

Die beiden waren schnell ins Gespräch gekommen, und er hatte ihr erzählt, dass er für Filmdreharbeiten mit dem deutschen Regisseur G. W. Pabst in Berlin sei. Sie kannte Pabst nicht, doch er kenne sie, wie Einar meinte. »Er hat dich in *Gösta Berling* gesehen und fand dich sehr interessant.«

Der Film lief noch immer in den Kinos und war in Deutschland und anderen Ländern sehr viel erfolgreicher als in Schweden.

Tagsüber streiften Greta und Einar durch Berlin, um sich alle Sehenswürdigkeiten anzuschauen, und nachts zogen sie durch die Clubs und Tanzlokale. Für Greta nicht nur etwas vollkommen Neues, sie war fasziniert und zugleich abgeschreckt von dem ungezügelten, anrüchigen Treiben.

Oft wurde sie erkannt, und die Leute bestürmten sie, etwas mit ihnen zu trinken. In Stockholm war sie ein Niemand, hier in Berlin eine kleine Berühmtheit.

In einem Club trat die noch sehr viel berühmtere Josephine Baker auf, und Greta saß ehrfürchtig im Publikum und bewunderte ihren Tanz. Sie traute sich aber nicht, Baker nach dem Auftritt anzusprechen.

Als sie in der Nacht ins Hotel zurückkam, saß Stiller in der Lobby, das Gesicht hinter einer Zeitung verborgen. Leise setzte sie sich in den Sessel neben ihn.

Nach einer Weile ließ er die Zeitung sinken und schaute sie an. War das Missbilligung in seinem Blick? »Wo warst du?«

»In einer Bar.« Sie war ein bisschen beschwipst. Es fühlte sich himmlisch an.

»Allein?«

»Nein, es waren sehr viele Leute dort.« Sie kicherte.

Er faltete die Zeitung zusammen und warf sie auf den Tisch zwischen ihnen. »Bist du betrunken?«

»Nein, Papa. Nur etwas beschwipst.«

Er beugte sich vor und sah sie an, eine tiefe Furche zwischen den Augen. »Ich habe dich nicht unter meine Fittiche genommen, damit du unter die Räder kommst.«

»Unter die Räder? Bloß, weil ich mich ein bisschen amüsieren will?« Sie stand auf. Sie hatte keine Lust, sich weitere Vorwürfe anzuhören.

Auf wackligen Beinen – vielleicht war sie doch beschwipster, als sie gedacht hatte – ging sie zum Aufzug. Huh, war ihr schwindelig!

»Bleib gefälligst hier!« Stiller war aufgesprungen und ihr gefolgt. »Ich habe mit dir zu reden.«

Langsam drehte sie sich zu ihm um. Sie war verärgert, andererseits spürte sie so etwas wie Belustigung aufkommen. Das lag bestimmt am Champagner. »Du *hast* schon mit mir geredet«, sagte sie mit einem verhaltenen Seufzen. Inzwischen duzte sie ihn. »Du weißt, wie dankbar ich dir bin, aber …« Sie winkte ab und unterdrückte ein Gähnen. »Lass uns morgen weiterreden, ja?«

Sie wollte sich wegdrehen, doch an der Art, wie er sie ansah, spürte sie, dass er etwas auf dem Herzen hatte. »Ach, mein lieber Moje.« Ihre Stimme war sanft geworden, leise. Sie tätschelte seine glatt rasierte Wange. Hin und wieder nannte sie ihn Moje, nach seinem eigentlichen Namen Moshe. »Ich wünschte, du würdest mich nicht immer wie ein kleines Kind behandeln.«

Er betrachtete sie mit ernster Miene. »Du hast dich verändert, Greta.«

Sie überlegte, ob es traurig, gar enttäuscht klang. »Natürlich habe ich mich verändert. Das Leben verändert jeden.«

Ein flüchtiges amüsiertes Lächeln huschte über sein Gesicht und ließ ihn gutmütig aussehen. »Wo ist das süße, unschuldige und schüchterne Mädchen geblieben?«

»Ich war nie süß, Moje, und schüchtern …« Sie seufzte leise. »Das bin ich noch immer.« *Ich hab mich ja nicht mal getraut, die Baker anzusprechen.* »Also? Worüber willst du so dringend mit mir sprechen?«

»Nein, du hast recht, lass uns morgen reden.« Er wandte sich ab und ließ sie einfach stehen.

Obwohl sie todmüde war, fand sie keinen Schlaf.

Unruhig wälzte sie sich hin und her und stand schließlich auf und stellte sich ans Fenster. Ihr war kalt, draußen stürmte und schneite es. Ob Stiller noch immer im Foyer saß?

Im Dunkel durchquerte sie das Zimmer, die Arme um den Oberkörper geschlungen. Hatte er recht, hatte sie sich wirklich verändert? Sie hatte Selbstvertrauen bekommen, war selbstsicherer geworden, aber das war doch kein Nachteil.

Sie knipste die Stehlampe neben dem Schreibtisch an und setzte sich auf den Stuhl. Sie würde ein paar überfällige Briefe schreiben. Ihre Mutter war ständig in Sorge um sie, Alva platzte vor Neugier und hätte am liebsten täglich ein paar Zeilen, und Mimi hatte auch schon eine ganze Weile nichts mehr von ihr gehört.

Nachdem sie den ersten Brief begonnen hatte, war Stiller vergessen.

Er war wortkarg und sichtlich schlecht gelaunt, als Greta am Morgen in den Speisesaal kam. Sie hatte erst sehr spät einschlafen können und fühlte sich matt und erschöpft.

»Auch schon auf?«, brummte er, ohne aufzusehen, und las weiter in seiner Zeitung.

»Ich wünsche auch dir einen guten Morgen. Ich habe miserabel geschlafen, falls es dich interessiert.«

Mimi hatte sie einen langen Brief geschrieben.

Stiller und ich, das ist eine seltsame Beziehung. Manchmal verfluche ich ihn und wünsche ihn weit weg. Dann wieder möchte ich ihm um den Hals fallen und mich für alles bedanken.

Heute bin ich spät ins Hotel zurückgekommen, es war ein netter Abend. Einar Hanson und ich sind durch die Clubs gezogen. Du solltest die Leute sehen, Mimi. Sie tanzen und amüsieren sich, als gäbe es kein Morgen.

Stiller saß im Foyer, als ich ankam. Er ist wütend auf mich, weil ich mich seiner Meinung nach herumtreibe und nicht brav in meinem Zimmer warte, bis er nach mir ruft. Aber das wird schon wieder, er war mir noch nie lange böse.

Wie geht es Dir, meine liebe, teure und einzige Mimi? Bist Du glücklich mit Deinem Nisse?

Wenn Du es bist, will auch ich es sein.

Eine Frau mit blütenweißer, gestärkter Schürze schenkte ihr frischen Kaffee ein, und sie bedankte sich mit einem strahlenden Lächeln.

Stiller hatte aufgeblickt, die Stirn gerunzelt.

»Was ist denn?«

»Du wickelst die Leute um den Finger, Greta.«

Sie musste lachen. »Ach ja?«

»Sie fressen dir aus der Hand, und du scheinst es nicht mal zu bemerken.«

»Es ist eine Art Spiel.« Sie stutzte, weil es ihr erst jetzt bewusst wurde. Ja, es war ein Spiel. Sie spielte jemanden, die sie eigentlich nicht war. Oder doch?

Stiller legte die Zeitung weg und sah sie ernst an. »Du musst nicht ständig so tun, als würdest du auf einer Bühne stehen. Oder vor einer Kamera.«

»Ach, nein? Und wieso nicht? Es gefällt mir.«

Er schien noch etwas sagen zu wollen, tat es aber nicht.

Er zündete sich eine Zigarette an und rauchte eine ganze Weile schweigend. Bis er sich schließlich räusperte. »Ich habe einen Vertrag mit Mayer unterschrieben.«

»Mayer?« Sie hörte den Namen zum ersten Mal.

»Hab ich dir nicht von ihm erzählt?«

»Würde ich sonst fragen?«

»Er war Ende des Jahres mit seiner Familie hier, um Kontakte zu knüpfen. Er hat mit einem anderen Mann in Amerika eine Filmproduktionsfirma gegründet.«

»Aha.« Erst jetzt begriff sie, was er eben gesagt hatte. »Und du hast bei ihm unterschrieben?«

Stiller nickte und streifte gedankenverloren Asche ab.

»Ich werde nach Amerika gehen und dort Filme machen. Und du kommst mit.«

»Wie bitte?«

»Ich habe nur unter der Bedingung unterschrieben, dass du mitkommst.«

»Was?!« Sie hatte wohl lauter gesprochen als beabsichtigt, denn an den Nebentischen verstummten die Gespräche. Alle schauten zu ihnen herüber, und sie spürte, wie sie errötete. Die Aufmerksamkeit auf sich zu ziehen, gefiel ihr noch immer nicht. »Du kannst das nicht über meinen Kopf hinweg entscheiden, Stiller«, raunte sie und blickte sich unbehaglich um.

»Willst du etwa wieder zurück nach Stockholm und ein bisschen Theater spielen?« Es klang spöttisch, und sie ärgerte sich über seinen Ton.

»Ich spiele gern Theater«, zischte sie.

Er drückte seelenruhig seine Zigarette aus. »In Amerika kannst du in großen Filmen mitspielen.«

»Aber mich kennt dort niemand, Stiller!«

»Das werde ich ändern.«

Greta sah ihn fassungslos an und schwieg.

»Begreifst du gar nicht, was das heißt?«

»Ich begreife nur, dass ich meine Familie und Freunde nicht mehr sehen werde.« Sie schüttelte den Kopf. »Nein, Moje, das kann ich nicht. Ich bin noch nicht so weit.«

Er schlug mit der flachen Hand auf den Tisch, dass das Geschirr hüpfte.

Noch immer wurden sie von allen Seiten angestarrt, manche tuschelten.

»Ständig bekomme ich das von dir zu hören«, schimpfte er. »Verflucht! ›Ich bin noch nicht so weit, Moje. Nein, das schaffe ich nicht‹.«

»Weil es stimmt. Ich kann das nicht.«

Er beugte sich vor, das Gesicht ganz nah an ihrem. »Es gibt Chancen im Leben, die muss man ergreifen. Weil sie nur ein einziges Mal kommen.«

»Sei nicht so theatralisch.« Sie lehnte sich zurück und schloss die Augen. *Amerika, Grundgütiger!* Das war so weit weg wie der Mond.

»Du kannst mich auch heiraten«, sagte er nach einer längeren Pause, und sie fiel fast vom Stuhl.

Sie brauchte einen Moment, um sich zu fangen. »Wie bitte? Ich soll dich heiraten?« Sollte sie lachen oder sich einfach nur fragen, was in seinem Kopf vorging?

»Das war kein Antrag, Greta.«

»Sondern?«

»Wenn wir verheiratet wären, würdest du keinen Moment zögern.«

Nun musste sie wirklich lachen. »Das ist doch was vollkommen anderes, Stiller. Wir sind aber nicht verheiratet und werden das auch nie sein. Ich habe nicht vor zu heiraten. Ich werde niemals heiraten.«

Er hob die Augenbrauen. »Das sagst du jetzt. Du bist noch so jung, Greta.«

»Wenn du jetzt sagst, dass nur der Richtige kommen muss …« Sie stöhnte kopfschüttelnd auf. »Bitte sag mir, dass das einer deiner eigenartigen Scherze war, Stiller, sonst glaube ich wirklich noch, du hättest mir einen Antrag machen wollen.«

»Ich sagte doch, dass es keiner war«, stieß er hervor und zündete sich eine neue Zigarette an. Er nahm ein paar Züge, kniff die Augen zusammen und sagte dann: »Vergiss nicht, ich habe dich gemacht, Greta. Du bist sozusagen meine … Erfindung.«

Diesmal blieb ihr das Lachen im Hals stecken. »Ich habe dir viel zu verdanken«, setzte sie an, doch er unterbrach sie mit einer Handbewegung.

»Du bist nichts ohne mich, ein Niemand.«

Greta funkelte ihn an. So sah er sie also.

Sie wollte aufstehen und gehen. Und nie mehr zurückkommen. Sollte er doch nach Amerika fahren und sich dort als großer Regisseur feiern lassen. Wenn es denn dazu käme. Vielleicht vergaloppierte er sich ja wieder.

Aber sie blieb sitzen und verschränkte die Arme. »Und was bist du? Was bist du ohne mich? Auch ein Niemand, nicht wahr, sonst würdest du allein nach Amerika gehen.« Betont langsam erhob sie sich, strich ihren hellen Rock glatt und schob sich eine Haarsträhne hinters Ohr. Kerzengerade durchquerte sie den Raum, vorbei an den Menschen, die sie unverhohlen musterten und miteinander flüsterten. Sie hörte, wie jemand »Greta Garbo« sagte, es klang bewundernd.

Sie war kein Niemand mehr, oh nein.

Sie hörte Schritte hinter sich. Stiller kam ihr nachgelaufen. Sie kannte seine schnellen, energischen Schritte. »Warte.« Eine Hand lag auf ihrer Schulter.

Sie blieb stehen. »Was denn noch?«

»Ich *möchte,* dass du mitkommst.« Es klang bittend, fast flehend.

Greta drehte sich zu ihm um. »Sag mir, dass du nicht verliebt in mich bist.«

»Wieso sollte ich das sagen?«

»Weil es mich beruhigen würde. Ansonsten werde ich nämlich auf gar keinen Fall mitkommen.«

Über sein Gesicht huschte ein flüchtiges Lächeln. »Du wirst also mitkommen.«

»Erst, wenn du mir sagst, dass das mit der Heirat einer deiner sonderbaren Witze war.«

»Schön, nein, ich bin nicht in dich verliebt. Du bist mir viel zu anstrengend.«

»*Ich* bin *dir* zu anstrengend?« Greta lachte laut auf.

Sie musterte ihn und ließ ihn zappeln. Das hatte er weiß Gott verdient. Sie hatte nämlich soeben eine Entscheidung getroffen; eine Entscheidung, die sie möglicherweise irgendwann bereuen würde. »Gut, ich werde mitkommen.« Sie hob die Hand, als sie sein erleichtertes, erfreutes Gesicht sah. »Aber wenn es nicht funktioniert, wenn ich keine Rollen bekomme, wenn die Menschen mich nicht lieben, werde ich wieder gehen.«

Er nickte eifrig.

»Versprichst du mir, dass du dann nicht versuchen wirst, mich umzustimmen und mir das Blaue vom Himmel zu versprechen?«

»Ich verspreche es.«

»Gut.« Sie wandte sich ab. In einer für sie ganz untypisch

geschmeidigen Bewegung hatte sie dabei sanft über sein Gesicht gestrichen. »Wir wollen uns doch nicht gegenseitig unglücklich machen, Moje, nicht wahr?«

Kapitel 26

Doch bevor Greta sich mit dem Gedanken anfreunden konnte, ihre Heimat zu verlassen, um in ein fremdes, so weit entferntes Land zu gehen, wurde sie praktisch über Nacht von G. W. Pabst für seinen neuen Film engagiert.

Erst dachte sie, Einar hätte den Kontakt hergestellt, doch es war Stiller, der wieder mal die Fäden in der Hand hielt.

»Pabst sucht schon eine ganze Weile, und ich hab ihm gesagt, dass er dich haben kann.« Bevor sie etwas entgegnen konnte, sprach er schon weiter. »Du erhältst die gleiche Gage wie Asta Nielsen.« Er verschränkte zufrieden die Arme vor der Brust. »Ich habe nicht lockergelassen. Wenn er dich unbedingt will, soll er gut zahlen. Na, was sagst du?«

»Ich weiß nicht …«

»Du könntest ein bisschen mehr Dankbarkeit zeigen.«

»Danke«, sagte sie etwas säuerlich, dabei freute sie sich.

Pabst hatte den Ruf, ein angenehmer Mensch zu sein, mit dem man gerne zusammenarbeitete. Ganz anders als Stiller.

Sie bat ihn, mehr über den Film zu erzählen.

Er hieß *Die freudlose Gasse*, nach dem Buch von Hugo Bettauer, und spielte in Wien. Greta sollte die Tochter eines Hofrats spielen, die in einem Bordell landet, weil ihr Vater sein Geld verspielt hat. Der Film handelte von Armut, Arbeits- und Hoffnungslosigkeit auf der einen Seite, von Gier, Doppelmoral und Sorglosigkeit auf der anderen. Während die einen stundenlang für ein kleines Stück Fleisch anstehen müssen, amüsieren die anderen sich und leben in Saus und Braus.

Während Stiller erzählte, wusste Greta, dass sie unbedingt mitspielen wollte. Sie hatte Feuer gefangen.

Der Film würde ein weiterer, ein wichtiger Schritt auf ihrem Weg zur ernst genommenen Schauspielerin sein.

Der erste Drehtag verlief wie jeder, den sie bisher erlebt hatte: Sobald die Kamera lief, erstarrte sie zur Salzsäule.

Doch Pabst reagierte nicht mit Ärger und Ungeduld, er stand langsam auf und kam zu ihr. »Entspannen Sie sich, Greta. Ich weiß, dass Sie eine gute Schauspielerin sind. Sie haben mich in *Gösta Berling* sehr beeindruckt.«

Sie ballte die Fäuste. »Ich weiß auch nicht, warum ich …« Ihre Stimme bebte. »Mich machen all die Leute hier schrecklich nervös«, gab sie schließlich zu. Er war so freundlich, so verständnisvoll, dass sie sich traute, gleich Farbe zu bekennen.

Asta Nielsen, die bei ihnen stand, legte den Arm um ihre Schultern. »Lass uns ein paar Schritte gehen, Kleines.«

Sie verließen das Studio und gingen nach draußen, wo die Frühlingssonne warm schien und die ersten Bäume zarte, grüne Blätter entfalteten.

»Ist das nicht herrlich?« Asta war stehen geblieben und

hob das Gesicht in die Sonne. »Ich liebe den Frühling. Weißt du, ich bin auch jedes Mal furchtbar nervös vor einem Drehtag. Man weiß ja nie, was einen erwartet, nicht wahr? Aber vertrau mir, Pabst ist ein wunderbarer Regisseur. Er holt das Beste aus uns heraus, und ich hab gehört, dass er noch nie aus der Haut gefahren ist.« Sie sah Greta mit einem verschmitzten Lächeln an. »Du hast doch mit Stiller gedreht. Da solltest du wissen, dass es auch anders gehen kann. Ich bereite mich immer bei einem kurzen Spaziergang vor, mache meine Atemübungen – die hast du bestimmt auch gelernt, oder? – und meine Sprechübungen.« Sie streckte die Arme über dem Kopf aus, holte tief, ganz tief Luft und ließ sie mit einem hörbaren Zischlaut entweichen. »Das mache ich so lange, bis ich spüre, dass ich ruhiger werde.«

Langsam spazierten sie weiter. Asta brachte Greta mit ein paar lustigen Anekdoten zum Lachen.

»Na, siehst du.« Sie lächelte. »Wer lachen kann, kann nicht schlottern. Beides gleichzeitig geht nämlich nicht.«

»Ich bewundere dich«, bekannte Greta leise. »Genau wie meine Mutter. Als ich ihr erzählte, dass ich mit dir drehen würde, meinte sie: ›Mit der großen Asta Nielsen‹? Als gäbe es eine zweite.«

»Zu viel der Ehre.« Asta winkte ab und hielt ihr die Tür zum Nebeneingang des Studios auf. »Bereit?«

»Ich glaube schon.«

Im Gang kam ihnen Stiller entgegen.

»Moje«, sagte Greta verdutzt.

»Sie müssen Mauritz Stiller sein.« Asta hielt ihm die Hand für einen Handkuss hin.

»Richtig.« Er griff nach ihrer Hand und schüttelte sie. »Und Sie sind Asta Nielsen. Freut mich, Ihre Bekanntschaft zu machen.«

»Seit wann bist du hier?«, fragte Greta ihn.

»Seit heute früh.« Er runzelte die Stirn, und sie ahnte, was er gerade dachte. Dass sie schon wieder Probleme machte, weil sie wieder zitterte wie Espenlaub, sobald die Kamera auf sie gerichtet war. Vielleicht bereute er es bereits, dass er ihr die Rolle beschafft hatte. »Kannst du dich nicht ein einziges Mal zusammenreißen?« Er seufzte schwer, als sei sie ein hoffnungsloser Fall.

»Das tue ich«, erwiderte sie kühl und ging an ihm vorbei.

Als sie das Studio erreicht hatten, fragte Asta: »Wie hältst du das nur mit ihm aus?«

»Manchmal frage ich mich das auch. Aber ich hab ihm eine Menge zu verdanken.«

Pabst saß auf seinem Stuhl und schaute sie mit einem Lächeln an. Als sie zögernd nickte, nickte auch er.

»Fein. Dann wollen wir's noch mal versuchen.«

Mit jedem weiteren Drehtag wurde es ein wenig besser, besonders als Greta sah, wie entspannt Pabst dasaß und ihr zusah. Er war ganz offensichtlich zufrieden.

Er reagierte auch auf Vorschläge, die andere machten, hörte interessiert zu und setzte sie sogar um, wenn er überzeugt war. Andernfalls machte er einen Gegenvorschlag, und es wurde darüber diskutiert und beraten; immer höflich und geduldig.

Nach einem Drehtag, der besonders lang gewesen war,

kam er zu Greta und nahm sie beiseite. »Sie machen das sehr gut. Ich mag Ihre Verletzlichkeit, den Ausdruck in Ihren Augen. Man wird hineingesogen. Möchten Sie die ersten Szenen sehen?«

»Nein«, sagte sie impulsiv.

»Und warum nicht, wenn ich fragen darf?«

Sie schluckte nervös. Es war albern, das wusste sie, aber sie konnte es noch immer nicht ertragen, sich spielen zu sehen. »Ich … ich weiß es selbst nicht genau.«

»Ich würde Ihnen gern etwas zeigen. Ich könnte versuchen, es zu erklären, aber ich fürchte, das funktioniert nicht. Wollen Sie sich nicht einen Ruck geben, Greta?«

Sie schaute ihn an, dann nickte sie ergeben. Sie wollte ihn nicht enttäuschen, und sie wollte über sich selbst hinauswachsen. Das hatte sie oft genug getan in den letzten Jahren, warum nicht auch jetzt?

Sie gingen in den kleinen Nebenraum, in dem es stockfinster war. Als eine männliche Stimme sagte: »Da sind Sie ja«, zuckte Greta zusammen.

Das Licht wurde eingeschaltet, und sie sah einen Mann in der Ecke an einem Tisch sitzen: Mark Sorkin, Pabsts Assistent. Greta hatte bereits ein paar Worte mit ihm gewechselt. Er lächelte sie an, und sie lächelte zurück.

Sie hörte eine Filmrolle rattern, und irgendwo klickte es.

Sie nahm neben ihm Platz, Pabst stellte sich hinter sie.

»Es kann losgehen, Mark.«

Sorkin schaltete das Licht aus, und auf der kleinen Leinwand an der gegenüberliegenden Wand erschien die Zahl fünf.

Gretas Magen verkrampfte sich. Sie war nervös, gleichzeitig war sie plötzlich ungeheuer gespannt.

Es klickte wieder, und auf der Leinwand war die Szene beim Abendessen zu sehen. Greta hatte für ihren Vater und die jüngere Schwester gekocht. Wieder gab es geschmorten Kohl, wie schon Tage und Wochen zuvor. Die kleine Mariandl stocherte in ihrem Essen und verzog gequält das Gesicht. Der Vater aß mit stoischem Gesichtsausdruck, als sehne nicht auch er sich nach einem Stück Fleisch, das schon lange nicht mehr auf den Tisch gekommen war. Greta füllte auch ihren Teller und setzte sich. Sie wollte so tun, als schmecke es ihr, schaffte es aber nicht recht.

Pabst deutete auf ihr Gesicht. »Sehen Sie das? Das meine ich. Der Ausdruck in Ihren schönen blauen Augen. Man sieht Ihre Hoffnungslosigkeit, sogar die Scham, die Sie empfinden, schon wieder Kohl aufzutischen. Man sieht Ihre Verzweiflung, das Mitgefühl für Ihre kleine Schwester, der Sie gern etwas anderes vorsetzen würden. Sie leiden unter der Situation, der Armut. Man sieht auch, dass Sie darüber nachdenken, was Sie tun können. Ob es überhaupt etwas gibt, das Sie tun können. Sie sind beeindruckend, Greta. Ich habe so etwas vorher noch nie bei einem Schauspieler gesehen. Stiller sagte, dass Sie Ihre Ausbildung abgebrochen haben, aber ich denke, dass das kein Fehler war. So etwas …«, er zeigte erneut auf die Leinwand, »… kann man nirgendwo lernen. Dieser Blick, dieser Ausdruck auf Ihrem Gesicht … Man sieht, was Sie denken, was Sie fühlen.« Er machte eine kurze Pause und sagte schließlich: »Ich möchte Sie für weitere Filme engagieren.«

Sie war freudig überrascht. Die Dreharbeiten waren noch nicht mal beendet, und er wollte sie wieder engagieren? »Das würde mich sehr freuen, Herr Pabst.«

»Ich mag Ihre Schüchternheit.«

Sie musste lachen. »Sie mögen meine Schüchternheit? Ich dachte, die wäre eher hinderlich.«

»Wenn Sie meine Meinung wollen – bewahren Sie sich Ihre Schüchternheit, sie ist sehr reizvoll.«

Greta errötete. Wann hatte jemand je etwas so Nettes, so Aufbauendes zu ihr gesagt?

»Dann werden Sie es sich überlegen?«

Sie nickte. Sie wäre dumm, wenn sie es nicht täte.

»Du kannst keine weiteren Filme mit Pabst machen«, sagte Stiller, als sie ihm davon erzählte.

»Und warum nicht? Ich habe schon zugesagt.«

Er hatte auf dem Bett gelegen, als sie hereingekommen war. Jetzt sprang er wie von der Tarantel gestochen auf und lief durchs Zimmer. »Du kannst doch nicht einfach zusagen! Ich arrangiere alles für dich. Keine Alleingänge, Greta, verflucht noch mal!«

»Ich kann selbst entscheiden, in welchem Film ich mitspielen will«, erklärte sie bestimmt. Es klang in erster Linie trotzig.

Er kam näher und blieb vor ihr stehen. »Ach ja? Du irrst dich, Greta. *Ich* entscheide, wo du mitspielst und wo nicht. Und mit Pabst wirst du keinen einzigen Film mehr machen.«

Sie stampfte mit dem Fuß auf. Sie war so aufgebracht,

dass sie ihn am liebsten am Revers packen und schütteln würde. »Oh doch, das werde ich!«

»Nein, das wirst du nicht. Weil wir beide nach Amerika gehen. Ich habe unterschrieben, Greta, es gibt einen Vertrag.«

»Den du allein unterschrieben hast.«

»Ich habe unterschrieben, dass du mitkommst, begreifst du nicht?« Nun klang er müde, erschöpft. »Wir haben uns beide verpflichtet.«

»Du willst mich zwingen?« Sie presste die Lippen aufeinander.

»Geh, Greta, lass mich allein. Und komm erst wieder, wenn du zur Vernunft gekommen bist und dich wie eine Erwachsene benimmst.«

Schon als sie kurz darauf in ihrem Zimmer am Fenster stand, war ihr klar, dass er recht hatte. Es gab kein Zurück mehr, sie musste nach Amerika gehen.

Aber sie dachte gar nicht daran, zu ihm zu laufen und klein beizugeben, dazu war sie noch immer viel zu aufgebracht.

Angezogen legte sie sich aufs Bett und schloss die Augen.

Amerika. Nach wie vor behagte ihr der Gedanke an dieses ferne, so fremde Land nicht. Sie fürchtete sich vor dem, was auf sie zukam. Und zum ersten Mal fürchtete sie sich davor, dann Stiller auf Gedeih und Verderb ausgeliefert zu sein.

Kapitel 27

Göteborg im Sommer desselben Jahres

Die freudlose Gasse war ein großer Erfolg geworden, und Greta durfte sich wie ein Star feiern lassen. Die deutschen Zeitungen nannten sie in einem Zug mit Asta Nielsen, und sie hatte nicht gewusst, ob sie sich uneingeschränkt darüber freuen sollte. Durfte sie sich mit der großen, berühmten Asta Nielsen auf eine Stufe stellen?

»Willst du nicht lieber doch hierbleiben?«, fragte ihre Mutter an diesem Vormittag, als sie im Überseehafen standen und sich umarmten, als hinge ihr Leben davon ab. »Du könntest hier oder auch in Deutschland drehen, Greta.«

»Du weißt, dass das nicht geht, Mama«, raunte sie ihr ins Ohr und küsste sie auf die Wange. »Wir haben einen Vertrag zu erfüllen.«

»Du meinst wohl, *er* hat ihn zu erfüllen.« Ihre Mutter deutete in Stillers Richtung. Er stand da, elegant wie eh und je, und rauchte.

»Wir sitzen in einem Boot.« Greta unterdrückte ein bedauerndes Seufzen. Wie gern würde sie hierbleiben bei ihrer Familie.

Ihr Bruder umarmte sie fest und hielt sie eine Ewigkeit. »Pass bloß auf dich auf, hörst du?«

»Und du auf dich.« Sie kniff ihn in die Wange, wie früher, wenn sie ihn geneckt hatte. »Ich werde euch jeden Tag schreiben.«

»Wehe!« Ihre Schwester lachte und schob Sven zur Seite. »Jetzt bin ich dran, Bruderherz, du kannst sie eh nicht festhalten. Gib gut auf dich acht, Greta«, flüsterte sie ihr zu. »Stiller denkt nur an sich, vergiss das nicht.«

»Schsch.« Greta machte sich los und sah sie ernst an. »Er hat es immer nur gut mit mir gemeint, das solltet ihr nicht vergessen.« Sie wischte sich lachend eine Träne weg. »Jetzt muss ich heulen, Alva, daran bist du schuld.« Sie holte tief Luft und blickte einen nach dem anderen bewegt an. »Ihr werdet mir schrecklich fehlen. Ich werde jeden Tag an euch denken und …« Ein Schiffshorn ertönte, und sie zuckte zusammen.

Bevor sie noch etwas sagen konnte, hatte Stiller sie am Ellbogen gefasst. »Das reicht jetzt. Komm, das Schiff legt gleich ab.«

Sie betraten den schmalen, wackligen Steg, und Greta drehte sich zu ihrer Familie um und winkte. »Es ist ja nur für ein Jahr! Wir sehen uns bald wieder!«

Ihre Mutter zog ein Taschentuch aus der Manteltasche, tupfte sich die Augen und winkte dann damit.

Stiller brummte etwas von »Geht das schon wieder los?« und schob sie vor sich her über den Steg.

»Hör auf, mich zu schubsen!«, schimpfte sie.

»Am Ende läufst du zurück«, knurrte er und nahm den Hut ab, weil der Wind auffrischte.

»Und lasse dich im Stich? Wolltest du das sagen?«

»Willst du jetzt und hier mit mir streiten?«

»Nein, du weißt, ich hasse Streit. Komm, wir wollen uns unsere Kabinen ansehen.«

Am Tag darauf stand Greta an Deck, ein Kopftuch umgebunden und den Kragen ihres Mantels hochgeschlagen.

Sie hatte sich vorgenommen, die Überfahrt zu genießen und den Gedanken an das riesige, so weit entfernte Land von sich zu schieben. Sie wollte vor sich hin träumen, die Einsamkeit und Ruhe genießen. Das Leben würde sie noch früh genug wieder in den Klauen haben. Spätestens dann, wenn das Schiff in den New Yorker Hafen fuhr.

Vermutlich würde aber Stiller sie vorher mehrfach daran erinnern, dass sie nicht zum Vergnügen hier war, dass er Dankbarkeit und absoluten Gehorsam erwartete.

Ich mag ihn trotzdem, dachte sie und musste lächeln, als sie sich daran erinnerte, wie er ihren kleinen Koffer gemustert hatte. »Mehr Gepäck hast du nicht?«

»Was sollte ich denn alles mitnehmen?«

Er hatte sie mit diesem Blick angesehen, den sie nur zu gut von ihm kannte: einer Mischung aus Erstaunen und Fassungslosigkeit. »Du bist kein Niemand, Greta, das scheinst du dauernd zu vergessen.«

»In Amerika bin ich ein Niemand«, hatte sie entgegnet. Das schien *er* offenbar zu vergessen.

Mit einer für ihn ebenfalls so typisch ungeduldigen Handbewegung hatte er gemeint, sie müsse sich in New York sofort neue hübsche Kleider kaufen. »Und passende Schuhe und Handtaschen.«

Diesmal hatte sie geschwiegen. Sie kannte ihn zu gut, um noch mehr zu sagen.

Sie hatte Angst vor der Überfahrt gehabt und war ganz überrascht, wie wohl sie sich fühlte. Es war himmlisch, über das Meer zu gleiten, um sich herum nichts als Blau, selbst der Himmel zeigte sich wolkenlos und strahlend blau. Es war so ruhig, so friedlich und einsam hier oben. Fast könnte man glauben, allein auf der Welt zu sein: nur sie, das Schiff und das leise Rauschen des Wassers unter ihr. Hier und da segelten ein paar Möwen über ihr und schrien in Erwartung eines Leckerbissens, ansonsten war es still.

Obwohl sie damit gerechnet hatte, kein Auge zuzubekommen, hatte sie ausgezeichnet geschlafen. Sie war bislang nicht mal seekrank geworden. Das sanfte Schaukeln des Schiffes beruhigte sie und hatte sie in der Nacht eingelullt und in den Schlaf geführt.

Stiller war in seiner Kabine, was er dort machte, wusste sie nicht. Wahrscheinlich saß er über irgendwelchen Verträgen, die er mit irgendwem abgeschlossen hatte.

Sie wurden in New York erwartet, wo die Filmgesellschaft Metro-Goldwyn-Mayer, kurz MGM, ein Büro hatte. Von dort aus sollte es dann nach Los Angeles weitergehen, in dessen Bezirk Culver City MGM sich niedergelassen hatte.

Greta lehnte sich mit verschränkten Armen auf die Reling und betrachtete die Wellen unter ihr. Es war fast ein bisschen hypnotisierend. Gingen manche Leute deshalb über Bord? Sie musste lachen. Nein, wahrscheinlich nicht. Entweder sie waren leichtsinnig, lebensmüde oder betrunken. Oder alles zugleich.

Hoffentlich würde das Jahr schnell vergehen, so schnell, dass sie verwundert den Kopf schütteln würde, wenn sie in Göteborg wieder an Land ging und heimatlichen Boden unter den Füßen hatte.

Ihre Familie fehlte ihr jetzt schon. Kurz vor der Abreise hatte sie noch Mimi geschrieben und ihr die Adresse des New Yorker Hotels mitgeteilt.

Du musst mir unbedingt schreiben, Mimi! Ich fürchte, ich werde sterben vor Heimweh. Amerika ist so furchtbar weit weg! Es kommt mir vor, als flöge ich zum Mond.

Stiller freut sich, er ist davon überzeugt, dass er ganz groß herauskommt.

Ich vermisse Dich, Mimi, ich vermisse Dich entsetzlich! Schreib mir, wie es Dir, wie es Euch geht, ja?

Mein nächster Brief kommt dann aus New York.

Wie sehr sie sich fürchtete, hatte sie nicht geschrieben.

Kapitel 28

New York, im Monat darauf

Es war wieder einer dieser entsetzlich schwülen Tage, an denen Greta glaubte, nicht mehr atmen zu können.

Die Hitze hatte sich wie eine Glocke über die Stadt gestülpt, es war kaum zu ertragen. Aus Schweden war sie solche Temperaturen nicht gewohnt, die Sommer dort waren angenehm warm und sonnig. Nachts konnte man bei offenem Fenster schlafen, und wenn man sich tagsüber nach frischer, etwas kühlerer Luft sehnte, fuhr man mit dem Rad in ein Wäldchen oder an einen See.

Hier in New York gab es nichts außer Beton und Asphalt, und beides heizte sich auf. Sie konnte in den Park gehen, aber dafür würde sie sich zunächst durch die Straßen voller Menschen und Automobile kämpfen müssen.

Nein, sie würde hier auf ihrem Bett liegen bleiben, wie jeden verfluchten Tag, seit sie angekommen waren.

»Sieh nur«, hatte Stiller ungewohnt ehrfürchtig und bewegt gesagt und auf die Gebäudekulisse gezeigt, die sich vor ihnen auftat. »Dort drüben, die Freiheitsstatue! Sieh sie dir an, sie steht für ein Land, in dem alles möglich ist.« Er hatte die Arme ausgebreitet und den Kopf in den Nacken gelegt. »Wir sind in Amerika, Greta! Wir sind da!«

Sie war ebenfalls beeindruckt, natürlich, wie hätte man hier nicht beeindruckt sein können? Aber sie hatte auch eine Enge in der Brust gespürt und eine kalte Hand, die ihr Herz zusammendrückte. Amerika war so furchtbar weit weg von Schweden, dass sie es sich nicht mal vorstellen konnte. New York war so groß, dass Stockholm ein paarmal hineinpassen würde. Und überall Hochhäuser, und die Straßen, die man hier Boulevards oder Avenues nannte, waren wie graue Schluchten. Es war schrecklich laut und stickig, und die Menschen drängten an ihr vorbei, rempelten sie an, entschuldigten sich nicht mal. Warum auch? Wie hätten sie wissen können, wen sie gerade angerempelt hatten? Dazu war es viel zu voll. Greta kamen sie wie Armeen von Ameisen vor.

Nein, hier würde sie sich niemals zurechtfinden. Sie würde diese gigantische Stadt niemals mögen können. Sie würde eingehen wie eine Pflanze, die man ewig nicht mehr gegossen hatte.

Als sie von Bord gegangen waren, hatte Stiller sich suchend umgeblickt. »Kannst du jemanden sehen, der auf uns wartet?« Er hatte enttäuscht ausgesehen.

Bis schließlich ein junger Mann kam und sie begrüßte. Er hatte einen Dolmetscher dabei. »Mein Name ist Hubert Voight. Ich hoffe, Sie hatten eine angenehme Reise, Mr Stiller. Miss Garbo.« Er hatte Greta unverhohlen gemustert und die Stirn gerunzelt, als gefiele ihm nicht besonders, was er sah. »Für Sie sind zwei Zimmer im Commodore-Hotel reserviert.« Er war vorausgegangen, hatte ein Taxi gerufen, und sie waren zum Hotel gefahren.

Während der gesamten Fahrt hatte Greta sich tief in das Sitzpolster gedrückt. Es war, als würden die Hochhäuser links und rechts wachsen, als sie daran vorbeifuhren. Manche schienen gar zu schwanken. Schließlich hatte sie die Augen zugemacht und erst wieder geöffnet, als der Mann, dessen Namen sie vergessen hatte, ausstieg und auf das Gebäude zeigte, vor dem das Taxi angehalten hatte. »Ihr Hotel. Bis zum Büro der MGM sind es nur ein paar Schritte.« Er hatte irgendwohin gezeigt. »Dort drüben ist die U-Bahn-Station. Mr Mayer meldet sich bei Ihnen.« Er schien nicht mal so zu tun, als würde er sich Mühe geben.

Ihre beiden Zimmer hatten eine Verbindungstür, und Greta stellte erleichtert fest, dass man sie abschließen konnte. Der Gedanke, Stiller könnte plötzlich in ihrem Zimmer stehen, während sie schlief oder sich gerade anzog, war gruselig.

Die ersten Tage hatte sie sich in ihrem Zimmer verkrochen und war nur herausgekommen, wenn er sie zum Essen abholte.

Abend für Abend fragte sie ihn, ob Mr Mayer sich gemeldet hatte. »Nein, bisher nicht.« Es klang verstimmt. »Ich habe darum gebeten, dass ein, zwei Klauseln geändert werden. Jetzt warte ich auf seine Antwort.«

So ging es Tag für Tag weiter. »Er lässt mich zappeln, aber ich kann auch störrisch sein.« Er hatte die Arme verschränkt. »Ich hab klargemacht, dass wir erst weiterreisen, wenn sie meinen Wünschen nachkommen.«

Wie genau diese Wünsche aussahen, wusste Greta nicht, aber vermutlich entsprachen sie nicht ansatzweise Mayers Vorstellungen.

»Du könntest ihm ein bisschen entgegenkommen«, hatte sie irgendwann vorgeschlagen.

»Was weißt du schon«, hatte er sie angefahren. »Ich versuche das Bestmögliche für dich zu arrangieren.«

»Für mich oder für dich?«, hatte sie etwas spitz gefragt.

Er war die Antwort schuldig geblieben.

Die Wochen kamen Greta wie eine Ewigkeit vor.

Mit Tagen, die früh begannen, weil sie von einem Geräusch hochschreckte und nicht wieder einschlafen konnte, und die spät endeten, weil im Nebenzimmer laut gelacht wurde oder irgendetwas im Gange war, das sie sich gar nicht vorstellen wollte.

Manchmal sah sie das Paar, das aus dem Zimmer kam. Beide jung, ausgelassen, voller Lebensfreude. Sie grüßten sie fröhlich, und sie nickte dann schüchtern.

Die englische Sprache bereitete ihr Schwierigkeiten, vor allem die Aussprache, und sie hatte Mühe, sich all die Wörter zu merken.

Nachdem sie fast einen Monat in New York waren, sagte sie zu Stiller: »Ich will wieder nach Hause. Vielleicht will Mayer gar nicht mehr mit dir zusammenarbeiten und hält dich deshalb hin.«

Stiller schoss von seinem Stuhl hoch und funkelte sie an.

Sie saßen wie gewohnt beim Abendessen zusammen

und wollten anschließend eine Broadway-Show besuchen. »Ich höre ja wohl nicht recht!«

»Setz dich wieder, ich bitte dich«, flüsterte sie. »Alle sehen uns schon an. Es ist mir peinlich, Stiller.«

»Es ist mir peinlich, Stiller«, äffte er sie nach. »Das alles hier tue ich nur für dich, verflucht«, zischte er aufgebracht. »Ohne mich würdest du noch immer in Stockholm auf der Theaterbühne stehen.«

»Was wäre so schlimm daran? Vielleicht wäre ich ja glücklich.«

Ja, wer konnte das schon wissen?

Er hatte sich wieder hingesetzt. »Du bist nicht der Typ, der glücklich ist«, sagte er und trank seinen Wein aus.

»Was soll das denn heißen?«, fauchte sie.

Er beugte sich vor und sah sie eindringlich an. »Du bist eine Getriebene, genau wie ich. Deshalb sitzen wir beide hier und warten, dass sich unser Schicksal erfüllt.«

Große Worte. Greta lächelte, sie konnte nicht anders. »Vielleicht hast du da sogar recht, Moje.«

Er streckte die Hand aus und tätschelte ihre Wange. »Na, siehst du.« Er hob die Hand und rief den Kellner. »Champagner für mich und die Lady!«

Eine Woche später bat Greta ihn erneut, sie nach Schweden zurückkehren zu lassen. »Ich springe aus meinem Zimmerfenster. Ich kann einfach nicht mehr, verstehst du das nicht? Wir warten und warten und warten. Worauf? Sieh endlich ein, dass sie deine Forderungen nicht erfüllen werden.«

»Das werden sie schon noch.«

»Aber wann, Stiller, wann? Ich drehe durch. Ich hasse diese Stadt.«

»Du wirst dich schon noch eingewöhnen.« Für seine Verhältnisse war er ungewöhnlich aufgeräumt.

»Vielleicht will ich mich ja gar nicht eingewöhnen. Hier gibt es nichts für mich, gar nichts.«

»Lass mich nur machen.« Er aß seinen Fischcocktail, schien bester Laune zu sein.

»Du verhandelst also wirklich immer noch? Zum Teufel, Stiller, wir werden hier noch begraben, wenn du so weitermachst!«

Anstatt sie zurechtzuweisen, grinste er. »Was hast du für eine Alternative, Greta?«

Sie ging nicht darauf ein. »Ich hab noch keinen Tag vergessen, was du für mich tust, Moje.« Ihre Stimme war sanft. »Aber vielleicht musst du endlich einsehen, dass wir beide nicht hierhergehören.«

»Unsere Zeit kommt noch, wart's ab.«

Ein paar Tage später, wie üblich war es entsetzlich stickig, raffte sie sich auf, um einen kleinen Spaziergang zu machen.

Als sie das Hotel verließ, blendete sie die grelle Sonne, und sie machte kehrt, um sich einen Hut aus dem Zimmer zu holen. Die Luft war zum Schneiden, und schon nach wenigen Schritten bereute sie ihren Entschluss. Am besten, sie kehrte gleich wieder um und blieb in ihrem Zimmer. Dort war es wenigstens halbwegs auszuhalten.

Plötzlich hörte sie rasche Schritte hinter sich.

»Warte!« Stiller.

Sie drehte sich zu ihm um. Ob es Nachricht aus Hollywood gab? Endlich? »Und?«

»Was und?« Er hakte sie unter. »Ein Spaziergang wird mir auch guttun.«

»Neuigkeiten? Aus Los Angeles?«

»Nein.«

Sie überquerten die Straße, und mehrere Automobile hupten.

»Ich hasse New York«, stieß sie hervor.

Er lachte. »Es ist eben ganz anders als Stockholm.«

»Erinnere mich nicht daran.« Gleich wurde es wieder eng in ihrem Hals. »Ich hab furchtbares Heimweh, Moje.«

»Du bist eben doch noch ein Kind«, sagte er verächtlich, und sie blieb stehen und klopfte ihm auf den Unterarm.

»Ich bin fast zwanzig!«

»Und nicht halb so erwachsen, wie du offenbar glaubst.«

Sie standen dicht voreinander und funkelten sich an.

»Du bist hinreißend, wenn du so wütend bist.«

Greta zwickte ihn, musste aber gleichzeitig lachen. »Und du bist unmöglich, Moje, einfach unmöglich.«

Auch wenn sie lachen musste, fragte sie sich, ob er nicht vielleicht doch ein bisschen in sie verliebt war.

Nein! Unsinn! Stiller war in niemanden außer sich selbst verliebt.

»Willst du mich immer noch heiraten?«, fragte sie, als sie weiterschlenderten.

»Ich wollte dich noch nie heiraten.«

Eine Frau kam ihnen entgegen, sah Stiller verblüfft an,

dann huschte ein breites Lächeln über ihr blasses Gesicht. »Wenn das nicht Mauritz Stiller ist! Was machst du hier?«

»Martha.« Er lächelte sie an. »Ich bin nur auf der Durchreise.«

»Soso, auf der Durchreise, und wohin?«

»Nach Los Angeles, Hollywood.«

Die Frau betrachtete Greta neugierig. »Willst du uns nicht vorstellen, Mauritz?«

»Das ist Greta Garbo, eigentlich Gustafsson. Greta, das ist Martha Hedman, eine alte Freundin aus Schweden. Sie arbeitet auch als Schauspielerin. Das tust du doch, oder nicht?«

Die Frau nickte mit einem Lächeln, das Greta so reizend, so unschuldig fand, dass sie sie anstarren musste. Noch nie hatte sie so sehnsüchtige Augen, einen so verträumten Blick gesehen.

»Freut mich sehr, Greta.« Martha schüttelte ihre Hand. »Und ja, ich arbeite als Schauspielerin. Und ihr wollt also nach Hollywood. Alle wollen nach Hollywood.« Sie seufzte. »Wo wir uns schon mal treffen, Stiller – was hältst du davon, wenn wir was trinken gehen? Mit deiner reizenden Begleitung natürlich.« Sie zeigte auf die gegenüberliegende Straßenseite. »Da vorn ist es sehr nett.«

»Ja, wieso nicht.«

Greta war es nur recht, aus der gleißenden Sonne und der unerträglichen Hitze herauszukommen.

Sie begaben sich in ein kleines Lokal, in dem es sehr laut zuging, und bestellten Kaffee und Whiskey.

Greta roch nur kurz an dem dunklen Gebräu und schob das Glas von sich. Das würde sie im Leben nicht trinken.

Martha lachte. »Versuchen Sie ihn nur, Greta. Er riecht schlimmer, als er schmeckt.«

Sie plauderten über dies und das, hauptsächlich über Filme und Broadway-Shows, die sie besucht hatten.

Dann sah Martha Greta eine Weile nachdenklich an. Schließlich sagte sie: »Ich würde Sie gern mit jemandem bekannt machen.«

»Und mit wem?« Einem Regisseur? Das würde Stiller niemals zulassen.

»Mit Arnold, Arnold Genthe. Er ist ein guter Freund, er arbeitet als Fotograf und hat ganz in der Nähe ein kleines Studio. Er macht hervorragende Porträtfotos. Es kann sicher nicht schaden, wenn Sie ein paar gute Fotos von sich haben.« Martha zwinkerte ihr zu. »Für Hollywood.«

Greta warf Stiller einen Hilfe suchenden Blick zu. Aber er reagierte nicht, trank seinen Kaffee und schaute aus dem Fenster.

Martha bezahlte die Rechnung und stand auf. »Kommt, das Studio wird euch gefallen.«

Noch immer reagierte er nicht. Doch dann schob er mit einem Mal schwungvoll seinen Stuhl zurück, suchte in seiner Hosentasche nach dem Feuerzeug und zündete sich im Gehen eine Zigarette an. »Sie hat recht, Greta, ein paar gute Fotos schaden sicher nicht.«

Kapitel 29

Greta war hingerissen von Genthes Studio, vor allem, als sie Fotografien von Berühmtheiten an den Wänden entdeckte. Darunter die Schauspielerin Sarah Bernhardt und die Tänzerinnen Isadora Duncan und Anna Pawlowa.

»Er ist großartig, nicht wahr?« Martha hatte sich neben sie gestellt.

»Oh ja, das ist er.« Sie seufzte verträumt.

Genthe saß an einem kleinen Tisch in der Ecke des Studios und sah Stiller zu, der in einem Bildband blätterte.

»Lassen Sie sich von ihm fotografieren«, flüsterte Martha. »Er ist der Beste, den Sie kriegen können.«

Greta nickte zögernd, schüttelte dann aber den Kopf. »Das kann ich mir nicht leisten, leider.«

»Woher wollen Sie das wissen?«

»Ein berühmter Fotograf wie er wird nicht billig sein.«

Stiller stand plötzlich neben ihr, die Hand auf ihrer Schulter. »Red keinen Unsinn, Greta. Natürlich wirst du Fotos machen lassen. Deshalb sind wir doch hier.«

Sie lachte. »Ich bin hier, um mir sein Studio anzusehen, Moje.«

»Natürlich«, sagte er trocken.

Nun kam auch Genthe zu ihnen. »Ich würde Sie wirklich gern fotografieren, Miss.«

»Nennen Sie mich ruhig Greta.«

»Sie haben ganz besondere Augen. Sie drücken viel aus.« Er schien zu überlegen. »Sehnsucht, Traurigkeit … und so viel mehr.«

Stiller stupste sie an. »Nun mach schon.«

»Soll ich mich etwa in diesem Aufzug fotografieren lassen?« Sie deutete auf ihr Kleid. »In diesem uralten Kleid und dem hässlichen Hut, den ich nur wegen der Sonne aufgesetzt habe? Und ich trage nicht mal Lippenstift, und meine Frisur …« Sie fuhr sich durchs Haar. »Nein, Sie werden Ihren guten Ruf verlieren, Mr Genthe, und das will ich nicht.«

»Dann kommen Sie ein andermal, wenn Sie sich ein bisschen zurechtgemacht haben«, schlug Martha vor.

Genthe jedoch stand da und betrachtete sie, den Kopf leicht geneigt, den Finger am Nasenflügel. »Nein, ich will Sie genau so haben, wie Sie sind, Greta.«

Sie musste lachen, spürte aber auch etwas wie blanke Furcht. Er machte bestimmt Witze. Sie sah grauenvoll aus.

Wieder stupste Stiller sie an. »Hörst du? Nun gib dir einen Ruck.«

Schließlich gab sie nach. »Aber nur, wenn ihr beide nicht dabei seid. Geht irgendwo was trinken, oder macht einen Spaziergang. Ich will, ich muss ganz allein sein.«

Genthe lächelte, als verstünde er nur zu gut. »Ich fotografiere Sie ohnehin nur, wenn wir allein sind.«

»Ach, wirklich?« Sie war überrascht und erleichtert. Und sie entspannte sich merklich.

Stiller legte den Arm um Marthas Schultern und ging mit ihr zur Tür. »Wir sind schon so gut wie fort.«

»Geben Sie uns eine Stunde, besser zwei!«, rief Genthe ihnen noch nach, bevor die Tür hinter ihnen zufiel.

Dann wandte er sich Greta zu und zeigte auf einen Vorhang. »Dort drüben können Sie sich frisch machen und Ihr Haar richten.«

Es war ein kleiner Raum, gerade groß genug, um sich umzuziehen. Sie nahm den Hut ab und versuchte ihr Haar einigermaßen zu glätten. Was zwecklos war, es machte ja doch, was es wollte. Also beließ sie es dabei und kehrte zu Genthe zurück. »Ich sehe furchtbar aus.«

Er wartete bereits hinter der Kamera, saß auf einem Hocker und lächelte sie an. »Ganz und gar nicht.«

»Ich weiß nicht …« Sie strich über ihr krauses Haar. »Ich sehe aus wie ein gerupftes Huhn.«

Er schaute durch die Linse. »Nein, Sie sehen aus wie eine junge Frau voller Leben und Leidenschaft. Wollen wir anfangen? Sind Sie bereit?«

Wenige Tage später klopfte Stiller an ihre Zimmertür. »Sie sind fertig, Greta.« Mit zitternden Knien bat sie ihn herein.

Genthe hatte unzählige Fotos gemacht, hatte sie animiert, sich einfach so zu geben, wie sie sich gerade fühlte. Anfangs war sie irritiert gewesen, verunsichert, doch mit der Zeit war beides verflogen. Und als Stiller sie abgeholt hatte, war sie aufgekratzt und albern gewesen.

Nun jedoch fürchtete sie sich vor dem Ergebnis.

Stiller setzte sich neben sie aufs Bett und öffnete einen großen braunen Umschlag. »Ich bin sehr gespannt«, murmelte er.

»Dann hast du sie auch noch nicht gesehen?«

»Nein, ich wollte, dass du die Erste bist.«

»Danke, Moje«, sagte sie und strich über seinen Arm. Er konnte ungeheuer charmant sein, wenn er denn wollte.

Er legte ihr die Fotos in den Schoß, und sie hielt den Atem an, als sie sie langsam durchblätterte. War das wirklich sie? Nein, unmöglich. Sie sah doch ganz anders aus, nicht so … aufregend und verführerisch. Nicht so geheimnisvoll und dann wieder kindlich-verspielt. Jede der Fotografien zeigte sie auf eine andere Weise. Auch das Licht fiel immer wieder anders auf ihr Gesicht, ihr Haar. »Du lieber Himmel …«

»Gefallen sie dir nicht?«

Sie schluckte, konnte kaum sprechen. »Doch, doch, sie sind …«

»Atemberaubend.« Er sprach das aus, was ihr durch den Kopf gegangen war. Es laut auszusprechen, hätte sie nie gewagt. »Donnerwetter, Greta … Er ist wirklich gut, nein, *du* bist wirklich gut! Sieh dir das an, sieh sie dir alle an! Sie sind fantastisch, großartig, phänomenal!« Er stand auf und lief durchs Zimmer.

Sie konnte den Blick noch immer nicht von den Fotografien lösen. Konnte nicht glauben, dass sie die Frau darauf war.

Er stand mit dem Rücken zu ihr da. »Ich wusste es immer, Greta.«

»Was wusstest du?« Er sprach mal wieder in Rätseln.

»Du hast etwas, das andere nicht haben. Du bist etwas Besonderes. Mayer muss die Fotos unbedingt sehen.«

»Aber er weiß doch bereits, wie ich aussehe, oder etwa nicht?«

»Natürlich. Aber er kennt *diese* Fotos nicht.«

Genthe hatte die Fotografien einem Freund gezeigt, der Redakteur bei der Zeitschrift *Vanity Fair* war. Und der war so angetan, dass Greta in einer kommenden Ausgabe eine Doppelseite erhalten sollte.

Das erfuhr sie von Stiller, und er erzählte noch mehr. »Ich komme gerade aus dem MGM-Büro«, setzte er an und machte eine bedeutungsvolle Pause.

»Und?«, fragte sie gespannt. »Haben sie endlich eingewilligt? Werden sie auf deine Wünsche eingehen?«

»Ja.« Wieder diese eigenartige Pause.

»Nun rede schon, Moje!« Sie musste trotz ihrer Ungeduld lachen.

»Sie wollen dich haben, Greta.«

»Aber sie haben mich doch eigentlich schon. Du hast im Vertrag …«

Er machte eine wegwerfende Handbewegung. Mit einem Mal strahlte er übers ganze Gesicht. »Pack deine Sachen, Greta!« Seine Stimme klang ganz ruhig, nur ein leichtes Vibrieren ließ vermuten, wie aufgewühlt er war. »Wir fahren nach Hollywood!«

Kapitel 30

Los Angeles, Anfang des Jahres 1926

Greta saß am Strand in Santa Monica, die nackten Füße im warmen Sand, einen Schreibblock auf den Knien.

Sie wollte Mimi schreiben, war aber immer wieder abgeschweift.

Es gab so viel zu berichten, wo sollte sie anfangen?

Den ersten Satz hatte sie gleich wieder durchgestrichen:

Ich bin unglücklich.

Sie war eher desillusioniert und resigniert. Das jedoch wollte sie nicht schreiben.

Seit Stiller und sie in Los Angeles waren, hatte sie Mimi beinahe täglich geschrieben. Nicht jeden Brief hatte sie abgeschickt, ihre Briefe an die alte Freundin waren zu einer Art Tagebuch geworden, in dem sie sich alles von der Seele schrieb.

Hatten sie noch geglaubt, MGM hätte auf jemanden wie sie gewartet, mussten sie rasch einsehen, dass das falsch war. Niemand hier hatte auf sie gewartet, obwohl man ihr einen Drei-Jahres-Vertrag gegeben hatte. Sie war nur eine junge

Schauspielerin aus Schweden, die es in Hollywood versuchen wollte. Wie so viele.

Genthes Fotos hatten Mayer beeindruckt, als sie dann aber vor ihm stand, schien er ein wenig ernüchtert. »Dann wollen wir mal sehen, was wir mit Ihnen anstellen können«, hatte er gesagt.

Und dabei war es vorerst geblieben.

Wochenlang hatte sie nichts gehört, war Tag für Tag am Strand spazieren gegangen und hatte vor sich hin geträumt. Währenddessen wartete Stiller in seinem kleinen Strandhaus, das MGM für ihn gemietet hatte, auf seine große Karriere als Hollywoodregisseur. Doch die Angebote blieben aus.

Greta hatte es nicht verstanden, und als sie sich bereits darauf einstellte, bald wieder in die Heimat zu reisen, wurde sie für Fotoaufnahmen engagiert. In einem Sportdress musste sie auf dem Campus der Universität mit Leichtathleten posieren. Wie man darauf gekommen war, würde wohl auf ewig ein Rätsel bleiben. Aber sie machte gute Miene zum merkwürdigen Spiel, ließ sich lächelnd und posierend ablichten und tat so, als sei es das Normalste der Welt: Greta Garbo, die kühne Blonde aus dem Norden; sportlich-drahtig, eine wahre Wikingerin eben.

Als Wikingertochter betitelte man sie sogar in den Aufnahmen. Sie nahm auch das klag- und wortlos hin.

Sie lernte die berühmte Schauspielerin Pola Negri kennen und plauderte mit ihr auf Deutsch. »Ich wünschte, man würde mir endlich eine Rolle geben.«

»Dann hör mit diesen albernen Fotos auf«, meinte Pola

und betrachtete sie neugierig. »Vielleicht solltest du hier und da etwas an dir verändern.«

»Und was?« Sie würde alles tun, wenn man sie nur endlich wahrnahm.

»Du könntest noch ein bisschen abnehmen.« Pola lächelte und stupste sie freundschaftlich an. »Ich esse auch für mein Leben gern, aber hier in Amerika muss man gertenschlank, am besten mager sein. Wenn du nicht willst, dass man dich für alle Zeiten Wikingertochter nennt, musst du an dir arbeiten.«

»Was noch? Was kann ich noch tun?«

»Du bräuchtest eine moderne, schicke Frisur.«

Sie nickte, ohne zu zögern.

»Du bist wirklich entschlossen, was?«

Du meinst es wirklich ernst. Das hatte man früher so oft zu ihr gesagt. Sie hatte es eine ganze Weile nicht mehr gehört. »Oh ja. Man hat mich doch wohl nicht nach Hollywood geholt, um mich mit Athleten zu zeigen.«

Pola hatte den Arm um ihre Schultern gelegt und gelacht. »Nein, Kleines, das denke ich auch nicht. Aber wenn du willst, dass man dich bemerkt, musst du dafür sorgen. Nichts geschieht hier von allein.«

Diesen Satz würde Greta sich merken.

Sie hungerte sich weitere Pfunde ab, was ihr diesmal nicht schwerfiel. Hunger oder gar Appetit hatte sie, seit sie aus Schweden abgereist war, nur selten. Sie ging zu einem Friseur und legte sich eine moderne Frisur zu.

Und dann geschah tatsächlich, was sie sich so erhofft

hatte: Sie wurde zu Probeaufnahmen eingeladen. Es war, als erinnere man sich urplötzlich wieder an sie.

Ein Produzent war anwesend und auch Mayer. Nach den Aufnahmen bat er sie zu sich. »Das war wirklich gut, Miss Garbo.«

Sie schwebte über dem Boden. Er fand sie gut!

Auch Irving Thalberg, der Produzent, war angetan.

Greta bekam die Rolle, es war sogar eine Hauptrolle. In *Fluten der Leidenschaft* sollte sie eine Frau spielen, die zur gefeierten Opernsängerin aufsteigt. Vielleicht konnte sie sich nun endlich beweisen.

»Aber Ihr Englisch, Miss Garbo …« Mayer seufzte. »Sie sollten dringend daran arbeiten, Ihre Aussprache verbessern.«

Er hatte recht, ihr Englisch war kaum mittelmäßig.

»Das werde ich, Mr Mayer«, hatte sie versprochen.

Schon wieder war Greta mit ihren Gedanken woanders. Sie legte den Block in den Sand und lehnte sich weit zurück, den Blick in die Wolken gerichtet. *Fluten der Leidenschaft* war vor zwei Wochen uraufgeführt worden und hatte sehr gute Kritiken bekommen. »Greta Garbo – die Entdeckung des Jahres«, hatte in einer Zeitung gestanden.

Stiller war stolz auf sie, aber er war auch noch immer maßlos enttäuscht. Er durfte nämlich nicht Regie führen, stattdessen hatte MGM Monta Bell engagiert. Die Dreharbeiten waren anstrengend gewesen, in erster Linie wegen der Verständigungsschwierigkeiten. Oft hatte sie nicht genau gewusst, was Bell meinte.

Hinzu kam, dass Stiller sich wieder und wieder einmischte und gute Ratschläge gab, die niemand hören wollte. Ständig tadelte er sie und hatte etwas an ihrem Spiel auszusetzen, so wie sie es von ihm gewohnt war.

Am Ende war sie selbst nicht mit ihrer Leistung zufrieden, egal, wie sehr die Presse sie lobte. Wenn Stiller sie nicht überzeugend fand, war sie es auch nicht.

Greta nahm den Block wieder auf und setzte sich in den Schneidersitz. Sie musste an ihre Schwester denken, die erkrankt war. *Mach Dir keine Sorgen,* hatte Alva ihr geschrieben, *ich bin bald wieder die Alte. Konzentrier Dich auf Deine Arbeit, versprichst Du mir das? Ich bin so stolz auf Dich, Greta! Du hast schon so viel erreicht. Ich wusste immer, dass Du es schaffen wirst. Du bist eine Kämpferin. Du bist die Stärkste von uns allen.*

Greta schluckte. *Ach, Alva, meine liebe, große Schwester. Wenn du wüsstest, wie hart es manchmal ist. Wie sehr ich darum kämpfen muss, die Starke zu sein.*

Mit einem Seufzen fing sie an, den Brief an Mimi zu schreiben.

Ob ich wohl je mit mir zufrieden sein werde, Mimi? Oder wird es immer so sein, dass ich etwas an mir auszusetzen habe?

Ich hoffe, dass ich bald eine weitere Rolle bekomme und zeigen kann, dass ich immer besser werde, dass ich wirklich schauspielern kann. Man hat mir geraten, meine Zähne richten zu lassen. Ich werde es befolgen. Aber was noch, Mimi? Was muss ich noch tun, damit man mich ernst nimmt?

Ich habe schreckliches Heimweh. Alle fehlen mir so sehr! Alva ist krank, ich hoffe, sie erholt sich bald wieder und besucht mich hier. Das wünsche ich mir so sehr! Sie will doch auch Schauspielerin werden. Immer wenn ich die Briefe meiner Mutter lese, muss ich weinen, weil ich mir vorstelle, wie es daheim ist. Wie sie alle beisammen sind und sich haben. Ich habe niemanden, Mimi.

Doch, sie hatte Stiller. Aber eigentlich hatte sie ihn auch wieder nicht. Sie konnte mit ihm reden, in ihrer geliebten Muttersprache, aber sie konnte ihm nicht ihr Herz ausschütten. Das konnte sie nur in ihren Briefen an Mimi.

Sie schrieb noch ein paar Zeilen, stand dann auf und ging zurück zu ihrem Hotel. Vom Fenster aus konnte sie auf den Pazifik schauen. Sie liebte das Meer und ihre langen Spaziergänge am Strand. Sie erdeten sie, ließen sie entspannen und durchatmen.

Noch immer fühlte sie sich nicht heimisch in Los Angeles.

Ob sich das je ändern würde?

Kapitel 31

Im Frühjahr drehte Greta einen weiteren Film, bei dem Stiller diesmal die Regie übernehmen durfte. Er war selig, endlich konnte er wieder arbeiten und zeigen, was in ihm steckte.

Doch in Hollywood beeindruckte er niemanden, auch wurde ganz anders gearbeitet als in Schweden und auch in Deutschland. Dort war es am Dreh familiär und überschaubar zugegangen, hier jedoch ging es zu wie in einer Fabrikhalle, und Greta nannte das Studio auch bald »die Fabrik«.

Aber sie hatte gelernt, sich einzufügen und Anweisungen ohne Murren zu befolgen. Und sie hatte das große Glück, mit William Daniels einen Kameramann zu haben, der vom ersten Tag an auf sie einging. Sie hatten bereits *Fluten der Leidenschaft* miteinander gedreht, und schon in der ersten Szene hatte Daniels gespürt, wie er mit ihr arbeiten musste. »Ich werde Sie in extremen Nahaufnahmen zeigen, so kommt Ihre Ausstrahlung am besten zum Ausdruck.« Er hatte sogar dafür gesorgt, dass das Studio abgeriegelt wurde und niemand sie stören konnte. Anfangs war sie zusammengezuckt, als er die Kamera auf ihr Gesicht schwenkte. »Wir sind ganz allein«, hatte er mit leiser, beruhigender Stimme gesagt. »Nur Sie, ich und die Kamera. Sie müssen sich nicht ängstigen oder sorgen. Sie können einfach nur spielen.«

William Daniels war ein Geschenk des Himmels. Umso glücklicher war Greta, als sie erfuhr, dass er auch bei *Totentanz der Liebe* mit ihr arbeiten würde.

»Ich möchte nicht mehr auf Sie verzichten«, sagte sie an diesem Vormittag zu ihm. Es war der dritte Drehtag, und Stiller hatte bereits zwei seiner berüchtigten Tobsuchtsanfälle gehabt. Auch sparte er nach wie vor nicht mit harscher, oft beleidigender Kritik.

»Das müssen Sie auch nicht«, sagte Daniels. »Ich bin von nun an Ihr persönlicher Kameramann.«

»Wirklich? Wer hat das veranlasst?«

Er lächelte. »Sie.«

Greta stutzte. Wie konnte das sein? Sie hatte mit niemandem darüber geredet, dass sie am liebsten nur noch mit Daniels arbeiten würde.

»Den Produzenten ist wichtig, dass Sie sich wohlfühlen.«

Es war ihr unangenehm, gleichzeitig war sie so erleichtert, so glücklich, dass sie am liebsten jubeln würde. Man nahm sie und ihre Arbeit ernst! Würde man ihr sonst einen persönlichen Kameramann zur Seite stellen?

Stiller mochte es ganz und gar nicht, dass sie und Daniels so eng und vertraut miteinander arbeiteten. Er kam zu ihnen und räusperte sich. »Daniels ist jetzt also dein persönlicher Kameramann?«

»Ja. Ist das nicht wunderbar?«

»Es wäre professionell, wenn du mit jedem Kameramann arbeiten könntest.«

Greta war verärgert und hatte große Lust, es ihn spüren zu lassen. Doch sie schwieg.

Er machte eine ungeduldige Handbewegung. »Lasst uns endlich anfangen.« Auch sein Englisch war lausig, doch im Gegensatz zu ihr schien es ihm nicht unangenehm zu sein. Wer ihn nicht verstand, wurde zusammengestaucht.

Ein junger Mann mit erhitzten Wangen kam angelaufen. »Mr Stiller? Mr Thalberg will mit Ihnen sprechen.«

Er hatte bereits die bittere Erfahrung machen müssen, dass in Hollywood nicht der Regisseur das Sagen hatte, sondern der Produzent. Er entschied alles und hatte grundsätzlich das letzte Wort.

»Mr Stiller?« Der junge Mann räusperte sich unbehaglich.

»Was?«

»Ähm … jetzt gleich.«

Stiller verdrehte die Augen und fluchte. »Bin gleich wieder da«, sagte er laut und verließ das Studio.

Es war, als würden alle aufatmen, auch Daniels. Stiller war nicht nur anstrengend, er war unbeliebt.

Als er zurückkam, war er sichtlich missgestimmt.

»Was hat er denn von dir gewollt?«, fragte Greta leise.

»Nicht jetzt.«

In der folgenden Szene trat sie auf den Saum ihres Kleides, und er tobte. »Was ist denn jetzt schon wieder, zum Teufel!«

»Ich bin nur …«

»Kannst du nicht aufpassen!«

Daniels rief, sie solle einfach weitermachen, die Kamera würde in der Szene ohnehin nur ihr Gesicht aufnehmen.

Stiller tobte weiter. »Das haben nicht Sie zu entscheiden!«

Daniels lächelte. »Ich denke schon.«

Stiller lief zu ihm, und für einen Moment befürchtete Greta, er würde ihn packen. »Ich bin der Regisseur!«

»Und ich der Kameramann«, erwiderte Daniels ruhig.

Greta bewunderte ihn für seine Gelassenheit.

Alle standen betreten da, doch niemand tat so, als würde er weghören.

»Sie wagen es!« Stiller schäumte. »Wo ist die Schneiderin!«, brüllte er, doch niemand rührte sich.

Greta würde sich am liebsten in Luft auflösen, und sie stellte bestürzt fest, dass sie sich schämte. Für Stiller.

»Vielleicht holt mal jemand die Schneiderin!«

Noch immer rührte sich niemand.

»Ich hole sie.« Greta lief zur Tür, die im selben Augenblick geöffnet wurde. »Hoppla!«

Mayer stand vor ihr. »Was ist passiert?«

Sie setzte an, doch Stiller kam ihr zuvor. Mit raschen Schritten eilte er herbei. »Gut, dass Sie da sind. Man widersetzt sich meinen Anweisungen.«

Mayer schaute ihn stirnrunzelnd an. »So?«

Stiller deutete auf den Saum ihres Kleides. »Ich will, dass das sofort genäht wird.«

Mayer tat etwas, das sie verblüffte und Stiller ganz offenbar noch mehr in Rage versetzte. »William?« Er warf Daniels einen fragenden Blick zu.

»Es hat Zeit bis später. Man wird in den kommenden Szenen nur das Gesicht von Miss Garbo sehen.«

Mayer nickte. »Und wo liegt dann das Problem, Mr Stiller?«

»Dass man meine Anordnungen missachtet!«

Wieder blickte Mayer zum Kameramann, nickte unmerklich und wandte sich ab. »Wenn Mr Daniels sagt, es eilt nicht, eilt es nicht.« Er ging davon.

Stillers Gesicht wurde krebsrot. »Das ist ... Ich bin der Regisseur!«, brüllte er so laut, dass es vermutlich über das gesamte Gelände zu hören war. Und das MGM-Gelände war sehr groß und bestand aus mehreren Gebäuden.

»Nicht mehr lange, hoffe ich«, sagte irgendwer, und Stiller wirbelte herum.

»Wer war das?«

Schweigen.

»Wer hat das gerade behauptet?!«

Weiterhin Schweigen.

Es dauerte eine Weile, bis er sich wieder einigermaßen im Griff hatte. Er durchquerte den Raum, wies Daniels an, endlich weiterzumachen, und setzte sich in seinen Stuhl. »Greta!«

»Ich komme.« Sie raffte den Rock ihres Kleides und stellte sich in Position.

Es klopfte, und er stöhnte auf. »Es ist zum Verrücktwerden!«

Normalerweise klopfte niemand oder betrat einfach so das Studio, ausgenommen Mayer und der Produzent. Wer immer vor der Tür stand, hatte entweder einen groben Fehler gemacht – oder aber eine wichtige Mitteilung zu machen.

Die Tür wurde geöffnet, und Mayers Sekretärin kam herein. »Miss Garbo?«, rief sie leise.

Greta lief zu ihr und nahm ein Telegramm entgegen. »Für mich?«, fragte sie verwundert und zugleich von einer schrecklichen Vorahnung erfüllt. Ein Telegramm bedeutete äußerst selten etwas Gutes.

Die Sekretärin verschwand wieder, und sie blieb mit pochendem Herzen stehen.

»Was ist denn? Können wir endlich anfangen?«, rief Stiller.

Sie kümmerte sich nicht um ihn, öffnete das Telegramm und las die zwei Zeilen. Und las sie erneut.

»Nein!« Sie presste die Hand vor den Mund.

»Herrgott noch mal!« Er kam zu ihr und wollte ihr das Telegramm aus der Hand reißen.

Doch sie hielt es fest. »Meine Schwester …«

»Was ist mit ihr?«

»Sie ist tot.«

Wie genau sie in einen der kleinen Nebenräume gekommen war, wusste sie nicht. Lillian, die Schneiderin, saß neben ihr und hielt ihre Hand. »Es tut mir so leid, Miss«, sagte sie mit sanfter Stimme.

Greta hob den Kopf und wischte sich mit dem Handrücken über die Augen. »Es kann einfach nicht sein«, flüsterte sie. Es konnte nicht sein, dass Alva, ihre geliebte große Schwester, gestorben war.

»Weinen Sie ruhig, Miss, vor mir müssen Sie die Tränen nicht zurückhalten.«

Erst jetzt bemerkte sie Daniels, der etwas abseits stand und sie mitfühlend ansah. »Tut mir sehr leid, Greta.« Es war das erste Mal, dass er sie so nannte.

War Stiller auch hier? Sie blickte sich um. Nein. Dann hatte Daniels sie hierhergebracht?

»Sie wollte auch Schauspielerin werden.« Sie schluchzte auf und presste die Hand vor den Mund. »Es kann nicht sein, dass sie tot ist. Es darf nicht sein!« Warum hatte ihr niemand geschrieben, wie krank Alva wirklich war? Wieso hatte man sie außen vor gelassen? Sie war doch ein Teil der Familie, man hätte ihr die Wahrheit sagen müssen!

Ihr Herz zog sich vor Schmerz zusammen. Sie hätte daheim sein sollen, bei Alva. Sie hätte ihr beistehen, für sie da sein müssen.

Konzentrier dich auf deine Arbeit, versprichst du mir das? Hatte Alva das nicht kürzlich geschrieben? Greta lachte bitter auf. Hatte ihre Schwester da bereits gewusst, wie es um sie stand? Dass sie vielleicht sterben würde?

Lillian stand auf und zog sie an sich, hielt sie. »Ich habe auch eine Schwester, Miss, ich glaube, ich kann mir vorstellen, wie Sie sich gerade fühlen.« Sie sprach deutsch, ihre Mutter war Deutsche, wie sie Greta erzählt hatte. Die beiden hatten sich während der Dreharbeiten zu *Fluten der Leidenschaft* kennengelernt.

Greta war, als befände sie sich in einem Strudel, der sie fortwährend nach oben und gleich wieder nach unten zog.

Mal war sie kopfüber, dann wieder stand sie auf ihren Füßen, wenn auch sehr wacklig.

»Wenn ich irgendwas für Sie tun kann …«

Sie sah Lillian an, zutiefst gerührt und dankbar. »Ich fürchte nicht, aber danke.«

Daniels legte ihr die Hand auf den Unterarm. »Sagen Sie, wenn wir etwas tun können.« Er nickte Lillian zu und verließ den Raum.

Greta blieb neben Lillian sitzen, bis Stiller irgendwann hereinkam, um sie ins Hotel zu bringen.

MGM erlaubte ihr nicht, zur Beerdigung nach Schweden zu fahren. Man verbot ihr, ihrer Schwester die letzte Ehre zu erweisen!

Greta lief aufgebracht zu Mayer. »Ich werde nach Stockholm reisen, Mr Mayer! Versuchen Sie nicht, mich davon abzuhalten.«

Er sah sie ernst an, stand dann auf und kam zu ihr. Für den Bruchteil eines Moments glaubte sie, er würde sie umarmen wollen, und trat einen Schritt zurück. »Es tut mir unglaublich leid, Miss Garbo. Ich weiß, was Sie gerade durchmachen.«

»Sie wissen nicht das Geringste, Mr Mayer«, schleuderte sie ihm entgegen.

»Glauben Sie, Sie sind der erste Mensch, der jemand Geliebtes verliert?«

»Dann lassen Sie mich nach Schweden reisen.« Sie spürte, dass sie weinen musste, und schluckte dagegen an. »Ich will bei meiner Familie sein.«

»Das verstehe ich.« Er nickte, wandte sich um und ging zum Fenster. »Aber ich kann es nicht erlauben.«

Greta presste den Kiefer zusammen. »Ich brauche Ihre Erlaubnis nicht.« Wieso hatte sie ihn überhaupt gefragt? Warum packte sie nicht einfach ihre Sachen und machte sich auf den Weg?

»Wenn Sie gegen meinen Willen abreisen, wird das Konsequenzen haben, Miss Garbo.«

»Und wenn schon.«

Er drehte sich zu ihr um. »Sagten Sie nicht mal, Ihre Schwester wollte auch Schauspielerin werden?«

Sie erinnerte sich nicht daran, je mit ihm über Alva gesprochen zu haben.

»Würde Ihre Schwester nicht erwarten, dass Sie weitermachen, Greta?« Es klang sanft, beinahe väterlich. »Dass Sie Ihren Weg weitergehen, für Ihre Schwester.«

Sie wollte etwas entgegnen, aber sie war zu aufgewühlt. Auf eine Art hatte er recht, Alva würde es erwarten. Hätte sie ihr sonst nicht die Wahrheit vorenthalten?

Greta blieb noch einen Augenblick stehen, die Lippen aufeinandergepresst, das Herz stolpernd vor Trauer und Zorn. Dann wirbelte sie herum und stürmte aus der Tür.

Die Emotionen tobten in ihr, sie wusste kaum noch, was genau sie empfand.

Stiller kam ihr entgegen, fing sie auf, bevor sie fallen konnte. »Komm her«, sagte er liebevoll wie nie zuvor. »Du darfst die Trauer nicht in dir verschließen.«

Sie machte sich los und funkelte ihn an. »Das tue ich doch gar nicht!«

»Doch, das tust du.«

»Du musst mit Mayer reden. Ich bitte dich, ich flehe dich an. Mach ihm klar, dass ich nach Stockholm muss.«

»Das werde ich nicht tun«, sagte er leise. »Weil es besser ist, wenn du bleibst, Greta. Deine Schwester hätte es auch gewollt.«

Sie gab ihm einen Schubs, schnaubte und lief davon.

»Du kannst nicht immer weglaufen, Greta!«, rief er ihr nach.

»Lass mich in Ruhe!«

»Es wird besser werden, glaub mir. Irgendwann wird es besser.«

Was wusste er schon! Was wusste er, wie sie sich fühlte!

Abends weinte sie sich in den Schlaf, und am frühen Morgen wanderte sie ruhelos und zutiefst niedergeschlagen umher. Sie hatte ihrer Mutter einen langen Brief geschrieben und mit jedem Wort gedacht, dass sie noch lebte und Alva gestorben war. Dass auch ihre Schwester leben sollte! Der Brief war nass von ihren Tränen, und sie steckte ihn, wie er war, in den Umschlag.

Sie träumte von Alva. Im Traum waren sie wieder Kinder, lagen nebeneinander im Bett, kicherten über Albernheiten und stellten sich ihre Zukunft vor. In anderen Träumen lag Alva blass und hohlwangig im Bett, und Greta saß neben ihr und hielt ihre Hand. »Versprich mir, dass du nicht stirbst«, sagte sie, und ihre Schwester entgegnete: »Das kann ich nicht. Aber du musst mir versprechen, dass du weiterlebst.«

Ihre Emotionen wechselten, mal war sie nur niedergeschlagen, dann wieder wütend und verwirrt. Manchmal musste sie lächeln, wenn sie an Alva dachte, im nächsten Moment begann sie hemmungslos zu weinen. Sie hatte ihre Schwester verloren, unwiederbringlich. Gleich darauf fühlte sie sich beschenkt, eine Schwester wie sie gehabt zu haben, und sie schwor sich weiterzumachen. Für Alva.

Während der Dreharbeiten fehlte Greta keinen einzigen Tag. Sie stand morgens pünktlich auf, obwohl es sie jedes Mal größte Mühe kostete. Oft war es die reine Qual, und am liebsten wäre sie einfach liegen geblieben und gar nicht mehr aufgestanden. Nie wieder. Sollten sie den Film ohne sie weiterdrehen. Sollte das Leben ohne sie weitergehen. Doch sie zwang sich aufzustehen. Jeden Morgen aufs Neue.

Abends war sie so erschöpft, dass sie sich gleich schlafen legte, auch wenn sie keinen Schlaf finden konnte. Weil sofort die Bilder wieder da waren: sie und Alva als Kinder. Sie und Alva als junge Mädchen, scherzend, lachend, unbeschwert.

Stiller nörgelte ausnahmsweise nur sehr selten an ihr herum. Als wollte er sie schonen. »Es wird besser«, sagte er jeden Tag zu ihr, immer leise, immer verständnisvoll und mitfühlend.

Sie wusste nicht, ob er wirklich Mitgefühl empfand, ob ihm ihre Trauer naheging. Sie nickte jedes Mal, ohne ihn dabei anzusehen.

Auch Mayer kam gelegentlich zu ihr, schenkte ihr ein väterlich-gutmütiges Lächeln – oh, sie alle waren ja so verständnisvoll! –, murmelte ebenfalls etwas von »Es wird vergehen« und verschwand wieder.

Eines Tages erschien er mit einem anderen Mann im Studio. Stiller hatte sich vor ein paar Minuten einen für seine Verhältnisse erstaunlich kurzen Wutanfall geleistet.

»Mr Stiller, das ist Fred Niblo, er wird künftig die Regie übernehmen«, erklärte Mayer.

Es war mucksmäuschenstill geworden, alle standen nur da und starrten die drei Männer an.

»Wie darf ich das denn verstehen?« Stillers Stimme, sonst laut und klar, drohte zu kippen.

»Dass Sie gefeuert sind. Wir können uns nicht leisten, noch mehr Geld zu verschleudern.«

Stiller ballte die Fäuste, drehte sich um und lief aus dem Studio.

Greta wollte ihm nacheilen, ließ es aber sein, als sie Daniels Blick sah. War er eingeweiht? Wussten etwa alle außer ihr Bescheid? War Stillers Entlassung, wenn man es freundlich ausdrücken wollte, schon lange geplant?

Fred Niblo schenkte ihr ein väterliches Lächeln. »Wir werden gut miteinander auskommen, da bin ich mir sicher.« Er trug einen eleganten, perfekt sitzenden Anzug und eine Melone, die er nun abnahm. Er streckte die Hand aus. »Freut mich, Miss Garbo.«

»Mich auch«, stammelte sie.

Im Nebenraum wurde etwas heruntergeworfen, und ein Fluchen war zu hören. Stiller schien seine Wut herauszulassen.

»Es musste sein«, sagte Mayer leise neben ihr und legte die Hand auf ihren Arm. »Tut mir leid, Miss.«

Sie sah ihn nur an, konnte nichts erwidern. Es tat ihm

also leid, ja? Und was genau? Dass sie nun auch noch Stiller verloren hatte? Den Mann, dem sie so viel zu verdanken hatte, der so etwas wie ihr Anker in brausender See war? Weil er etwas Beständiges in ihrem Leben war, das sie dringend brauchte.

Kapitel 32

Im Laufe der Zeit wurde es wirklich besser. Greta trauerte noch immer um ihre Schwester, das würde sich vielleicht auch nie ändern, aber sie hatte gelernt, es auszuhalten und damit umzugehen. Die anfängliche Starre hatte sich gelöst, und sie spürte sich wieder. Sie konnte die Emotionen, die in ihr wühlten, wieder unterscheiden. Manchmal ertappte sie sich dabei, dass sie sich hinsetzte und einen Brief an Alva schreiben wollte. Um dann wieder zu begreifen, dass ihre Schwester tot war. Es tat weh, aber es lähmte sie nicht mehr.

Die Abnabelung von Stiller dauerte. Dann und wann wünschte sie, sie könnte zu ihm laufen und ihn um Rat fragen. Manchmal sehnte sie sich sogar danach, ihn fluchen und herumbrüllen zu hören. Ihr Leben war vollkommen aus dem Gleichgewicht geraten, hatte eine Schieflage angenommen, die sie nur mit großer Kraftanstrengung bewältigen konnte.

Sie hatte weiter abgenommen, und ihre Garderobe wurde zu weit. Sie kam nicht umhin, sich neue anzuschaffen. Aus Mode hatte sie sich nie viel gemacht, sie mochte es lässig und bequem. Irgendwann stellte sie verwundert fest, dass einige Frauen begannen, ihren Kleidungsstil zu kopieren. Das brachte sie zum Lachen. Wenn sie das Mimi erzählte! Wie oft hatte ihre Freundin sie wegen ihres legeren, ihrer Meinung nach unvorteilhaften Kleidungsstils aufgezogen. »Wenn du willst, dass du weiblich aussiehst, musst du dich auch so kleiden.«

Doch die Wahrheit war: Greta wusste gar nicht, ob sie weiblich aussehen wollte.

Sie hatte auch ihre Zähne richten lassen. Nun stand der obere Schneidezahn nicht mehr vor, und ihre Zähne strahlten in einem ebenmäßigen Weiß.

Totentanz der Liebe sollte im Herbst uraufgeführt werden, und Greta hatte bereits eine weitere Filmrolle angeboten bekommen – an der Seite des berühmten Schauspielers John Gilbert. Die Regisseure und Produzenten rissen sich um ihn – und auch die Schauspielerinnen. An seiner Seite spielen zu dürfen, war wie ein Lotteriegewinn.

Gilbert war in der Tat ein ungemein gut aussehender, attraktiver Mann mit unwiderstehlichem Charme und einem Lächeln, das Greta augenblicklich in den Magen gefahren war. Und von dort aus direkt in ihr Herz.

In *Es war* spielte sie Felicitas, in die sich Leo, den John spielte, Hals über Kopf verliebt. Sie verschweigt ihm, dass sie verheiratet ist, und lässt sich auf eine Liebesbeziehung ein. Leo erschießt ihren Ehemann und flüchtet auf einen anderen Kontinent. Doch er kann Felicitas nicht vergessen. Währenddessen heiratet sie neu, genießt das Leben im Luxus, das ihr Mann ihr bietet, beginnt aber erneut eine heimliche Beziehung mit Leo, als er zurückkehrt. Er fordert eine Entscheidung, sie willigt ein, entscheidet im letzten Moment aber anders.

Warum bekomme ich immer Rollen, in denen ich verführerische, egoistische Frauen spielen soll?, hatte sie sich in einem Brief an Mimi beschwert. *Ich will endlich mal eine selbstbewusste, starke Frau spielen, die die Männer nicht mit Haut und Haar verspeist.*

Da flirteten sie und John Gilbert bereits heftig miteinander.

Sobald sie beide im Studio waren, begann die Luft zwischen ihnen zu vibrieren. Das spürten auch die anderen am Set, und bald kursierten die ersten Gerüchte, dass Miss Garbo und Mr Gilbert sich ineinander verliebt hätten.

Wenn John an ihrer Seite war, lief Greta zur Höchstform auf.

Während einer Szene kletterte sie auf seinen Schoß und rieb ihre Wange an seinem Gesicht. Er hatte ein wenig überrascht die Augenbrauen gehoben, sie dann aber mit einem Schmunzeln an sich gezogen.

Ihr erster Kuss geschah nach Drehbuch, zugleich war er so privat, wie ein Kuss nur sein konnte.

»Für immer und ewig?«, fragte Lillian, als sie eines Abends nach Drehschluss beieinandersaßen und Tee tranken. Sie hatten sich angefreundet, Greta mochte Lillian, weil sie immer ein wenig unbekümmert wirkte. Etwas, worum sie sie beneidete.

Lillian war die Erste gewesen, der sie von John erzählt hatte. »Er ist umwerfend, absolut hinreißend«, sagte sie ausweichend.

»Das war nicht meine Frage, Greta.« Lillian lachte. »Aber ich wette, er sagt dasselbe von dir.«

»Ich mag ihn wirklich.«

»Du *magst* ihn?« Lillian schaute sie verwundert an.

»Na schön, möglicherweise bin ich in ihn verliebt.«

»Möglicherweise?« Lillian lachte wieder. »Du wirst schon wissen, dass du verliebt bist, Greta. Vielleicht willst du es nicht wahrhaben. Weil es dir Angst macht.«

Damit hatte sie einen wunden Punkt getroffen. Greta hatte tatsächlich ein wenig Angst. Angst, dass sie sich zu sehr verlieren, ihn zu nah an sich heranlassen könnte. Dass er sie enttäuschen könnte. Dass *sie ihn* enttäuschen könnte.

Sie wusste, sie sollte sich von dieser Angst befreien, weil Liebe Angst nicht guttat. Doch sie konnte es nicht.

»Für immer und ewig bin ich nicht geschaffen«, sagte sie nun, nachdem sie eine Weile darüber nachgedacht hatte.

»Aber er will dich für immer und ewig?«

Greta legte den Kopf in den Nacken und lachte vergnügt. »Nein, das will er ganz bestimmt nicht.«

»Und wenn doch?«

»Werde ich es ihm schon noch austreiben.«

Die Dreharbeiten waren fast beendet, als John sie bat, zu ihm zu ziehen.

»Geht das nicht ein bisschen zu schnell?«, fragte sie ihn und betrachtete hingerissen sein Gesicht. Seine dunklen Augen, den schmalen Schnauzbart, das markante Kinn.

»Warum sollten wir warten, Darling?« Niemand hatte sie bisher Darling genannt.

Sie wollte etwas Bedenkzeit, sagte aber am Tag darauf zu. Sie war selbst erstaunt, wie leicht ihr die Entscheidung fiel. Er hatte recht, warum sollten sie warten? Und worauf?

John hatte ein Haus in Beverly Hills; schick, hell und modern. Greta räumte ihre Sachen in seine Schränke und fühlte sich zu Hause. Nun hatte sie ihn Tag und Nacht und ganz nah bei sich.

Sie ignorierte das ungute Gefühl, dass es möglicherweise *zu* nah war.

Kapitel 33

Los Angeles, Ende des Jahres

»Gib mir eine Zigarette, Darling.« Greta saß mit John in einem Lokal am Wilshire Boulevard. Sie hatten einen kleinen Tisch in einer Nische gewählt, in der Hoffnung, dass die Reporter sie hier nicht aufspüren würden.

Die beiden hatten sich von der Premierenfeier ihres aktuellen Films davongestohlen. Greta schätzte Menschenmassen nach wie vor nicht besonders, und John war eh nur darauf aus, endlich mit ihr allein sein zu können.

»Du rauchst zu viel.« Er lächelte nachsichtig, zog eine Zigarette aus dem silbernen Etui, zündete sie an und schob sie ihr zwischen die Lippen. An diesem Abend hatte sie auf Lippenstift verzichtet. Sie mochte das klebrige Gefühl ohnehin nicht, und John hatte gemeint, ihr Mund sei auch so eine Offenbarung.

»Du bist und bleibst ein Schmeichler, John Gilbert.« Sie hatte seine glatt rasierte Wange gestreichelt und gedacht, wie viel Glück sie doch mit diesem wunderbaren Mann hatte.

John war charmant, aufmerksam und rücksichtsvoll, und er war ein zärtlicher Liebhaber.

Die Zeitungen übertrafen sich mit Schlagzeilen:

Greta Garbo und John Gilbert bei gemeinsamem Strandspaziergang gesehen!
Sind sie nicht ein traumhaft schönes Paar?
Wie glücklich Greta Garbo an der Seite ihres Schauspielpartners John Gilbert aussieht!

So war es fast jeden Tag irgendwo zu lesen.

Anfangs hatte Greta sich noch Zeitungen gekauft, in denen etwas über sie und John stand. Irgendwann ließ sie es sein.

Auch am Tag der Premiere ihres Films waren die Zeitschriften natürlich voll von ihnen. Dabei sollte der Film im Mittelpunkt stehen und nicht ihr Privatleben.

»Ärgere dich nicht«, hatte John schulterzuckend gemeint. »Sie schreiben eh, was sie wollen, egal, ob es stimmt oder komplett erfunden ist.«

»Ich will aber nicht, dass man etwas über mich und mein Leben erfindet«, hatte sie erwidert.

Ihr Englisch war besser geworden, auch ihre Aussprache hatte sich verbessert. Dank John.

Greta streifte Asche ab und griff über den Tisch nach seiner Hand. »Du siehst übrigens umwerfend aus. Habe ich dir das heute schon gesagt?«

»Nein, leider nicht.« Er grinste sie an, und sie klopfte ihm auf die Finger.

Irgendwo blitzte etwas auf, und beide drehten den Kopf in die Richtung.

»Was war das?«, fragte sie alarmiert.

»Ein Blitzlicht, nehme ich an.«

»Verfluchte Reporter!« Sie wollte aufstehen und hingehen und dem Reporter ordentlich die Leviten lesen.

Doch John hielt sie zurück. »Lass gut sein, Darling. Oder willst du morgen in der Zeitung lesen: Greta Garbo ist auf einen Reporter losgegangen?«

Sie lachte dämonisch. »Das würde mir gefallen.« Sie rauchte schweigend weiter und versuchte, ihren Ärger zu besänftigen. John hatte recht.

»Bist du jetzt wütend auf mich?«, fragte er mit einem Lächeln, das sie so an ihm liebte.

»Sei nicht albern. Warum sollte ich auf dich böse sein?«

Plötzlich stand jemand an ihrem Tisch, ein Mann in Trenchcoat und grauem Hut. »Miss Garbo? Mister Gilbert? Dürfte ich Sie um ein Autogramm bitten? Für meine Frau?«

Greta drückte ihre Zigarette aus. Sie gab nur äußerst ungern Autogramme. Ihre Handschrift war grauenvoll; ungelenk und sperrig. Aber sie wollte den Mann nicht enttäuschen. Vielleicht wollte er seine Frau mit dem Autogramm überraschen.

Also murmelte sie: »Na schön« und kritzelte ihren Namen in das kleine Büchlein, das er ihr reichte. Konnte man sich eine hübsche Handschrift aneignen?

Nach ihr unterschrieb John.

Der Mann bedankte sich mit einer Verbeugung, entschuldigte sich für die Störung und verschwand wieder.

»Das war sehr nett von dir.« John zwinkerte ihr zu. »Ich dachte schon, du würdest ihn anfauchen und wegschicken.«

»Bin ich so ein Scheusal?«

Er nahm ihre Hand und führte sie an seine Lippen. »Scheusal? Nein, du bist die wundervollste Frau, die ich je getroffen habe.«

Zu viel des Guten, dachte sie. Er übertrieb gern, das wusste sie, und oft schon hatte sie sich gefragt, ob er wieder übertrieb oder schlichtweg schwindelte, wenn er ihr ein Kompliment machte oder etwas Nettes sagte.

Das werde ich wohl nie herausfinden. So wie sie vermutlich auch nicht herausfinden würde, was genau sie für ihn empfand. War es vielleicht doch Liebe, wie Lillian glaubte? Sie mochte John sehr, fühlte sich wohl in seiner Nähe. Es war nie langweilig mit ihm, und er versuchte nicht, sie in irgendeiner Weise zurechtzubiegen.

Ja, wahrscheinlich liebte sie ihn.

Greta hatte nicht nur zu rauchen begonnen, sie trank neuerdings auch gern ein Glas Whiskey. Sie erinnerte sich noch gut daran, wie sie Martha Hedman getroffen hatten, die sie zu einem Whiskey überreden wollte. »Er riecht schlimmer, als er schmeckt.« Damals hatte sie abgelehnt.

»Ich bin wohl doch erwachsen geworden«, sagte sie an diesem späten Abend zu sich selbst.

John, der neben ihr im Bett lag, rauchte und die Zeitung las, schaute sie an. »Was?«

»Ach, nichts, ich habe nur laut gedacht.«

Er grinste belustigt. »Ja, ich finde auch, dass du *sehr* erwachsen bist, Darling.« Er legte die Zeitung weg und beugte sich über sie. »Gib mir einen Kuss.«

Sie küsste ihn erst auf die Wange, dann auf die Nasenspitze, und als er sehnsüchtig seufzte, auf den Mund. »Du schmeckst nach Tabak und Whiskey.« Sie verzog das Gesicht, musste aber lachen. Wahrscheinlich schmeckte sie nicht anders.

»Die Kritiken sind gut.« Er nahm die Zeitung wieder auf. »Hier steht: *Man sieht in Greta Garbos Augen, was sie denkt und fühlt. Niemand sonst hat das je auf der Leinwand geschafft.*« Er blickte sie über den Rand der Zeitung hinweg schelmisch an. »Nicht schlecht, oder?«

Greta schob die Steppdecke von sich und rekelte sich lasziv. Sie mochte es nicht, sich so auf der Leinwand zu zeigen. In Johns Bett dagegen fand sie es aufregend. »Dann wird es wirklich Zeit, dass sie mir mehr Geld zahlen.«

»Wenn du mehr Geld willst, solltest du hingehen und es ihnen sagen.«

»Das habe ich vor.« In genau diesem Moment hatte sie es beschlossen: Sie würde zu Mayer gehen und eine höhere Gage fordern.

John faltete seelenruhig die Zeitung zusammen, legte sie auf den Nachtschrank, drückte seine Zigarette aus und tat so, als müsse er noch sein Haar richten. Dann seufzte er und beugte sich über ihr Gesicht. »Du bist unwiderstehlich, wenn du so entschlossen bist.«

Kapitel 34

»Sie wollen also mehr Geld.« Mayer hatte sich in seinem Schreibtischstuhl zurückgelehnt und die Arme verschränkt.

Greta hatte er einen Platz angeboten, doch sie hatte abgelehnt. Sie wollte lieber stehen, weil sie glaubte, dass ihr ihr Anliegen dann leichter über die Lippen käme. Sie fühlte sich im Stehen einfach sicherer. »Die Leute scheinen mich sehen zu wollen.« John hatte ihr geraten, ihre Forderung mit etwas Positivem zu beginnen, etwas, das Mayer schmeicheln und letztlich überzeugen würde. »Die Kritiken zu *Es war* waren wieder sehr gut, nicht wahr?«

Er nickte, betrachtete sie stumm und schien nachzudenken.

Warum fragte er nicht, wie viel Geld sie haben wollte?

Sie war irritiert, wollte sich aber nicht verunsichern lassen. »Und ich will andere Rollen.«

»Was für Rollen?«

»Ich bin es leid, das männerverzehrende Weib zu spielen. Ich will starke, intelligente und selbstbewusste Frauen spielen.«

Mayer sagte kein Wort, er saß nur unbewegt da und musterte sie.

Greta überlegte, noch etwas zu sagen, als er aufstand und sich ans Fenster stellte. »An wie viel Geld dachten Sie?«

»Fünftausend Dollar.«

»Im Monat, nehme ich an.«

»Pro Woche.«

Er schwieg kurz, dann sagte er: »Sie trauen sich was.«

»Ich bin es wert, Mr Mayer.« Es klang arrogant, hochgestochen, sogar in ihren Ohren. Aber nun war es heraus, und im Grunde stimmte es ja auch.

»Fünftausend Dollar.« Es klang, als denke er ernsthaft darüber nach, doch er schüttelte den Kopf. »Auf gar keinen Fall.«

Sie hatte nicht damit gerechnet, dass er so reagieren würde. Sie hatte geglaubt, er würde feilschen, sie herunterhandeln. Ob sie darauf eingegangen wäre, wusste sie nicht. Nun jedoch wusste sie, dass sie nicht nachgeben würde. Etwas in ihr sagte, dass sie eisern bleiben sollte, bleiben musste. Sie würde ihr Gesicht verlieren, wenn sie jetzt einknickte. *Und meinen Stolz,* dachte sie.

Sie war so viel selbstbewusster geworden, und sie meinte, sich Stolz leisten zu können. Sie war kein Niemand mehr, nicht mehr die unbedarfte Greta Gustafsson aus Schweden. Sie war kein junges Ding mehr, das man in einen Sportdress stecken und neben einen Leichtathleten stellen konnte.

»Ist das Ihr letztes Wort, Mr Mayer?«

»So wahr ich hier stehe.« Er zuckte nicht mit der Wimper.

Greta hob den Kopf und strich sich eine Haarsträhne aus der Stirn. »Das ist sehr bedauerlich.« Sie ging zur Tür.

»Warten Sie!«

Mit einem erwartungsvollen Lächeln drehte sie sich zu ihm um.

»Eintausend Dollar.« Er räusperte sich. »Pro Woche.«

»Das ist mir zu wenig.«

»Sie bekommen jetzt fünfhundert, Miss Garbo«, erinnerte er sie.

»Und ich verlange fünftausend, Mr Mayer.«

»Dann tut's mir sehr leid, Miss.«

Sie blieb stehen, zwang sich, ihn nicht hinter ihre Maske blicken zu lassen. Denn dann würde er sehen, dass sie zauderte. Nein! Sie hob das Kinn. Sie zauderte nicht! »*Goodbye,* Mr Mayer.«

»Ich könnte darauf bestehen, dass Ihr Vertrag aufgelöst wird.«

Sie war bereits halb aus der Tür. »Mit welcher Begründung?«, fragte sie kühl.

»Unverschämte Gehaltsforderungen und unüberwindbare Differenzen.«

Greta schwieg.

»Ich könnte Sie auch ausweisen lassen. Sie wären so schnell wieder in Schweden, dass Sie sich wundern würden.« Er sprach ruhig, gelassen, fast so, als würde er derartige Unterhaltungen täglich führen.

Sein Ton gefiel ihr nicht, nun war er derjenige, der überheblich und sehr selbstsicher klang.

»Ich glaube nicht, dass Sie das tun würden, Mr Mayer.«

Sie lächelte ihn honigsüß an. »Dazu sind Sie viel zu freundlich.«

»Kommen Sie mir bloß nicht so, Miss«, knurrte er und setzte sich wieder an seinen Schreibtisch.

»Außerdem würde ich einfach Mr Gilbert heiraten und amerikanische Staatsbürgerin werden.« Ein kühner Schachzug, aber ob er auch klug war? Sie überlegte, ob sie wirklich dazu bereit wäre und ein solches Opfer eingehen würde.

»Tausend Dollar pro Woche und keinen Penny mehr.«

»Bedaure.« Greta wandte sich ab und wollte die Tür hinter sich schließen. Doch dann schoss ihr etwas durch den Kopf. »Ich werde erst wieder einen Film machen, wenn Sie auf meine Wünsche eingehen.« Sie nickte ihm ohne ein Lächeln zu. »Mr Mayer.« Die Tür fiel hinter ihr ins Schloss.

Ausgerechnet jetzt lief sie einem Reporter direkt in die Arme.

Wo genau er herkam, wusste sie nicht. Sie war furchtbar erschrocken und wich zurück. »Haben Sie mir aufgelauert?«

»Miss Garbo.« Er strahlte, als sei sie eine Marienerscheinung. »Wann dürfen wir Sie in einer neuen Rolle sehen? Wann drehen Sie Ihren nächsten Film?« Er zog einen kleinen Block aus der Jackentasche und zückte einen Bleistift.

Greta ließ ihn einfach stehen und lief weiter.

»Warten Sie doch! Miss Garbo! Nur zwei, drei Worte! Ich bitte Sie!«

Sie blieb stehen, drehte sich aber nicht zu ihm um. »Sie kriegen fünf: Lassen Sie mich in Ruhe!« Ihre Stimme zitterte, genau wie ihre Knie. Sie war aufgebracht, noch immer erschrocken und maßlos enttäuscht.

Als sie weiterging, lauschte sie, ob er ihr folgte. Doch das tat er nicht.

Kapitel 35

Mayer hatte sich bislang tot gestellt, und mit jedem weiteren Tag, der verstrich, wurde Greta unruhiger, aber auch wütender.

Wenn MGM sie wollte – und immerhin hatte sie einen Drei-Jahres-Vertrag –, müssten sie tiefer in die Tasche greifen.

Das Publikum liebte sie, wollte weitere Filme mit ihr sehen. Sie hatte es satt, sich mit läppischen fünfhundert Dollar abspeisen zu lassen. Männlichen Darstellern zahlte man deutlich mehr. Sie würde standhaft bleiben, notfalls wirklich in einen Streik treten.

Greta saß auf der Veranda hinter Johns Haus, rauchte und blickte in die Ferne. Es war fast windstill, und der salzige Geruch des Meeres lag in der Luft. Über ihr flog träge ein Pelikan, und sie schirmte die Augen mit der Hand ab.

An diesem Morgen war sie mit schrecklichem Heimweh aufgewacht. Ihre Mutter und ihr Bruder fehlten ihr, Stockholm fehlte ihr.

Sie hörte Schritte, dann Lillians Stimme. »Greta? Bist du hier irgendwo?«

»Auf der Veranda!«

Lillian kam den schmalen Weg entlang, der um das Haus führte. Sie sah müde aus an diesem Tag. Normalerweise hatte sie eine frische, gesunde Gesichtsfarbe und strahlende grüne Augen. »Störe ich dich?«

»Ganz und gar nicht. Ich freue mich, dass du mir Gesellschaft leistest.«

Sie sank in den Gartenstuhl neben ihr und streckte die Beine aus. »Es ist herrlich hier.«

»Du siehst erschöpft aus. Fehlt dir was?«

»Nein, mir geht's gut. Ich schlafe seit ein paar Nächten nur sehr schlecht.« Sie schloss die Augen und seufzte. »Aber dieser Platz hier macht gerade einen neuen Menschen aus mir.«

Greta lächelte. Ihr ging es ganz ähnlich. Wann immer sie sich ausgelaugt gefühlt hatte, war sie hinausgegangen und hatte sich hierhergesetzt.

»Hast du was von Mayer gehört?«, erkundigte sich Lillian.

»Nein, er schweigt. Wahrscheinlich will er mich so lange zappeln lassen, bis ich einknicke.«

»Aber das wirst du nicht.«

»Ich denke gar nicht daran.« Manchmal wunderte sie sich selbst über ihr gestärktes Selbstbewusstsein, sie hätte nicht sagen können, wann genau es erwacht war. Das Wissen, kein Niemand mehr zu sein, hatte die Frau aus ihr gemacht, die sie war. »Findest du mich eigentlich arrogant, Lillian?«

Ihre Freundin sah sie nachdenklich an, sagte aber nichts.

»Du findest mich arrogant.«

Lillian lachte. »Ein bisschen vielleicht.« Sie legte die Hand auf ihren Arm. »Sind nicht alle Stars ein wenig arrogant?«

»Ich will aber nicht arrogant sein. Ich will, dass man mich ernst nimmt und nicht glaubt, ich ließe alles mit mir machen.«

Die beiden schwiegen eine Zeit lang und hingen ihren Gedanken nach.

»Wie geht es eigentlich Stiller?«, unterbrach Lillian schließlich das Schweigen. »Du wirst doch noch Kontakt zu ihm haben.«

Stiller. Das Herz tat ihr weh, wenn sie an ihn dachte und daran, wie man ihn behandelt hatte. »Du bist auf beiden Augen blind, was ihn betrifft«, hatte John gemeint. »Er ist ein schwieriger, unangenehmer Mensch, mit dem niemand gern zusammenarbeitet, und du verteidigst ihn, wo du kannst.«

»Er hat einen Vertrag bei Paramount unterschrieben«, sagte sie leise und zündete sich eine neue Zigarette an. »Wir telefonieren dann und wann miteinander. Wie es ihm wirklich geht, lässt er mich nicht wissen.«

»Vielleicht ist er eifersüchtig.«

»Eifersüchtig? Auf John etwa?«

»Auf wen sonst?«

Greta setzte sich auf und fuhr sich durchs Haar. »Er war mein Mentor, er hat mir geholfen, mich zu entwickeln. Er war nicht mein Liebhaber, Lillian«, sagte sie empört.

»Aber vielleicht wäre er es gern gewesen.«

Stiller hatte irgendwann von Heirat gesprochen, aber das war doch nicht ernst gemeint gewesen. Sie war sein Schützling gewesen, sonst nichts. »Blödsinn.«

Lillian zuckte gleichmütig die Schultern. »Hast du was zu trinken?«

»Natürlich.« Greta stand auf. »Was willst du haben? Einen Kaffee? Oder einen Whiskey?«

»Whiskey? Um diese Uhrzeit? Eine Limonade wirst du auch dahaben, oder?«

»Kommt sofort.«

Johns Haushälterin hatte am Vormittag frische Ingwerlimonade gemacht. Greta ging in die Küche und nahm die Karaffe aus dem Eisschrank. Die ganze Küche roch nach Ingwer, und sie verzog das Gesicht. Sie konnte Ingwer nicht ausstehen, aber John liebte ihn, und seine Haushälterin tat alles, um ihm eine Freude zu machen. Greta strafte sie mit Missachtung, egal, wie oft er ihr gesagt hatte, dass »Miss Garbo nun bei ihm wohnen würde«.

Die plötzliche Sehnsucht nach Alva traf sie unvermittelt und mit voller Wucht. Sie blinzelte erschrocken und atmete heftig aus. Gott, ihre Schwester fehlte ihr so sehr!

Sie holte noch ein paarmal tief Luft, bevor sie auf die Veranda zurückkehrte.

Es sah aus, als sei Lillian eingeschlafen. »Deine Limonade«, sagte sie mit brüchiger Stimme. *Wehe, du weinst jetzt!* Das würde die Wunde, die sie so sorgsam verschlossen hatte, wieder aufreißen.

»Das riecht fantastisch.« Lillian goss sich ein Glas ein, nachdem Greta die Karaffe auf den Tisch gestellt hatte. »Und sie schmeckt genauso gut.«

»Freut mich.« Sie schluckte.

»Was ist mit dir?«

»Gar nichts.«

»Aber du hast doch was, Greta, das spüre ich.«

Wieder musste sie schlucken. »Ich … hab gerade an meine Schwester denken müssen.«

Lillian sagte nichts, legte nur die Hand auf ihre. Eine Berührung, die guttat und sehr tröstlich war.

»Danke.«

»Wofür?«

»Das weißt du genau.«

Lillian lächelte. »Solange du an sie denkst, lebt sie weiter.«

Das klang so schön! »Ja, du hast recht.« Sie würde Lillian gern sagen, was sie an ihr schätzte, aber sie befürchtete, dann wirklich weinen zu müssen. Lillian war nicht nur mitfühlend, sie hatte eine unbekümmerte Frische und Uneigennützigkeit. *Wahrscheinlich mag ich sie, weil sie das komplette Gegenteil von mir ist.*

»Lass dich nicht beirren«, sagte ihre Freundin in das Schweigen hinein, das entstanden war.

»Was genau meinst du?«

Lillian schenkte sich ein weiteres Glas ein. »Mayer. Er wird einlenken, davon bin ich überzeugt. Er weiß, dass sie nicht auf dich verzichten können. Die Leute lieben dich, Greta, sie fressen dir aus der Hand.« Hatte Stiller vor Jahren nicht etwas ganz Ähnliches gesagt? Damals wollte sie es nicht glauben. Es war, als läge das alles ein ganzes Leben hinter ihr. Als sei sie damals noch ein Kind gewesen und inzwischen eine alte Frau.

Sie musste schlucken. Mit einem Mal schämte sie sich,

weil sie nicht der Mensch, nicht die Freundin war, die sie gern sein würde. »Danke, Lillian.«

»Wofür?«

»Für deinen Zuspruch.« Sie räusperte sich. »Und für deine Freundschaft. Das bedeutet mir sehr viel.«

John kam mitten in der Nacht nach Hause, angesäuselt und bester Laune. Greta war hellwach und hatte ihre Nachttischlampe angelassen. Als er sich die Socken auszog, verlor er das Gleichgewicht und fiel aufs Bett. Nackt kroch er unter die Bettdecke und zog sie an sich. »Wie war dein Tag ohne mich?«

»Wahrscheinlich nicht halb so amüsant wie deiner«, erwiderte sie frostig.

»Oh, Mylady sind schlecht gelaunt. Schade.« Er rutschte auf seine Bettseite, klopfte sein Kissen zurecht und war innerhalb weniger Sekunden eingeschlafen.

Sie überlegte, ob sie ihn aufwecken sollte. Wo war er überhaupt so lange gewesen? »John?«, wisperte sie.

»Hmm …«

»Wo warst du eigentlich?«

»Das hab ich dir doch erzählt.« Er drehte sich auf den Rücken. »Bei meinem Freund Harry. Wir haben übers Geschäft gesprochen.«

Harry Edington war nicht nur sein Freund, sondern auch sein Agent und Berater. »Ein findiger Bursche. Irgendwann stelle ich euch einander vor«, hatte er gesagt. »Du solltest dir auch einen Agenten zulegen.«

»Ich brauche keinen. Ich kann mich selbst vertreten.«

John hatte gelacht. »Bis jetzt, das kann sich aber schnell ändern, glaub mir, Darling.«

»Ich will ihn kennenlernen«, sagte sie nun und setzte sich auf. »Sag ihm, dass ich ihn sprechen muss.«

John sah sie verdutzt an. »Ach, jetzt ist es plötzlich so eilig? Neulich noch meintest du …«

Sie winkte ab. »Er muss mir helfen, bei meinen Verhandlungen.«

Er gähnte. »Ach, jetzt verstehe ich.«

Ihre Laune stieg und damit auch ihre Zuversicht, und ihre Stimme war sanft und gurrend, als sie sich an ihn schmiegte und den Kopf auf seine Brust legte. »Du sagtest doch, er sei ein cleverer Bursche …«

Er küsste sie aufs Haar. »Ich mache gleich morgen früh einen Termin. Einverstanden?«

»Sehr einverstanden.« Sie strich über seine Brusthaare und zupfte daran. »Es ist schön, dass du wieder da bist.«

»So gefällst du mir schon besser.«

Harry Edington war ein sympathischer Mann mit dunklem Haar. Seine mangelnde Körpergröße glich er durch selbstsicheres Auftreten aus. Zugleich war er angenehm zurückhaltend, eine Kombination, die nicht viele Männer beherrschten.

»Sie sind wer, Miss Garbo«, sagte er, als sie bei einem Kaffee auf der Veranda saßen. Greta hatte ihm ihr Anliegen genauestens geschildert, auch das unerfreuliche Gespräch mit Mayer. »MGM wäre dumm und kurzsichtig, wenn sie sich nicht auf Ihre Forderungen einlassen würden.«

»Ich möchte Sie engagieren, Mr Edington.« Sie hatte ihn sich erst einmal genau ansehen und dann entscheiden wollen.

Er trank seinen Kaffee aus und lächelte sie an. »Ich nehme gerne an, Miss Garbo. Und bitte nennen Sie mich Harry.«

»Harry.« Sie erwiderte das Lächeln. »Wie viel verlangen Sie für Ihre Arbeit?«

»Gar nichts.«

Sie sah ihn überrascht und ungläubig an. »Gar nichts?«

»Sie zu vertreten ist eine Ehre, Miss Garbo.« Er zwinkerte ihr zu. »Sie sind berühmt, und wenn ich dazu beitragen kann, dass Sie zu Ihrem Recht kommen, wird sich das rasch herumsprechen.«

Sie fühlte sich geschmeichelt, und sie stellte fest, wie sehr sie dieses Gefühl genoss. Es war, als habe sie sich ihr Leben lang nach diesem Gefühl gesehnt.

»Lassen Sie mich nur machen, Miss Garbo.« Er sah nicht aus, als zweifele er.

Greta schenkte ihm erneut ein Lächeln. »Greta, bitte. Noch einen Kaffee, Harry?«

Am Abend stieß sie mit John an. Sie hatte eine Kiste teuren Champagner liefern lassen. »Du hattest recht, John. Harry Edington gefällt mir.«

Er hob den Finger. »Moment, ich habe nicht gesagt, dass er dir gefallen soll.«

»Bist du etwa eifersüchtig?« Sie streichelte seine Wange.

»Ich bin auf jeden Mann eifersüchtig, der dich auch nur ansieht.«

»Ach, John.« Sie musste lachen.

Er räusperte sich und griff in die Tasche seines Jacketts. Dann sprang er auf und kniete sich vor sie hin. »Greta.« Wieder ein Räuspern. »Heirate mich!«

Sie wollte wieder lachen, doch es blieb ihr im Hals stecken. Er schien es ernst zu meinen, sehr ernst. So feierlich, wie er aussah. »John, ich … Du lieber Himmel, machst du mir wirklich gerade einen Antrag?«

Er klappte ein Schächtelchen auf, nahm einen funkelnden Ring heraus und schob ihn ihr an den Finger. »Willst du meine Frau werden?«

Greta betrachtete den Ring. Er war bildschön, hervorragend gearbeitet, soweit sie das beurteilen konnte, und wahrscheinlich sehr teuer gewesen. »John, ich …«, setzte sie erneut an. Heiraten? Sie? John war ein großartiger Mann, und sie war verliebt in ihn, aber heiraten? »Warum müssen wir unbedingt heiraten?«, sagte sie leise und küsste ihn mehrmals hintereinander auf den Mund. »Es ist doch wunderschön mit uns. Warum müssen wir etwas ändern?«

Er sah fassungslos aus, zutiefst enttäuscht und bestürzt. »Du willst mich also nicht heiraten? Aber ich liebe dich, Greta, ich liebe dich über alles. Du bist die Frau meiner Träume.«

»Das werde ich auch bleiben, John. Nichts muss sich zwischen uns ändern.«

Er schaute sie noch immer an, nun ungläubig und verwirrt. »Du liebst mich nicht.«

»Doch, John, ich liebe dich.« Noch nie hatte sie ihm gesagt, dass sie ihn liebte. Weil sie noch immer nicht wusste, was genau sie für ihn empfand.

»Warum willst du mich dann nicht heiraten?« Es klang verzweifelt, und für einen Augenblick befürchtete sie, er würde weinen.

Greta strich zärtlich über seine Wange, nahm sein Gesicht in ihre Hände und küsste ihn wieder. »Weil ich niemals heiraten werde.«

3. Teil

1930–1932

Kapitel 36

Los Angeles im Frühjahr 1930, drei Jahre später

Greta saß mit angezogenen Beinen im Sand, Mimis Brief neben sich, den sie ein weiteres Mal gelesen hatte. Er war am Tag zuvor gekommen. *Ich erwarte ein Kind, Greta, ich werde Mutter! Freust Du Dich für mich?*

Greta zerknüllte den Brief und warf ihn in den Sand.

Sie hörte Kleiderrascheln, Schritte. »Hier bist du.«

Salka sank neben sie und zog ebenfalls die Beine an. »Ich hab dich schon überall im Haus gesucht. Ich dachte, es wäre dir zu kalt draußen.«

»Mir ist nicht kalt. Es ist traumhaft hier.« Mit einem Lächeln deutete sie auf vier Kinder, die am Strand herumtollten, zwischen ihnen ein weißes Fellknäuel von Hund. Sie kreischten und kicherten, wenn er bellte und an einem von ihnen hochsprang, um sie abzuschlecken.

»Warum willst du eigentlich keine Kinder?« Salka schirmte die Augen mit der Hand ab, um den Kindern zuzuschauen.

»Weil ich keine gute Mutter wäre.«

»Woher willst du das wissen?«

»Die Entscheidung für ein Kind kann man nicht rückgängig machen. Ich glaube einfach, dass ich meine Sache nicht gut machen würde.« Sie zuckte die Schultern. »John wollte ein Kind mit mir.« Sie seufzte leise. John. Er fehlte ihr.

Vor einem Jahr hatte er überstürzt geheiratet, nachdem sie einen weiteren Heiratsantrag abgelehnt hatte. Der wievielte es war, wusste sie nicht, sie hatte nicht mitgezählt. Sie wollte ihn nicht verlieren, als Freund und als Vertrauten. John aber hatte unbedingt ihr Ehemann sein wollen, und sie war sicher, nicht für die Ehe zu taugen.

»Du hast ihn geliebt.« Salka strich über ihren Unterarm, eine Berührung wie ein zarter Windhauch im Frühling.

Greta erwiderte nichts. Sie wusste nicht, ob sie John wirklich geliebt hatte. Sie war sehr verliebt gewesen, aber zwischen Verliebtheit und aufrichtiger, bedingungsloser Liebe gab es einen himmelweiten Unterschied. Sie war gern mit ihm zusammen gewesen, sie hatten eine gute Zeit miteinander gehabt. Ja, sie war glücklich mit John gewesen, doch wenn sie nachgegeben und ihn geheiratet hätte, wäre es vorbei gewesen mit dem Glück und der Verliebtheit. Stattdessen hätte sie sich in ein nörgelndes, zänkisches Weib verwandelt – und er wahrscheinlich in einen Mann, der versucht hätte, es ihr unbedingt recht machen zu wollen. Was sie verabscheut hätte.

John hatte ihr die Luft zum Atmen genommen, sie eingeengt und etwas eingefordert, was sie ihm nicht geben konnte. Oder wollte. Den Entschluss, ihn endgültig zu verlassen, hatte sie nie bereut. Auch wenn sie kurz fassungslos gewesen war, als sie von seiner Heirat erfahren hatte. Möglicherweise war sie sogar eifersüchtig gewesen, aber das war vergangen.

»Mimi erwartet ein Kind«, sagte Greta nun mit einem Seufzen.

»Mimi Pollak? Von der du mir so viel erzählt hast?«

Sie nickte. Sie hatte Salka ihr ganzes Leben erzählt, vermutlich gab es nichts, was sie nicht von ihr wusste.

Dabei kannten sie sich erst ein paar Monate. Sie waren sich auf einer Party bei Ernst Lubitsch begegnet, einem deutschen Regisseur, der Anfang der Zwanziger nach Los Angeles gekommen war. »Sie sind also die berühmte Greta Garbo«, hatte Salka gesagt und ihre Hand geschüttelt.

Salka Viertel war mit ihrem Mann Berthold und den gemeinsamen drei Söhnen vor zwei Jahren nach Los Angeles gezogen, um hier arbeiten zu können. Sie war ebenfalls Schauspielerin, allerdings recht erfolglos. Sie hatte in Berlin und später auch in Wien auf der Bühne gestanden. Dort hatte sie Berthold kennengelernt, einen Regisseur und Drehbuchautor.

»Es freut mich so sehr, Ihre Bekanntschaft zu machen, Miss Garbo. Lieber Himmel, Ihre Wimpern sind wie Tausendfüßler! Beneidenswert.«

Greta hatte laut gelacht. So hatte noch niemand ihre Wimpern bezeichnet. Sie und Salka waren rasch ins Gespräch gekommen, hatten die ganze Nacht zusammengesessen und geredet. Die sechzehn Jahre ältere und ein wenig bieder wirkende Frau war ihr ungeheuer sympathisch. Mehr noch, sie hatte geahnt, gespürt, dass Salka einen wichtigen Platz in ihrem Leben einnehmen würde.

Seit ihrer ersten Begegnung war kaum ein Tag vergangen, an dem sie sich nicht gesehen hatten. Greta war gern im Haus der Viertels, sie fühlte sich dort heimischer als in ihrem eigenen kleinen Haus am San Vicente Boulevard. In Salkas Haus ging es immer lebhaft zu, jeder kam und ging, wie es ihm gefiel.

Greta musste an Mimi denken, auch sie fehlte ihr, wie so viele Menschen, die sie verloren hatte. Entweder an den Tod, oder weil ihre Wege sich getrennt hatten. Auch Lillian war fort, sie hatte einen deutschen Kameramann geheiratet und war mit ihm nach Berlin gegangen, wo sie am Theater am Nollendorfplatz arbeitete.

Greta erinnerte sich noch gut daran, wie sie mit Stiller und Gerda Lundequist dort zur Filmpremiere gewesen war.

»Seufzt du jetzt wegen Mimi, oder was belastet dein Herz?«

Hatte sie geseufzt? »Es ist so viel passiert. So viel, dass es ein weiteres Leben füllen könnte.«

Salka verzog das Gesicht. »Besser nicht. Oder möchtest du etwa ein zweites Leben haben?«

»Wer sagt denn, dass dieses Leben unser erstes ist?«

Ihre ältere Freundin sah sie verwundert und nachdenklich an. »Du hast recht.« Sie blickte in die Ferne, kniff die Augen zusammen, weil die Sonne sie blendete.

Die Kinder fingen den Hund ein und verließen den Strand.

Greta wurde ganz wehmütig ums Herz, und sie wusste nicht, warum.

»Lass uns ins Haus gehen«, schlug Salka vor. »Mir ist nach einer Tasse Tee.«

»Noch nicht. Ich möchte noch etwas hier sitzen bleiben.«

Und meinen Gedanken nachhängen.

Salka nickte und blieb ebenfalls sitzen.

Seit dem großen Erfolg von *Es war* hatte Greta sieben weitere Filme gedreht. *Der Kuss,* den sie im Jahr zuvor gedreht hatte, war ihr und auch MGMs letzter Stummfilm gewesen. Inzwischen hatte der Tonfilm Einzug gehalten.

Mayer war nicht versessen darauf gewesen, ihr eine Rolle in einem Tonfilm zu geben, daraus hatte er keinen Hehl gemacht. »Arbeiten Sie an Ihrer Aussprache, dann werden wir sehen, Miss Garbo.« Er hatte sich abgewandt und in seiner Schublade gewühlt. Was so viel bedeutete wie: Unsere Unterhaltung ist beendet.

»Ich werde Sie überraschen, Mr Mayer.«

»Das haben Sie bereits so manches Mal.

»Ich überrasche mich selbst immer wieder.« Und in ihrem besten Englisch hatte sie beim Verlassen seines Büros hinzugefügt: »Geben Sie mir eine Rolle, und ich werde Sie nicht enttäuschen.«

Tatsächlich hatte sie dann die Rolle der schwedischen Einwanderin Anna bekommen, die in einem Bordell landet. Der erste Satz, den sie sprechen musste, lautete: »Gib mir einen Whiskey, und sei nicht geizig.«

Die Presse überschlug sich mit Schlagzeilen, und die Kritiken waren ausnahmslos gut, um nicht zu sagen begeistert.

Man lobte ihr brillantes Spiel, ihre Ausdruckskraft und ihre dunkle Stimme. *In* Anna Christie *ist die Garbo noch interessanter als in ihren Stummfilmen.*

Inzwischen war Greta nicht nur die erfolgreichste und begehrteste Schauspielerin, sie war auch die bestbezahlte in Hollywood. Nachdem sie damals eine Gage in Höhe von fünftausend Dollar gefordert und Harry Edington um Hilfe und Beistand gebeten hatte, war MGM eingeknickt und hatte zähneknirschend eingewilligt. Man war sogar auf den Fünf-Jahres-Vertrag eingegangen, den Edington aufgesetzt hatte.

Anna Christie war der erste Film, in dem Greta mit ihrer Darstellung zufrieden war. »Es ist das Beste, was ich je gemacht habe«, hatte sie bei ihrer ersten Begegnung zu Salka gesagt. »Es soll auch eine deutsche Fassung geben. Sie müssen unbedingt mitspielen.« Da kannten sie sich gerade ein paar Stunden. Salka hatte nach kurzem Zögern zugesagt.

Die Dreharbeiten hatten bereits begonnen. An Salkas Seite fühlte sich Greta sicher und so entspannt wie nie zuvor. Sie glaubte, noch besser zu spielen, noch mehr geben zu können.

Salka vermittelte ihr ein Gefühl von Familie und Sicherheit.

»Mir fehlen die Menschen, die mich verlassen haben«, sagte sie nun und legte das Kinn auf ihre Knie. »Mein Vater, meine Schwester …« Sie schluckte gegen die Tränen an. Würde sie je darüber hinwegkommen, dass Alva so früh hatte gehen müssen? »Stiller …« Wieder musste sie schlucken. »Ich frage mich oft, ob er mir zugetraut hätte, einen

Tonfilm zu drehen. Was hätte er wohl zu *Anna Christie* gesagt?«

Er konnte sich nicht mehr dazu äußern. Stiller war vor anderthalb Jahren gestorben, kurz nachdem er nach Stockholm zurückgekehrt war. Nach dem Rauswurf bei MGM hatte er für Paramount gedreht, unter anderem den Film *Hotel Imperial* mit Pola Negri, der nicht nur außerordentlich erfolgreich war, sondern auch überschwängliche Kritiken erhalten hatte.

»Er hat immer an mich geglaubt.« Greta räusperte sich energisch. Das Kratzen in ihrem Hals war schlimmer geworden. Am Ende würde sie heulend dasitzen und sich vor Salka gehen lassen. »Warum müssen mich alle Menschen verlassen, die mir etwas bedeuten?«

»Das nennt man Schicksal.« Salka legte den Arm um ihre Schultern.

»Manchmal wird mir alles zu viel«, gestand Greta ihr. »Der ganze Rummel, die wilden Schlagzeilen über mich und mein Leben, von dem niemand wirklich etwas weiß. All die Lügen, die man über mich verbreitet, das ständige Blitzlichtgewitter. Ich wünschte, ich könnte unerkannt durch die Straßen spazieren und irgendwo einen Drink nehmen, ohne dass jemand angelaufen kommt und ein Autogramm will.«

Inzwischen bezeichnete man sie nur noch als »die Garbo«, etwas, das MGM ins Leben gerufen und forciert hatte. Auf den Filmplakaten von *Anna Christie* stand: *Die Garbo spricht*!

»Die Menschen lieben dich eben, Greta. Das ist die Kehrseite des Ruhms.«

Salkas ältester Sohn Hans kam mit einem Ball in der Hand aus dem Haus gerannt. Atemlos blieb er vor ihnen stehen. »Wer spielt mit mir?«

»Ich.« Greta stand auf und streckte Salka die Hand hin. »Aber nicht ohne dich.«

Greta hegte zärtliche Gefühle für Salkas Söhne; Gefühle, die ihr nicht ganz fremd waren.

Im Film *Anna Karenina,* den sie mit John gedreht hatte, war sie Mutter eines Sohnes gewesen. Sie, die gerade mal zweiundzwanzig gewesen war, hatte die Mutter eines Zehnjährigen gespielt! Aber es war ihr erstaunlich leichtgefallen, so, als hätte sie im wahren Leben auch einen Sohn. *Greta Garbo lebt ihre Muttergefühle aus,* hatte in einer Zeitung gestanden, und sie hatte laut gelacht – und damit überspielt, wie sehr es sie berührt hatte.

»Würde es dir nicht gefallen, in Wirklichkeit ein Kind zu haben?«, hatte John sie gefragt und mit einem verräterischen Blick angesehen: *Ich könnte der Vater sein.*

»Nein.« Wieder hatte sie gelacht. »Ich und Mutter? Das kann ich mir nicht mal vorstellen.«

»Du wärst eine wundervolle Mutter; liebevoll, geduldig und großzügig.«

»Nein, ich wäre das genaue Gegenteil.«

Er hatte die Augenbrauen gehoben, aber nichts weiter gesagt. Kurz darauf hatte er ihr wieder einen Antrag gemacht.

»Du gibst nie auf, was?«

»Niemals.«

»Lass uns alles so lassen, wie es ist. Mir gefällt es so, John.«

»Aber mir nicht, Greta, ich will dich ganz und gar.«

»Du bedrängst mich, du nimmst mir die Luft zum Atmen«, hatte sie gesagt und war aus seinem Haus ausgezogen – und wenige Wochen später wieder eingezogen.

So war es munter weitergegangen: sie stritten – meistens wegen Kleinigkeiten –, versöhnten sich wieder, machten Pläne. Greta in Form von romantischen Vorstellungen, wie ihr Zusammenleben aussehen könnte, ohne dass sie sich wie ein Hausmütterchen vorkäme, John hingegen machte ihr einen Heiratsantrag nach dem anderen, wurde nie müde, egal, wie hartnäckig sie jeden ablehnte.

Ende 1929 war Greta nach Schweden gereist – die erste Heimreise, seit sie in Amerika lebte –, ohne John. Sie hätte auch gar nicht gewusst, was sie dort mit ihm anstellen sollte. Ihre Mutter wäre wahrscheinlich entzückt gewesen, und ihr Bruder, der auch eine Schauspielerkarriere anstrebte, hätte ihn vermutlich in Beschlag genommen.

Wie sehr die Heimat ihr gefehlt hatte, war ihr erst wieder bewusst geworden, als sie in Stockholm aus dem Zug gestiegen war. Ihre Mutter hatte sie abgeholt, in einem schicken, pelzbesetzten Wollmantel, den sie ihr gekauft hatte. Ganz gerührt war sie gewesen, hatte wieder und wieder betont, wie stolz sie auf die berühmte Tochter sei.

Als Greta wieder nach Amerika zurückkam, holte John sie am Bahnhof ab, mit einem gigantischen Strauß dunkelroter Rosen, so groß, dass er komplett dahinter verschwunden war. »Ich nehme an, du bist es, Darling«, hatte sie ihn begrüßt, und er hatte die Rosen sinken lassen.

»Wer sonst würde dir solche Blumen schenken?«, hatte er ein wenig säuerlich erwidert.

»Niemand.« Sie hatte die Arme um seinen Hals geschlungen und ihn wieder und wieder geküsst. Wohl wissend, dass ein Reporter ganz in der Nähe stand. Mittlerweile hatte sie eine Nase für die Presse, erkannte einen Reporter selbst dann, wenn er sich verkleidet hatte und so tat, als sei sie die uninteressanteste Person auf der Welt. Greta spielte mit, solange es nach ihren Spielregeln ging.

Bei Salkas Kindern dagegen drehte sie den Spieß um, ließ die Jungs entscheiden, was und wie gespielt werden sollte. Sie hatten immer viel Spaß miteinander.

Nach dem ausgelassenen Ballspiel am Strand lud Salka sie ein, über Nacht zu bleiben. »Ich koche uns was Leckeres.«

Greta musste nicht überredet werden. Sie rief Henry, ihren Chauffeur, an, dass er sie nicht abholen musste, und setzte sich mit einem Glas Whiskey auf die Veranda. Sie hörte Salka in der Küche singen und mit Geschirr klappern und lächelte. In diesen Momenten genoss sie das Leben. Sie konnte alles abstreifen, was ihr auf der Seele lag, und auf später verschieben. Nicht mal das Heimweh konnte ihr etwas anhaben.

Berthold schaffte es nicht pünktlich zum Essen, er kam, als sie bereits abräumten. »Dein Essen steht im Ofen«, sagte Salka zu ihm, nahm die angebrochene Whiskeyflasche und bedeutete Greta, mit ihr nach draußen zu kommen.

Dort saßen sie bis Mitternacht, redeten oder schwiegen,

blickten in den Himmel, der sich verdunkelte, zählten die Sterne und lauschten dem Wind. Berthold hatte sich zu ihnen gesetzt und las ein Drehbuch. Hin und wieder murmelte er etwas, lachte leise oder nickte vor sich hin.

Salka warf Greta einen belustigten Blick zu und hob ihr Glas. »Auf uns!«

»Auf euch und euer wundervolles Familienleben«, sagte Greta und schob die Wehmut weg, die sie überkommen wollte. So ein Familienleben würde sie nie haben.

Sie beneidete Salka und Berthold um ihre Liebe und die Harmonie und ihr Interesse füreinander. Sie hatte sich immer nach Geborgenheit gesehnt, nach aufrichtiger, uneigennütziger Freundschaft und Fürsorge. Salka gab ihr all das.

Irgendwann stand Berthold auf und gähnte. »Ich gehe schlafen, ich bin todmüde.«

Auch Greta erhob sich und stellte ihr leeres Glas ab. »Ich auch. Gute Nacht, ihr zwei, und danke für den schönen Abend.«

Sie lag kaum im Bett, als es an der Tür klopfte und Salka hereinkam. »Soll ich dir eine Geschichte erzählen?«

Greta kicherte wie ein Kind. »Na, und ob.« Sie rutschte beiseite, und Salka kroch neben sie.

»Worum soll es in der Geschichte gehen?«

»Um eine Frau, die ein aufregendes Leben führt und eines Tages aufwacht und feststellt, dass alles nur ein Traum war.«

»In diesem Traum geht es nicht zufällig um dich?«

Greta antwortete nicht, sie lächelte nur.

Als Salka zu erzählen begann, kuschelte sie sich eng an sie. Sich an eine Frau anzulehnen, war so viel schöner und selbstverständlicher. Ein Gefühl von Behaglichkeit und Geborgenheit durchströmte sie, und sie schloss die Augen mit einem wohligen Seufzen. Bei Salka musste sie sich nicht verstellen, bei ihr konnte sie sein, wie sie war.

Kapitel 37

Im Sommer waren die Dreharbeiten zu einem weiteren Film abgeschlossen. *Romanze* war wieder ein Liebesfilm, und wieder spielte Greta, diesmal als italienische Opernsängerin, eine zerbrechliche, leidende Geliebte.

Die Dreharbeiten hatten nur einen Monat gedauert. Sie und William Daniels waren ein eingespieltes Team. Oft musste er nicht mal sagen, was er von ihr wollte. Sie musste ihn nur ansehen und verstand.

Daniels versteht es ausgezeichnet, die Garbo mit seinem hellen Oberlicht in Szene zu setzen, schrieb eine Zeitung.

Auch Gretas Darstellung wurde gelobt, dabei empfand sie sich selbst als grauenvoll. Der Gesang stammte von einer echten Sopranistin, sie musste nur die Lippen bewegen, hatte sich dabei aber keine besondere Mühe gegeben. Der Film, ihre Darstellung waren ihr gleichgültig. Sie wollte endlich eine selbstbewusste, starke und kluge Frau spielen!

Der Hut, der für *Romanze* entworfen worden war, eine Art Barett, wurde so oft kopiert, dass sie ihn in der folgenden Zeit überall auf den Straßen zu sehen bekam.

Die Garbo schreibt Modegeschichte, war in einer Zeitung zu lesen. *Dass ich nicht lache,* hatte sie gedacht. Mode interessierte sie immer noch nicht, und früher hatte man ihren Kleidungsstil als viel zu leger bezeichnet. Sie besaß einen Hausanzug, weit geschnitten und mit einem Bindegürtel, der ihr liebstes Kleidungsstück geworden war. Kam jemand überraschend zu Besuch, traf er sie höchstwahrscheinlich darin an. Meistens trug sie ihn bis zum Abend, um ihn dann gegen einen Herrenpyjama einzutauschen.

Mittlerweile wurden auch ihr Lid- und Augenbrauenstrich und ihre Frisur kopiert.

Fehlte nur, dass man wie sie zu gehen begann. Wie oft hatte Stiller sie deswegen aufgezogen, ermahnt und sogar angebrüllt. »Halte dich verflucht noch mal gerade, Mädchen! Du windest dich wie ein Reptil!«

Aber die Menschen liebten sie, egal, was sie trug, wie sie ging, spielte, was sie sagte oder auch nicht sagte.

Die Fanpost kam säckeweise. Greta las nur zu Anfang den einen oder anderen Brief, las, wie sehr man sie verehrte, wie umwerfend sie in ihrem letzten Film wieder gewesen war und wie hinreißend sie wieder ausgesehen hatte.

Die Presse nannte sie inzwischen »die Göttliche«.

Der Rummel um sie war ihr zuwider, und sie wünschte, sie könnte gelegentlich einfach ins Nirgendwo abtauchen, unsichtbar und vergessen werden.

Als sie Salka davon erzählte, sah ihre Freundin sie ungläubig an. »Das ist dein Wunsch?«

»Manchmal schon. Ich hasse es, wie die Menschen mich sehen. Sie kennen mich doch gar nicht.«

»Aber sie würden es gern, Greta. Du bist berühmt, ein

Star. Wenn du das alles so hasst, musst du deine Karriere beenden.«

Sie nippte an ihrem Tee. »Nicht, bevor ich nicht beweisen konnte, dass ich *wirklich* spielen kann.«

Sie saßen auf der weiß gestrichenen Veranda vor dem Haus. Das Meer rauschte, zwei Pelikane landeten auf dem Wasser. Greta sah zu ihnen herüber und lächelte.

»Das hast du doch längst bewiesen.«

»Ach ja?« Sie verzog das Gesicht und schnaubte. »Indem ich romantisch verklärte Dummchen spiele, die Männern den Kopf verdrehen?«

Salka seufzte und schenkte Tee nach.

»Du könntest ein Drehbuch für mich schreiben«, schlug Greta vor und blickte in die Ferne. »Ich will bemerkenswerte Frauen spielen. Frauen wie … Jeanne d'Arc.« Seit sie in Amerika lebte, hatte sie viel gelesen. Bücher, die sie als junges Mädchen nicht interessiert hatten, weil sie gar nicht gewusst hatte, dass sie existierten.

»Jeanne d'Arc.« Salka lächelte. »Eine Kämpferin.«

»Schreib mir eine Rolle auf den Leib«, bat Greta und beugte sich vor. »Du willst doch als Drehbuchautorin arbeiten. Das wäre deine Chance, Salka!«

Ihre Freundin lächelte erneut, schien aber darüber nachzudenken.

»Ich will auch, dass du ganz offiziell meine Beraterin wirst. Ich vertraue dir und deinem Urteil.«

»Sehr schmeichelhaft.« Salka griff nach ihrer Hand und drückte sie. »Mit wem würdest du gern spielen?«, fragte sie dann unvermittelt.

»Du meinst, mit welchem männlichen Schauspieler?« Als sie nickte, sagte Greta: »Ich weiß nicht. Ich habe noch gar nicht darüber nachgedacht.«

Salka lachte. »Ach, komm schon. Da wird es doch jemanden geben.«

»Gary Cooper vielleicht«, überlegte sie laut. »Oder Robert Montgomery.«

»Ich habe ihn auf einer Party kennengelernt. Er ist sehr nett und so interessant.«

»Und er sieht gut aus.«

Sie zwinkerten sich zu.

Plötzlich begann der Tisch zu zittern, das Geschirr darauf schepperte. Gretas Tasse kippte um und rollte auf den Boden, wo sie zerbrach. Der Holzfußboden erbebte und knarzte, und irgendwo im Haus fiel etwas um.

Greta saß stocksteif da. »Was um Himmels willen ist das?«

»Ein Erdbeben.« Salka sprang auf und lief ins Haus, wo sie laut nach ihren Söhnen rief.

»Ein Erdbeben? Aber was …?«

Irgendwo klirrte es, wahrscheinlich eine Fensterscheibe, die zerbrochen war. Ein Poltern, und jemand schrie erschrocken auf.

Sie folgte Salka, die auf der Treppe stand und ihren Kindern zurief, sie sollten nach unten kommen und sich unter dem Esstisch in Sicherheit bringen. Sie gab Greta einen Wink, die in Windeseile unter den Tisch kroch.

»Setz dich hin, zieh die Beine an und schütze deinen Kopf!«, rief Salka ihr zu.

Die drei Jungen kamen angerannt und drängten sich an sie.

»Ist das ein Erdbeben?«, wisperte Thomas, der Jüngste, und sie nickte.

»Geht es gleich wieder vorbei?«

Sie legte den Arm um ihn und zog ihn fest an sich. »Das hoffe ich. Keine Angst, ich passe auf euch auf.«

Auch Salka warf sich auf die Knie und krabbelte zu ihnen.

Zu fünft hockten sie unter dem großen Tisch, während das Haus noch eine Weile ächzte und knarrte, als wollte es in sich zusammenfallen.

Dann war es schlagartig still. Greta blickte zu Salka, die ruhig dasaß, je einen Arm um ihre beiden anderen Söhne.

Thomas hatte sich noch immer an Greta geschmiegt. »Ist es vorbei?«, fragte er.

»Ich glaube schon.«

Salka war die Erste, die sich bewegte. Auf allen vieren kroch sie unter dem Tisch hervor, verharrte einen Moment und horchte. Als es still blieb, kam sie auf die Füße und sah sich um. »Ich glaube, es ist überstanden. Es war nur ein leichtes Erdbeben.«

»Wie viele hast du schon erlebt?« Greta bedeutete den Jungs, ihr zu folgen, und kam ebenfalls unter dem Tisch hervor.

»Zwei.«

»Du lieber Himmel.« Sie blickte sich um. Eine Bodenvase war umgekippt und hatte einen der Teppichläufer durchtränkt.

Zwei gerahmte Fotografien an der Wand waren in Schieflage geraten, und der Kerzenleuchter war vom Tisch gerollt.

Ansonsten sah es aus, als sei nichts geschehen.

»Ich laufe schnell nach oben und sehe nach.« Salka sprang die Treppe hinauf.

Greta hörte, wie sie oben die Türen öffnete und durch die Räume ging. Als sie zurückkam, nickte sie erleichtert. »Nur ein paar Scherben, nichts weiter.«

»Das war also mein erstes Erdbeben«, sagte Greta trocken. »Hoffen wir, dass es mein letztes bleibt.«

Am späten Abend holte ihr Chauffeur sie ab.

Henry war ein höflicher Mann in den besten Jahren, zurückhaltend und ein wenig reserviert. Gerade das mochte sie an ihm. Er gab ihr immer ein wenig das Gefühl, als sei sie niemand Besonderes, nur jemand, für den er arbeitete. Er pflegte sie stets mit einem respektvollen Nicken zu begrüßen, schwafelte nie und ging ihr nicht mit sonderbaren Fragen auf die Nerven. Kurzum: Er ließ sie in Ruhe. Doch wenn sie nur den Finger hob oder seinen Blick suchte, war er augenblicklich zur Stelle. Und er beklagte sich niemals, selbst wenn sie ihn spät in der Nacht anrief und bat, sie irgendwo abzuholen. Einmal sagte sie am Telefon: »Ich bin versackt, Henry, und ich fühle mich sterbenselend.«

Kurz darauf war er da, führte sie zum Wagen und überreichte ihr wortlos eine Spucktüte. »Ich habe auch Pfefferminz dabei«, sagte er dann noch und fuhr ganz besonders rücksichtsvoll.

Als sie an diesem Abend noch immer etwas wacklig aus dem Wagen stieg, wurde die Haustür geöffnet, und Evelyne kam herausgelaufen. »Gelobt sei der Herr, dass Sie unversehrt sind!«

»Loben Sie meinetwegen den Herrn, Evelyne«, entgegnete sie müde. »Ich lobe die Bauweise der Häuser; die des Hauses des Viertel und meines eigenen.«

»Ist Ihnen auch nichts geschehen?«

»Nur zittrige Knie, sonst nichts. Geht es auch Ihnen gut?«

»Gewiss doch, Miss Garbo. Ich war hier und habe nach dem Rechten gesehen.«

»Sie sind ein Schatz, Evelyne.«

»Ein paar Tassen und Gläser hat's erwischt, und zwei Bilder sind von der Wand gefallen.«

Beides konnte man ersetzen.

Greta gähnte. »Ich werde mich gleich hinlegen. Sie können nach Hause gehen, Evelyne.« Auf bleischweren Beinen ging sie nach oben und legte sich angezogen aufs Bett.

Innerhalb kürzester Zeit war sie eingeschlafen.

Sie wurde von einem eigenartigen Geräusch wach.

Was war das? War jemand unten im Haus? Oder hatte sie geträumt?

Sie setzte sich auf und lauschte. Nein, da waren ganz eindeutig Schritte auf der Treppe.

Ihr Herz blieb kurz stehen, und sie presste die Hand vor den Mund, um nicht aufzuschreien. Ein Einbrecher, vielleicht sogar mehrere! Man wollte sie ausrauben, ihr womöglich sogar etwas antun! Es war sicher kein Geheimnis geblieben, dass sie in diesem Haus wohnte, egal, wie sehr sie darauf bedacht war, es geheim zu halten. Was sollte sie jetzt tun? Sollte sie aufstehen und nachsehen? Sich unter dem Bett oder im Wandschrank verstecken? Aus dem Fenster klettern?

Greta überdachte rasch ihre Lage. Wenn die Person, der Eindringling, bereits auf der Treppe war, würde er jeden Augenblick in ihrem Zimmer stehen.

Sie sprang aus dem Bett, lief zur Tür und wollte abschließen.

Im selben Moment wurde von außen dagegen gedrückt. Doch sie schaffte es, die Tür zu verriegeln. Der Einbrecher schien nicht sonderlich stark und kräftig zu sein.

»Verschwinden Sie! Ich rufe die Polizei!«

Sie hörte Kleiderrascheln, dann ein Flüstern. »Miss Garbo?«

Eine Frau, aber nicht Evelyne.

»Wer sind Sie? Und was machen Sie in meinem Haus?«

»Ich … ich wollte Sie nicht belästigen …«

»Das tun Sie bereits! Wie sind Sie in mein Haus gekommen?«

»Die Nebentür … sie war …«

Greta konnte nicht alles verstehen, weil die Frau so leise sprach. Hatte Evelyne die Nebentür nicht abgeschlossen? »Verschwinden Sie, oder ich rufe wirklich die Polizei!«

»Ich … Es tut mir leid, Miss Garbo. Bitte rufen Sie nicht die Polizei!«

»Sie sind in mein Haus eingebrochen!«

»Ich bin eine Bewunderin, Miss Garbo. Ich wollte doch nur …«

»Und da brechen Sie in mein Haus ein?«

»Verzeihen Sie, es tut mir wirklich leid. Ich wollte Sie wirklich nicht …«

»Wenn Sie bei drei nicht verschwunden sind, rufe ich …«

Kleiderrascheln, dann schnelle Schritte auf der Treppe.

Greta wartete einen Moment, dann öffnete sie vorsichtig die Tür, machte Licht und spähte hinaus. Niemand war zu sehen. Ihre Knie zitterten, als sie zur Treppe ging und leise auf die erste Stufe trat. Sie knarrte zum Steinerweichen, und Greta hielt die Luft an.

Doch im Haus blieb es still, und auf Zehenspitzen huschte sie weiter. Auch unten war es leer und die Haustür verschlossen. Sie lief zur Seitentür, drehte den Knauf und lehnte sich erleichtert dagegen. Evelyne würde sich einiges anhören müssen. *Ich werde gleich morgen neue Schlösser einbauen lassen. Und mir vielleicht einen Hund anschaffen. Einen riesengroßen.* Nein, vor dem würde sie selbst Angst haben.

Sie lief zum Telefon und wählte nicht die Nummer der Polizei, sondern Salkas. »Kannst du herkommen und bei mir bleiben? Ich hatte einen ungebetenen Gast.«

»Sag jetzt nicht, dass John bei dir war.«

Sie musste lachen. Es war zu absurd. »John? Nein, es war eine Frau.«

»Eine Frau?«

»Sie sagt, sie sei eine Verehrerin.«

Nun lachte Salka. »Und da kommt sie nachts in dein Haus? Hast du die Polizei verständigt?«

»Nein, ich dachte, es wäre besser, wenn ich dich anrufe.«
»Na schön, wie du meinst. Ich bin gleich da.«

Es geschah nur dieses eine Mal, dass es jemandem gelang, in ihr Haus einzudringen. Die Frau wurde nie gefasst, was auch daran lag, dass Greta keine Anzeige erstattete. Sie hatte sich nicht bedroht gefühlt, höchstens ein wenig beunruhigt. Das war aber nur kurzfristig gewesen, als der Schreck verging, konnte sie darüber lachen. Und sie fragte sich insgeheim, was sie getan hätte, wenn es wirklich John gewesen wäre.

Kapitel 38

»Was um Himmels willen tun Sie da?« Greta saß mit übereinandergeschlagenen Beinen auf einem Hocker und starrte den Fotografen an, der zu ihren Füßen herumkroch.

»Gleich, gleich«, murmelte er und legte sich flach auf den Bauch. »Nein, so geht das auch nicht.« Er stand wieder auf, ging umher, dachte laut nach und hockte sich schließlich vor sie hin.

»Sie sollen mich fotografieren und keinen Sport betreiben.« Sie war längst nicht nur ungeduldig, sie war schlichtweg fassungslos. Seit sie ins Studio gekommen war, hatte er an ihrem Haar herumgezupft, es mal aus der Stirn, dann hinters Ohr gestrichen. Mal sollte sie sich auf einen Hocker setzen, dann lieber doch stehen. »Ach je, Sie sind so groß«, hatte er gemeint und war erneut umhergegangen.

»Sie machen mich wahnsinnig, Hurrel.« Greta war im Begriff aufzustehen. Es reichte. Ihre Zeit war kostbar. »Ich muss gleich zum Dreh.«

Vor ein paar Jahren hatte sie sich von Ruth Harriet Louise fotografieren lassen, die als erste und einzige Frau das Porträtfotostudio von MGM leitete. Greta war nicht nur beeindruckt von ihr als Fotografin und Mensch gewesen, sie hatte sich auch sofort in deren kleinem und sehr heimeligem Studio wohlgefühlt. Die Fotos, die in dieser entspannten Atmosphäre entstanden waren, zeigten Greta, wie sie nie zuvor gezeigt worden war.

Und nun befand sie sich mit einem Mann in einem Raum, der nicht nur wie ein Hund auf allen vieren vor ihr herumkroch, um den besten Aufnahmewinkel zu finden, sondern auch unablässig schwatzte. Meistens mit sich selbst.

Eher verzweifelt drückte er ein paarmal auf den Auslöser.

Schließlich stand sie auf. »Ich werde jetzt gehen.«

»Aber ich bin noch nicht fertig«, jammerte er. »Nur noch ein, zwei Aufnahmen, Miss. Ich bitte Sie!«

»Tut mir leid. Sie hatten ausreichend Zeit, Hurrel. Aber die haben Sie lieber damit verbracht, auf dem Fußboden herumzukriechen.« Kopfschüttelnd verließ sie das Studio.

Im Studio wartete man bereits auf sie. Man war es gewohnt, dass sie pünktlich war, und sie ärgerte sich über ihre Verspätung. »Es ist nicht meine Schuld«, sagte sie zu Daniels, der hinter der Kamera saß und ihr ein nachsichtiges Lächeln schenkte. Sie würde ihn wohl nie erzürnen können. Daniels war ein grundehrlicher, zuvorkommender Mensch, der eine Schwäche für sie hatte. »Ich war bei Hurrel und fürchte, dass er den Verstand verloren hat.«

Daniels lachte lauthals. »Da bist du nicht die Erste, die das sagt.«

»Ich wäre lieber zu Ruth gegangen.« Doch die hatte geheiratet und war fort aus Los Angeles. »Wieso müssen immer die Besten gehen, kannst du mir das verraten, William?«

Und warum gab eine Frau, die derart talentiert war und beste Kontakte hatte, all das auf? Für eine Heirat?

»Leider nein.«

»Ich bin gleich zurück.«

Sie lief in ihre Garderobe, zog sich um und schlüpfte in ihre heiß geliebten Pantoffeln. In für sie meistens unbequemen Schuhen taten ihr immer nach bereits kurzer Zeit die Füße weh. Deshalb hatte sie sich angewöhnt, in ihrer Garderobe Pantoffeln bereitzustellen.

Als sie das erste Mal darin am Set erschienen war, hatte Daniels kopfschüttelnd gelacht. »Eine neue Marotte, Greta?«

Sie hatte ihn geknufft. »Als ob ich Marotten hätte!«

»Und damit soll ich dich nun filmen?«

»Nur, solange meine Füße nicht im Bild sind.«

Und so hielten sie es seitdem.

Als sie zurückkam, grinste er nur.

Brown, ihr Regisseur, begrüßte sie mit einem Nicken und sah sie fragend an. »Können wir?«

»Ich bin bereit.«

Sie hatte bereits mehrere Filme mit ihm gedreht, darunter *Es war* und *Anna Christie*. Die Presse nannte Clarence Brown gern »Garbos Regisseur«. Greta mochte ihn, sie arbeitete gern mit ihm. Wie üblich war das Set abgeriegelt, im Studio waren außer ihr, Daniels und Brown nur Robert Montgomery, der die männliche Hauptrolle übernommen hatte.

Als sie ihn Salka als Wunschpartner genannt hatte, konnte sie nicht ahnen, wie anstrengend und kompliziert es zwischen ihnen sein würde. Montgomery war höflich und konnte charmant sein, das hatte sie gesehen, wenn er mit anderen zusammen war. Ihr gegenüber jedoch war er kühl und distanziert, und irgendwann hatte sie ihn sagen hören, dass er sie für furchtbar überschätzt hielt. Sie war gekränkt gewesen und auch wütend. Was bildete sich dieser Schnösel ein! Alle rissen sich darum, mit ihr zu drehen, und er tat so, als sei es für *sie* eine Ehre, mit *ihm* spielen zu dürfen.

Hätte sie doch nur William Haines bekommen, doch der war mit Mayer aneinandergeraten, und sein Stern sank mehr und mehr.

Die Kamera ratterte leise, und Greta gab das Künstlermodell Yvonne Valbret. Lächelte Montgomery an, der einen ehrgeizigen, recht spießigen Diplomaten spielte, den Blick tränenverschleiert, und gab sich seinen Küssen hin.

Wieder einmal hatte sie eine Frau mit zwielichtiger Vergangenheit zu spielen, die für ihre große Liebe bereit war, alles zu geben.

Als ihr die Rolle angeboten worden war, hatte sie nur gedacht: *Schon wieder!*

Sie war zu Mayer gegangen und hatte das Drehbuch vor ihn auf den Tisch gelegt. »Ich soll also wieder ein Dummchen spielen, das nur für die Liebe lebt.«

Da es keine Frage gewesen war, schien er sich nicht zu einer Antwort bemüßigt zu fühlen.

»Ich will endlich selbstbewusste, starke Frauen spielen, Mr Mayer.« Sie nahm das Drehbuch und schlug es auf. »Soll ich Ihnen einen der ersten Sätze vorlesen, die ich zu sagen habe?« Sie wartete seine Antwort gar nicht erst ab und räusperte sich. »*Ich bin eine nette, junge Frau. Nicht zu nett und nicht zu jung.*« Sie ließ das Drehbuch sinken. »Das ist … grauenvoll, Mr Mayer!« Sie verzog das Gesicht und säuselte in höherer Tonlage: »Ich bin eine nette, junge und entsetzlich dumme Frau. Nicht zu nett und nicht zu dumm.«

Mayer grinste, verschränkte die Hände ineinander und betrachtete sie nachdenklich. »Sie werden schon noch andere Frauen spielen.« Es klang gleichgültig, als glaube er im Grunde nicht daran.

»Warum bietet man mir wieder und wieder solche Rollen an? Ich bin es so leid!« Sie tippte auf das Drehbuch und schnaubte verächtlich.

»Sie verdienen mehr als alle anderen weiblichen Darstellerinnen, Miss Garbo«, erwiderte er ungerührt, nachdem er einen Augenblick geschwiegen hatte. »Und Sie sind ein Profi, oder etwa nicht?«

»Was wollen Sie mir damit sagen, Mr Mayer?«

Sie funkelten sich an. Keiner von ihnen würde nachgeben, bedeutete dieser Blick.

Greta hatte im Laufe der Jahre gelernt, für sich einzustehen. Im Grunde machte sie mit ihren Forderungen auch den Weg für andere Schauspielerinnen frei, aber das interessierte sie nicht. *Jeder kämpft für sich allein,* lautete ihr Motto. Ihr war auch nie etwas geschenkt worden, vielleicht hatte sie nur die richtigen Menschen zum richtigen Zeitpunkt getroffen. Es stand anderen Frauen frei, den Mund aufzumachen und für ihre Rechte zu kämpfen. Greta hatte auch nicht vor, sich vor den Karren spannen zu lassen und so zu tun, als kümmere sie die Belange anderer.

Sie hatte tief Luft geholt. »Mr Mayer …« Sie versuchte, ruhig zu bleiben, atmete durch die Nase ein und aus. Ein und aus. Legte sich Argumente zurecht.

»Miss Garbo?« Sein Mundwinkel zuckte kurz, wahrscheinlich amüsierte er sich prächtig.

Sie beugte sich zu ihm vor und hielt seinem Blick stand. »Ich verlange, dass mein Vertrag geändert wird.«

Sein Gesichtsausdruck war gleichmütig. »Vergessen Sie's.«

»Ich vergesse so schnell nichts.«

»Sie verlangen allen Ernstes, dass ich Ihren Vertrag auflöse? Sie haben sich für fünf Jahre verpflichtet, Miss Garbo, und ehrlich gesagt bin ich diese ständigen Querelen leid.«

»Von ›auflösen‹ habe ich kein Wort gesagt. Aber bitte sehr, wenn Sie meinen …« Erhobenen Hauptes ging sie zur Tür.

»Warten Sie.«

Sie blieb stehen, mit dem Rücken zu ihm, unterdrückte ein triumphierendes Lächeln.

»Nun sagen Sie schon – was für Forderungen?«

Langsam drehte sie sich um, ein strahlendes Lächeln auf dem Gesicht. »Ich möchte ein Mitspracherecht.«

Mayer hob die Augenbrauen, sagte aber nichts.

»Ich möchte über Regisseure und Filmpartner mitbestimmen. Und ich will andere Rollen. Ich bin die albernen Weibsbilder so leid.«

»Verstehe.« Mehr sagte er nicht, seine Miene blieb weiterhin unverändert.

»Dann sind wir uns einig, wunderbar.« Sie wandte sich wieder ab, die Hand am Türknauf.

»Moment, Miss Garbo.« Er räusperte sich. »Ich kann auf Ihre Forderungen nicht eingehen, tut mir leid.«

Es tut Ihnen kein bisschen leid, dachte sie grimmig. »Dann tut es *mir* leid, Mr Mayer.« Sie schickte sich an, die Tür zu öffnen.

»Nun warten Sie schon«, knurrte er. »Ihr Vertrag läuft noch ein ganzes Jahr …«, setzte er an, und sie nickte.

»Das weiß ich.«

»Sie werden andere Rollen bekommen.« Mayer seufzte nachdenklich und verschränkte die Finger ineinander. »Doch zunächst …«

Endlich begriff sie, und sie wandte sich ihm wieder zu. »Sie haben schon ein weiteres Drehbuch für mich.«

»So ist es.«

»Und ich soll wieder ein Dummchen spielen.«

Er schwieg einen Augenblick und sagte schließlich: »Ich schätze Ihre Professionalität, Miss Garbo.«

»Und ich weiß, dass Sie gerade versuchen, mir Honig um den Bart zu schmieren.«

Er zuckte nicht mit der Wimper. »Sie dürfen Ihren Filmpartner wählen.«

»Ich will Clark Gable«, sagte sie wie aus der Pistole geschossen.

»Sie sollen ihn haben.« Er hob einen Finger. »Wenn er nicht anderweitig verpflichtet ist.«

»Einverstanden.« Greta drehte sich um, damit er ihr triumphierendes Lächeln nicht sah.

»Na, sehen Sie, irgendwie werden wir uns doch immer einig.«

»Halsabschneider«, hatte sie gemurmelt, kurz bevor sie die Tür hinter sich schloss. Es war ihr gleichgültig, ob er es noch gehört hatte.

»Ich dachte, du wolltest unbedingt mit Montgomery spielen«, sagte Salka am Abend, als Greta neben ihr auf der breiten Holzschaukel saß, die Berthold auf der Veranda aufgestellt hatte.

Beide nahmen gleichzeitig Schwung und mussten lachen.

»Am Ende heben wir noch ab.« Greta seufzte. »Anfangs war ich ja auch froh, aber jetzt … Er benimmt sich scheußlich mir gegenüber.«

»Na, na, du übertreibst.«

»Du solltest seine abschätzigen Blicke sehen.« Sie ließ den Eiswürfel in ihrem Whiskey kreisen. »Und ich hab gehört, dass er gesagt hat, ich wäre völlig überschätzt.«

Salka streifte die Sandalen von ihren Füßen und zog die Beine an. »Das wird er nicht so gemeint haben.«

»Oh, das glaube ich schon.«

»Und wenn ihr aufeinander zugeht?«

»Was sollte das bringen? Außer, dass ich mir die Blöße geben würde, wie sehr mich sein Verhalten kränkt. Nein.« Greta schüttelte den Kopf. »Ich werde darauf bestehen, nicht wieder mit ihm zusammenarbeiten zu müssen.« Sie lächelte dämonisch. »Wir werden sehen, wer am längeren Hebel sitzt.«

Salka warf ihr einen verwunderten Blick zu, schwieg aber.

»Es ist so still im Haus. Sind alle fort?«

»Nein, die Jungs werden schon schlafen. Es ist schon fast neun, Greta.« Salka lachte. »Man merkt, dass du keine Kinder hast.« Sofort entschuldigte sie sich zerknirscht. »Ich wollte damit nicht sagen …«

»Schon gut. Du wolltest nur sagen, dass ich meine Kinder wahrscheinlich bis Mitternacht aufbleiben lassen würde.« Greta zuckte die Schultern. »Und Berthold? Schläft er etwa auch schon?«

»Nein, er ist bei einem Dinner mit einem Produzenten.«

»Warum bist du nicht mitgegangen? Ich an deiner Stelle hätte ihn begleitet.«

Wieder schaute Salka sie verwundert an. »Und was sollte ich dort? Sie reden über Geschäfte, über neue Filme.«

»Eben. Du willst doch als Drehbuchschreiberin Fuß fassen.« Sie wollte noch etwas sagen, etwas wie »Kein Wunder, dass du keine Angebote bekommst«, aber sie konnte es noch rechtzeitig unterdrücken.

Sie wippte mit dem Fuß und verlor dabei ihren Schuh. Auch an diesem Abend trug sie ihren bequemen Hausanzug. Mit jedem weiteren Tragen wurde er noch weicher.

Darüber trug sie eine Strickjacke mit breitem Schalkragen.

Als ihr Chauffeur sie abgeholt hatte, um sie hierherzufahren, hatte sie ihm gedroht, ihn sofort zu entlassen, sollte er ihr ein Kompliment machen. »Ich weiß, was Sie gerade denken, Henry. Behalten Sie's für sich, ja?«

Wahrscheinlich hätte er etwas wie »Sie sehen selbst in diesem Hausanzug ganz reizend aus, Miss Garbo« gesagt. Früher hätte sie sich über jedes Kompliment gefreut, selbst wenn es nicht aufrichtig gewesen wäre. Inzwischen wollte sie nicht mehr hören, wie wunderbar, anziehend und hinreißend sie wieder aussah. Sie wollte nur in Ruhe gelassen werden.

»Ich glaube nicht, dass Sie meine Gedanken kennen, Ma'am«, hatte Henry gemeint und ihr die Tür aufgehalten.

»Ach, nein? Dann haben Sie nicht gerade gedacht, dass mir sogar der Hausanzug und die alte Strickjacke hervorragend stehen?«

»Nein.« Er setzte sich hinters Steuer und warf ihr im Rückspiegel einen Blick zu. »Ich habe gedacht: Hoffentlich wird sie nicht frieren, es soll heute Nacht kühl werden.«

Greta hatte laut gelacht. »Ich mag Sie, Henry. Ich habe überlegt, selbst fahren zu wollen, aber ich möchte, dass Sie bei mir bleiben.« *Es gibt nur noch so wenige Menschen, denen ich vertrauen kann,* hätte sie um ein Haar gesagt und damit das ausgesprochen, was ihr seit Langem durch den Kopf ging.

Er war gerührt gewesen, das hatte sie gesehen.

»Ich bin nicht so ehrgeizig wie du«, sagte Salka und riss sie damit aus ihren Gedanken.

Sie kuschelte sich in ihre Strickjacke. »Ich wusste immer sehr genau, was ich wollte«, sagte sie nach einer kleinen Pause. »Aber ich habe lange an mir gezweifelt, sehr lange.« Wenn sie ehrlich war, zweifelte sie nach wie vor. Wirklich zufrieden war sie nie mit sich. Sie fand immer das berühmte Haar in der Suppe, wie Lillian es mal genannt hatte.

Sie seufzte. Lillian fehlte ihr. Ihr fehlten die erfrischenden Gespräche mit ihr, ihre unbekümmerte Art.

»Du zweifelst noch immer an dir«, sagte Salka. »Oder etwa nicht?«

»Du kennst mich verflixt gut. Und ich weiß gerade nicht, ob mir das gefällt oder nicht.«

Ihre Freundin lachte. »Du wolltest mich nicht nur als Freundin, sondern auch als Beraterin und Unterstützerin. Ich *muss* dich gut kennen, Greta.«

Erneut schwiegen sie eine Zeit lang, schaukelten gemächlich hin und her, tranken ihren Whiskey und schauten in die Ferne.

»Darf ich dich um etwas bitten?«, fragte Greta schließlich und zwang sich, nicht auf ihre Armbanduhr zu sehen. Sie wollte nicht wissen, wie spät es schon war. Sie wollte nicht daran erinnert werden, dass sie am nächsten Morgen wieder sehr früh aufstehen musste. »Das, was ich neulich gesagt habe, war ernst gemeint. Ich möchte, dass du ein Drehbuch für mich schreibst oder wenigstens daran mitarbeitest.«

»Du weißt, wie gern ich das tun würde.«

»Dann bemüh dich darum. Das ist meine Bitte.«

Sie schauten sich an, beide ernst.

»Gut.« Salka nickte. »Ich verspreche, von nun an ein bisschen ehrgeiziger zu sein.«

Greta lächelte, rutschte näher an sie heran und lehnte den Kopf an ihre Schulter. »Wenn du jetzt noch den Arm um meine Schultern legen würdest …«

Kapitel 39

Los Angeles im Frühjahr 1931

Auch der Film *Yvonne* wurde von der Presse gelobt: *Greta Garbo ist anziehend wie immer.*

Die Menschen liebten ihn sowieso. Weil sie alles liebten, was in irgendeiner Weise mit Greta zu tun hatte.

»Ich könnte wohl auch eine Pudeldame spielen. Am Ende bellen und jaulen die Leute und wollen auch ein Halsband«, hatte sie zu Salka gesagt.

Für ihre Darstellungen in *Anna Christie* und *Romanze* hatte sie es sogar zu einer Oscar-Nominierung gebracht. Gewonnen hatte dann Norma Shearer. Auch Clarence Brown für die beste Regie und William Daniels für die beste Kamera waren für einen Oscar nominiert worden, hatten ihn aber auch an andere abtreten müssen.

Greta war nicht zur Verleihung gegangen, stattdessen hatte sie bei den Salkas gefeiert und anschließend bis zum Mittag geschlafen. »Tut mir leid, dass du keinen Oscar bekommen hast«, hatte Salka beim verspäteten Frühstück gesagt und sie mitfühlend angesehen.

»Ich habe auch nicht damit gerechnet.«

In Wahrheit wusste sie nicht, ob sie damit gerechnet oder ihn sogar erwartet hatte. Sie war enttäuscht gewesen, und die ewigen Zweifel, die sie wohl immer überkommen würden, hatten an ihr genagt. Doch dann hatte sie obsiegt und alles von sich geschoben, beherzt und entschlossen. Was bedeutete schon eine Statue – nichts weiter als ein Staubfänger –, wenn ihr die Liebe des Publikums gehörte?

Greta drehte einen neuen Film, und wie versprochen bekam sie Clark Gable. Mit einem breiten, jungenhaften Grinsen stellte er sich vor und küsste ihre Hand. »Es ist mir eine Ehre, Miss Garbo. Oder darf ich Greta sagen?«

»Sie *müssen* Greta sagen.« Sie hatte gewiss nicht vor, ihn Mr Gable zu nennen. Plötzlich fühlte sie sich wieder blutjung und unschuldig. »Ich freue mich, dass wir zusammen drehen, Clark.«

»Wie bezaubernd Sie Clark aussprechen.« Seine Augen blitzten.

Sie schob sich eine vorwitzige Haarsträhne aus der Stirn. »Sie haben ganz reizende Ohren, Clark.«

Seine Ohren waren riesenhaft, er sah aus wie ein Schimpanse.

Er zupfte an seinem rechten Ohrläppchen. »Die Größe kann ungemein praktisch sein.« Er setzte seinen Hut auf. »Sehen Sie. Selbst bei stärkstem Wind wird er mir nicht davongeweht.«

Greta musste laut lachen, und er schaute sie ungeniert an.

»Sie haben ein bezauberndes Lachen.«

»Nun hören Sie schon auf.« Sie schüttelte den Kopf, noch immer lachend.

»Sie mögen keine Komplimente? Wie schade. Aber ich werde es mir merken.«

So ging es eine Weile hin und her, bis ihr Regisseur Robert Leonard sich vernehmlich räusperte. »Sind wir dann so weit? Bis zum Mittag möchte ich die erste Klappe im Kasten haben.«

Greta spielte die Farmerstochter Susan Lenox, die vor ihrem gewalttätigen Verlobten davonläuft und auf einem Jahrmarkt die große Liebe findet. Also wieder eine Liebesgeschichte, und sie gab wieder einmal ein naives Ding, das auf der Suche nach Liebe war.

Diesmal jedoch hatte sie sich nicht bei Mayer beschwert, er hatte recht, als er gemeint hatte, sie sei ein Profi. Ihre ganz große Rolle würde noch kommen, davon war sie überzeugt.

Nun mit Clark Gable spielen zu dürfen, entschädigte sie für einiges. Er hatte etwas Freches und zugleich Warmherziges an sich, sodass sie ihre übliche anfängliche Scheu sehr schnell verlor.

Das Schöne war auch, er war verheiratet und damit auf nicht mehr als einen völlig bedeutungslosen Flirt aus. Greta genoss das Gefühl, ihm für die Zeit des Drehs ein wenig den Kopf verdrehen zu dürfen. Abends kehrte er brav zu seiner vierzehn Jahre älteren Frau zurück und berichtete ihr wahrscheinlich ausführlich von ihrem lustigen, aber harmlosen Geplänkel in den Drehpausen.

Als er sie in einer Szene um einen Tisch jagen sollte, verlor sie einen Pantoffel und fiel bäuchlings hin.

Er kam erschrocken und mit schuldbewusstem Gesichtsausdruck angelaufen und half ihr hoch. »Ich war wohl zu wild, bitte entschuldige. Hast du dir wehgetan?«

»Nein, aber ich fürchte, ich muss doch andere Schuhe anziehen.«

Der Kontakt zu ihrer Mutter und ihrem Bruder war nach wie vor sehr intensiv. So oft sie konnte, schrieb sie ihnen und freute sich über jeden Brief, den sie bekam. Ihr Leben spielte sich in Los Angeles ab, hier arbeitete sie, hier hatte sie Freunde, Stockholm jedoch war ihre Heimat, dort war ihre Familie.

Das würde sich auch nie ändern.

Der Kontakt zu Mimi war nie ganz abgerissen, auch wenn ihre Freundin seltener schrieb als früher. Als Ehefrau und Mutter hatte sie viel zu tun, aber sie war sehr interessiert an Gretas Arbeit und wollte immer ganz genau wissen, welchen Film und mit wem sie gerade drehte.

Auch mit Lillian schrieb sie sich regelmäßig. Ihr Verhältnis ging über eine gewöhnliche Freundschaft hinaus. Zu Mimi hatte sie sich als Frau hingezogen gefühlt, und sie beide verband ihr früheres Leben und der Wunsch nach etwas Großem, Aufregendem. Mit Lillian war es anders. Zu ihr hatte sich Greta menschlich hingezogen gefühlt, und dieses Gefühl war so stark, dass es anhielt.

Lillian konnte sie in ihr Herz und ihre Seele blicken lassen, ohne sich verwundbar zu fühlen. Ihr musste sie nichts vorspielen. Mit ihr war es ähnlich wie mit Salka, beide nahmen sie, wie sie war, und beide mochten sie, wie sie war.

Frauen hatten schon immer einen hohen Stellenwert in ihrem Leben besessen, was sich vermutlich auch nie ändern würde.

Kapitel 40

Die Dreharbeiten von *Susan Lenox* waren im Sommer abgeschlossen, und gleich darauf wurde Greta die nächste Rolle angeboten. Diesmal die der berühmten Spionin Mata Hari.

Vor Freude hatte sie in die Hände geklatscht. »Wunderbar! Endlich darf ich eine geheimnisvolle Frau spielen.«

Wie üblich würde Daniels die Kamera übernehmen, und als Regisseur war diesmal George Fitzmaurice vorgesehen. Greta hatte noch nie mit ihm gearbeitet, was sie ein wenig beunruhigte. Ein neuer Regisseur bedeutete immer auch ganz neue Spielregeln.

Ihr Kostümbildner Adrian, der bereits für etliche Filme ihre Garderobe geschneidert hatte, durfte für *Mata Hari* die ausgefallensten Kostüme entwerfen, darunter ein fast durchsichtiges Negligé. »Wenn das meine Mutter sieht«, sagte sie bei der Anprobe, während er vor ihr hockte und hier und da am hauchdünnen Stoff zupfte.

Das Verrückteste aber waren die Hüte, unter anderem ein dreistöckiges Ungetüm, das aussah wie ein Tannenbaum. Prustend vor Lachen stülpte sie ihn sich auf den Kopf und versuchte, ihn auszubalancieren. »Du liebe Güte, ich bin gespannt, ob die Frauen ihn auch kopieren werden.«

Die Dreharbeiten sollten im Spätsommer beginnen, bis dahin wollte Greta sich ein paar Tage Urlaub gönnen. Wann hatte sie zuletzt nach Herzenslust faul sein und ausspannen dürfen?

MGM plante bereits einen neuen Film mit ihr in einer Hauptrolle. Es handelte sich um das bekannte Buch *Menschen im Hotel* von Vicki Baum, das auch als Bühnenstück erfolgreich war. »Sie sollen die Grusinskaja spielen«, hatte Mayer am Telefon gesagt.

Grusinskaja war eine ehemals berühmte russische Ballerina, die mit sich und dem Leben hadert und nicht mehr die Leistung bringt, die sie von sich erwartet. So hat sie bereits mehrere Vorstellungen abbrechen müssen und war von der Bühne geflohen.

»Joan Crawford ist für eine Nebenrolle vorgesehen«, sagte er weiter.

»Für eine Nebenrolle? Das dürfte ihr nicht sehr gefallen.«

»Wir überzeugen sie schon.«

»Wer wird die Regie übernehmen?«

»Das steht noch nicht fest. Fest steht, dass wir ein Aufgebot an Stars für den Film haben wollen. Auch John Gilbert ist im Gespräch.« Er hatte eine kurze Pause eingelegt. »Wäre das ein Problem für Sie?«

»Ein Problem?« Greta hatte gelacht. »Keineswegs.«

»Gut. Ich sagte ja: Sie sind Profi.« Damit hatte er aufgelegt.

Ein paar Tage darauf erfuhr sie, dass auch Buster Keaton und Clark Gable für eine Rolle im Gespräch waren. MGM machte Ernst mit einem Staraufgebot.

Greta rief Salka an, um ihr davon zu erzählen.

»Gut, dass du anrufst, du bist mir zuvorgekommen«, sagte ihre Freundin, nachdem sie ausführlich berichtet hatte. »Ich möchte dich zu einem kleinen Umtrunk einladen. Oder willst du heute nur faul am Strand herumliegen?«

»Das hatte ich eigentlich vor. Die Dreharbeiten von *Mata Hari* fangen in der kommenden Woche an. Bis dahin wollte ich noch faul sein. Aber ich mache eine Ausnahme.«

»Wie nett von dir. Ich möchte dir nämlich jemanden vorstellen.«

»Sieht er gut aus?«

Salka lachte. »Er ist eine Sie.«

»Umso besser.« Greta stimmte in ihr Lachen ein. »Dann werde ich dich jetzt nicht weiter ausfragen und mich überraschen lassen.« Sie legte auf und überlegte, was sie anziehen sollte. Egal, wie voll ihr Kleiderschrank auch war, ständig meinte sie, nicht das Passende zu besitzen.

Lustlos öffnete sie den großen Schrank, schob achtlos die wenigen Röcke und Kleider beiseite, betrachtete die Hosen und Hosenanzüge und legte den Kopf schief. Wann hatte sie den dunklen Hosenanzug gekauft? Sie erinnerte sich nicht mehr. Oder hatte Adrian ihn geschneidert? Ja, wahrscheinlich.

Nach wie vor war ihr ihre Garderobe herzlich gleichgültig, während andere Frauen genüsslich in teuren Stoffen und ungewöhnlichen Schnitten schwelgten, neigte sie dazu, etwas rein Praktisches auszuwählen.

Sie war gespannt auf die Frau, die Salka ebenfalls eingeladen hatte. Vielleicht die berühmte Marlene Dietrich, die im Jahr zuvor nach Los Angeles gekommen war und in Deutschland als großer Star gefeiert wurde? Dietrich war von Paramount unter Vertrag genommen worden, und in der Filmbranche wurde gemunkelt, dass sie und Greta künftig Rivalinnen wären.

Greta verließ ihr Schlafzimmer und rief nach Evelyne.

Im unteren Geschoss ging eine Tür auf, dann waren eilige Schritte zu hören. »Ich komme, Ma'am!«

»Sie müssen mir bei der Kleiderwahl helfen, Evelyne. Ich bin zum Dinner bei Salka eingeladen und soll jemanden kennenlernen.« Sie seufzte verhalten.

Evelyne ging zum offenen Kleiderschrank, legte ebenfalls den Kopf schief und schob ein Teil nach dem anderen beiseite. »Hmm«, machte sie in fortwährenden Abständen. »Vielleicht diese Hose hier?« Sie nahm eine dunkelblaue Hose vom Bügel. »Und dazu … hmm …« Wieder Kleiderrascheln und das leise Quietschen der Bügel. »… dieser Pullover.« Sie nickte, plötzlich offenbar sehr überzeugt. »Der steht Ihnen so gut, Ma'am.«

Greta nahm beide Stücke, hielt sie sich an und nickte ebenfalls. »Schön. Danke, Evelyne.«

»Ich habe ein Hühnchen im Ofen, Ma'am. Ich wusste ja nicht, dass Sie ausgehen werden.«

»Ich auch nicht. Ich werde es morgen kalt essen. Nein, wissen Sie was, ich nehme es mit zu Salka.«

Ihre Haushälterin hob die Augenbrauen. »Ob das eine gute Idee ist, Ma'am? Miss Viertel wird doch kochen.«

Greta nickte nachdenklich. »Richtig.« Und Salka kochte hervorragend. Dann lachte sie, weil sie einen Einfall hatte. »Ich rufe sie an, dass ich ein köstliches Hühnchen beisteuern werde und sie sich nicht so viel Mühe machen muss.«

»Ganz wie Sie meinen, Ma'am.« Sehr überzeugt sah Evelyne nicht aus.

Greta wartete, bis sie gegangen war, dann legte sie sich aufs Bett und zündete sich eine Zigarette an. Sie blies Rauchkringel an die Decke und schaute ihnen zu. Wie mochte die Dietrich wohl sein?

Sie hatte die Schlagzeilen schon vor sich, denn dass sich das Dinner herumsprechen würde, bei dem zwei Filmstars aufeinanderträfen, war so sicher wie das Amen in der Kirche. »Die Garbo und die Dietrich kratzen sich gegenseitig die Augen aus!«

Sie lachte in sich hinein. Selbst wenn sie und Marlene Dietrich künftig Busenfreundinnen werden würden, ließe die Presse sich nicht nehmen, sie als biestige Rivalinnen darzustellen.

Greta drückte die Zigarette aus und rollte sich auf die Seite. Sie würde noch ein bisschen schlafen, um erholt und frisch auszusehen.

Henry fuhr sie zur Mabery Road und fragte, ob er sie später wieder abholen solle.

»Ich denke, dass ich hier übernachten werde.« Greta stieg

aus und nahm die weiße Schirmmütze aus der Handtasche. Sie setzte sie auf und zog sie sich ins Gesicht.

»Wie sehe ich aus, Henry?«

»Sie wollen, dass ich Ihnen ein Kompliment mache?«, fragte er verwundert.

»Nein, ich will wissen, wie ich aussehe.«

Er runzelte die Stirn und kratzte sich am Kinn.

Sie begriff, dass sie sich offenbar wieder viel zu umständlich ausgedrückt hatte. Ihr Englisch war deutlich besser geworden, auch ihre Aussprache, aber viele Ausdrücke und Redewendungen machten ihr noch immer zu schaffen. Und eine klare, eindeutige Frage zu stellen ebenfalls.

Sie seufzte ungeduldig. »Wird man mich so erkennen?«

Ihr Chauffeur nickte erst, dann schüttelte er den Kopf. »Ah, jetzt weiß ich, was Sie meinen, Ma'am. Nein, ich glaube, man wird Sie so nicht erkennen.« Er deutete nach rechts, dann nach links. »Aber ich kann auch niemanden sehen, Ma'am.« Er sprach leise und voller Nachsicht. Er wusste, dass sie übertrieben reagierte, weil sie immer und überall Fotografen witterte.

»Irgendwo wird schon jemand lauern«, erwiderte sie. »Ich rufe Sie morgen an, Henry.«

»In Ordnung, Ma'am. Ich wünsche Ihnen einen schönen Abend.«

Greta nickte ihm zu, zog die Mütze noch etwas weiter ins Gesicht und ging mit schnellen Schritten zur Haustür des großen Hauses im englischen Tudor-Stil.

Im Haus war lautes Lachen zu hören, und sie fragte sich

in diesem Moment, wie viele Gäste Salka wohl eingeladen hatte.

Die Partys bei den Viertels waren berühmt-berüchtigt, und man riss sich darum, Gast sein zu dürfen.

Greta lief ums Haus herum zur Nebentür, durch die sie meistens eintrat. Von dort aus ging es direkt in die Küche.

Der zehnjährige Peter hockte auf der Tischkante und baumelte mit den Beinen. »Greta!«, rief er voller Freude aus. »Da bist du ja!«

Sie lächelte ihn an. »Sind sehr viele da?«, raunte sie, und er schüttelte den Kopf.

»Nur eine Frau.«

Sie blinzelte überrascht. Damit hatte sie nicht gerechnet.

»Weißt du, wer sie ist?«, flüsterte sie.

»Nein. Aber sie kichern schon die ganze Zeit«, meinte er und wedelte mit der Hand. »Gut, dass du kommst.«

Aha, dann war sie also dazu da, den ungehemmten Spaß der Freundin zu bremsen. »Lache ich so wenig?«, flüsterte sie.

Er grinste. »Nein, aber du bist immer so vernünftig.«

Interessant, wie der Junge sie sah.

Sie gab ihm einen spielerischen Klaps auf den Arm. »Ich und vernünftig.« Sie ging an ihm vorbei, klopfte kurz an die Tür und betrat das Wohnzimmer.

Salka saß mit einer dunkelhaarigen Frau – es handelte sich nicht um die Dietrich, wie sie sofort sah – auf der Couch, beide mit einer Tasse Tee. »Greta! Wie schön, dass du da bist.« Sie stand auf und umarmte Greta. »Komm, ich will dir Mercedes vorstellen«, raunte sie ihr dabei ins Ohr. »Sie ist schon ganz wild darauf, dich endlich kennenzulernen.«

Laut sagte sie: »Greta, das ist Mercedes de Acosta, eine äußerst talentierte Schriftstellerin. Mercedes, das ist meine Freundin Greta Garbo. Wer sie ist, weißt du ja bereits.«

»Oh ja.« Die Frau stand langsam auf und kam auf Greta zu. Dabei ließ sie sie keinen Augenblick aus den Augen. Ihr Haar war kurz geschnitten und aus der Stirn gekämmt, das Gesicht weiß gepudert, die Lippen rot geschminkt. Sie war noch maskuliner gekleidet als Greta, sie trug eine schwarze Hose, darüber ein weißes Herrenhemd, das nur an einer Seite in den Bund gesteckt war. »Wie lange versuche ich schon, Sie endlich kennenzulernen, Greta. Ich darf Sie doch so nennen?«

Greta fühlte sich etwas überrumpelt, nickte jedoch.

Mercedes griff nach ihrer Hand und küsste zwei ihrer Finger. Es war eine ungewohnte, männliche Geste, und Greta stutzte verblüfft. »Ich habe all Ihre Filme gesehen, und ich liebe jeden Einzelnen.«

»Ach, wirklich?« Es klang spöttisch, und Greta beeilte sich, strahlend zu lächeln. »Also ich liebe nicht jeden Film, den ich gemacht habe.«

»Nicht? Und warum nicht, wenn ich fragen darf?« Mercedes betrachtete sie unverhohlen.

Sie konnte ebenfalls nicht umhin, ihr Gegenüber anzusehen. Nie zuvor war ihr eine Frau mit einer so betörenden Ausstrahlung begegnet. Nicht mal Mimi hatte vermocht, sie so zu verwirren. »Ich … weiß nicht«, stammelte sie. Sie hatte das zwingende Bedürfnis, sich hinzusetzen. »Wollen wir uns nicht setzen?« Ihre Stimme klang rau. Sie ging zum Sofa und nahm Platz.

Mercedes setzte sich neben sie, so dicht, dass ihre Knie sich berührten. »Nun? Ich bin zugegebenermaßen sehr gespannt auf Ihre Antwort.«

»Um ehrlich zu sein …« Ein feiner Schweißfilm rann ihren Rücken hinab und sammelte sich im Bund ihrer Hose. »Ich wollte immer selbstbewusste, starke Frauen spielen und keine …«, sie musste sich räuspern, »… dummen Weibsbilder, die nur davon träumen, sich endlich zu verlieben.«

»Sind Sie nicht gern verliebt, Greta?«

Sie schluckte, wusste nicht, was sie antworten sollte. Mercedes' Duft – herb und schwer – stieg ihr in die Nase.

»Mercedes ist ein Freigeist«, meinte Salka, die ihnen gegenüber Platz genommen hatte.

Ach, sie war ja auch noch da. Für einen Moment hatte Greta völlig vergessen, dass sie nicht allein mit Mercedes im Zimmer war.

»Sie tut, was ihr gefällt, und schert sich nicht darum, was von ihr erwartet wird.« Salka zwinkerte Mercedes zu. »Nicht wahr, meine Liebe?«

»Es kümmert mich nicht, was man als *Frau* von mir erwartet«, setzte Mercedes nach und warf Greta einen langen Blick zu.

Ein Blick, der das Blut in ihren Ohren rauschen ließ.

»Welchen Film von sich mögen Sie ganz besonders?«, fragte Mercedes. Wieder dieser intensive, hungrige Blick.

»*Anna Christie.*« Greta musste nicht überlegen.

Mercedes legte die Hand auf ihr Bein. »Ich bin nicht im Mindesten überrascht.« Sie ließ die Hand liegen.

Sie sieht aus wie ein Kind, das um eine besonders leckere und sel-

tene Süßigkeit bettelt, dachte Greta. »Ich glaube, dass ich darin wirklich gut war«, hörte sie sich sagen.

»Das sagt Salka auch.« Mercedes' Blick huschte kurz zu Salka, dann richtete sie ihn wieder auf Greta. »Ihre Augen … Blau wie das Meer, tiefgründig, melancholisch und sehr …« Sie lächelte, als sie weitersprach. »Sehnsüchtig. Wussten Sie, dass man die Augen den Spiegel der Seele nennt? Wieso tragen Sie diesen Hut, Greta?«

Erst jetzt fiel ihr auf, dass sie ihn nicht abgesetzt hatte, als sie hereingekommen war. Weil Mercedes sie so durcheinandergebracht hatte. Hastig nahm sie ihn ab und fuhr sich durchs schulterlange, glatte Haar. Sie hatte es nur flüchtig gebürstet, ehe sie aus dem Schlafzimmer gegangen war. »Um meine Augen vor der Sonne zu schützen.«

Salka lachte. »Und um den Fotografen ein Schnippchen zu schlagen. Wieso gibst du's nicht zu?«

Auch Mercedes lachte. »Sie rücken Ihnen zu sehr auf die Pelle, was? Sie sind wie Geier, die sich auf ein Stück Aas stürzen.«

»Du willst Greta doch nicht mit einem Stück Aas vergleichen.« Salka grinste kopfschüttelnd, und die beiden tauschten einen Blick, der Vertrautheit ausdrückte.

»Wie lange kennt ihr euch schon?«, wollte Greta wissen, froh, über etwas Harmloseres plaudern zu können.

»Noch nicht sehr lange.« Salka schenkte ihr Tee ein. »Du bleibst doch zum Abendessen?«

Sie nickte. Schließlich war sie in dem Glauben hergekommen, dass ihre Freundin ein Dinner gab. Sie hatte nicht ahnen können, dass es sich vorerst nur um ein gemütliches Teetrinken zu dritt handeln würde.

In diesem Augenblick fiel ihr ein, dass sie Evelynes Hühnchen mitgebracht hatte, und sprang auf. »Das hätte ich ja beinahe vergessen!« Sie lief in die Küche.

Peter hatte sich offensichtlich verzogen.

Salka war ihr gefolgt. »Und? Wie findest du sie?«

»Nett, sehr nett.«

»Sie ist wahnsinnig interessant, nicht wahr? Ich dachte, ich muss euch unbedingt miteinander bekannt machen. Was hast du da mitgebracht? Ein Hühnchen?«

»Evelyne hat es zubereitet. Sie konnte nicht wissen, dass du mich zum Dinner einladen wirst.«

Salka nahm ihr das Huhn ab, legte es auf einen Teller und schob ihn in den Ofen. »Wir können es später kalt essen.« Sie senkte die Stimme. »Mercedes will dich schon seit einer Ewigkeit kennenlernen. Als sie erfuhr, dass wir befreundet sind, war sie ganz aus dem Häuschen.«

»Ach ja?«

»Sie ist übrigens verheiratet, führt aber ein eigenständiges Leben.«

»Aha.«

»Sie soll was mit der Tänzerin Isadora Duncan gehabt haben.«

»Ach, wirklich?«

»Man erzählt es sich.«

»Und was sagt Mercedes selbst dazu?«

»Dass es niemanden etwas angeht.«

»Verstehe.« Genauso würde sie es auch halten. Mercedes de Acosta wurde ihr immer sympathischer.

»Ein Gentleman genießt und schweigt, würde man über einen Mann sagen, nicht wahr?«

»Und ich würde über eine Frau sagen: Sie genießt und schweigt noch beharrlicher.«

Salka lachte.

Greta legte den Arm um ihre Taille. »Komm, wir wollen diese interessante Frau nicht warten lassen.«

Kapitel 41

Los Angeles, Anfang des Jahres 1932

Gleich nach *Mata Hari* hatte Greta *Menschen im Hotel* gedreht.

John Barrymore hatte letztlich die Rolle übernommen, für die ursprünglich John Gilbert vorgesehen war. Anfangs war sie enttäuscht gewesen, sie hätte gern wieder mit John gespielt. Aber vielleicht war es gut so. Alles, was geschah, hatte einen Sinn, auch wenn man den möglicherweise nicht auf Anhieb erkennen konnte.

Ende des Jahres lief ihr Vertrag mit MGM aus, und bislang waren sie sich noch nicht einig geworden, wie es weitergehen sollte. MGM wollte an Greta festhalten, sie war eine der berühmtesten, wenn nicht die berühmteste Filmschauspielerin Hollywoods. Sie war eine Ikone.

Doch seit einiger Zeit wurde Greta von heftigem Heimweh geplagt. All die Jahre hatte sie immer etwas Heimweh gehabt, doch es war schlimmer geworden, drängender, bohrender. Sie war so lange nicht mehr in Schweden gewesen, hatte ihre Familie eine Ewigkeit nicht mehr gesehen. An manchen Tagen sagte sie sich, dass sie noch in diesem Sommer ihre Karriere beenden und nach Stockholm zurückkehren würde. Dann wieder wollte sie unbedingt weitermachen, mit maßgeschneiderten Rollen in anspruchsvollen Filmen.

Ende des vergangenen Jahres war sie in ein Haus mit großem Garten und atemberaubendem Blick auf den Canyon gezogen. Es war nicht ihr erster Umzug in Los Angeles und würde vermutlich auch nicht der letzte bleiben. Jedes neue Haus, das sie bezog, sollte ein Heim werden, doch bisher war es ihr mit keinem gelungen. Vielleicht lag es an ihrem eher nüchternen Einrichtungsstil? Sie schaffte es einfach nicht, ihren vier Wänden Behaglichkeit einzuhauchen. Bei der Auswahl von Farben und Stoffen schien sie keine glückliche Hand zu haben. Fehlte es ihr womöglich schlicht und einfach an Stil und Geschmack?

Oft spazierte sie durch die Räume, blieb immer wieder stehen und blickte sich um. Salka zum Beispiel vermochte es, ihrem Haus eine eigene, eine gemütliche Note zu geben. Hier ein hübscher Sessel, dort eine Tischlampe, die warmes Licht abgab, an den Wänden Fotografien oder Bilder, vor denen man stehen blieb, um sie genauer zu betrachten.

Immer wenn Greta durch ihr Haus streifte, musste sie an ihre Schwester denken, daran, wie gern sie sie hierher eingeladen hätte. Wie gern sie ihr Los Angeles, Hollywood gezeigt hätte.

Alva fehlte ihr so sehr, dass sie manchmal glaubte, es nicht ertragen zu können. Doch sie musste es, sie hatte keine andere Wahl.

Seit sie umgezogen war, verbrachte sie viel Zeit mit Mercedes. Nicht nur, weil das neue Haus nur eine Straße von ihrem entfernt lag. Sie war gern mit Mercedes zusammen.

Ihr Haus hatte sogar einen Tennisplatz, und sie war eine gute Spielerin. Sie liebte es, über den Platz zu sprinten und sich zu verausgaben. Und sie liebte es, Mercedes in schöner Regelmäßigkeit haushoch zu schlagen.

»Du könntest mich wenigstens ein Mal gewinnen lassen«, hatte Mercedes keuchend gemeint, nachdem sie wieder verloren hatte und sich mit einem Handtuch Gesicht und Nacken abtrocknete.

»Würde dir das gefallen?«

»Nein.« Sie schüttelte lachend den Kopf. »Ganz und gar nicht. Aber vielleicht würde mir gefallen, dass du Mitleid mit mir hast.«

»Es wäre nur gespielt.«

Sie setzten sich auf eine Bank, verschwitzt und träge.

»Und du bist brillant darin, eine Rolle zu spielen, nicht wahr?«

»Ich fürchte, ich habe mir angewöhnt, immer eine Rolle zu spielen.« Greta überlegte, ob sie immer so gewesen war. Hatte sie zeit ihres Lebens eine Rolle gespielt? Weil sie jemand anderes sein wollte?

Sie fand keine Antwort darauf.

»Willst du wirklich nach Schweden zurückkehren?«, fragte Mercedes, nachdem sie längere Zeit geschwiegen hatten.

»Ich weiß es nicht.« Doch, sie wusste es. Tief in ihrem Herzen hatte sie längst die Entscheidung getroffen. Warum wurde ihr das erst jetzt klar? »Ich spiele mir selbst etwas vor.«

Mercedes sah sie verblüfft an. »Was?«

»Ich habe nur laut gedacht.«

»Du spielst dir also selbst etwas vor. Verstehe. Und du tust dann so, als würdest du es sogar glauben.«

»Du scheinst mich besser zu durchschauen als ich mich selbst.«

»Du hast Heimweh«, sagte Mercedes plötzlich in das längere, etwas unbehagliche Schweigen hinein, das entstanden war.

Greta konnte nur nicken. Ihre Kehle war so eng geworden, dass sie glaubte, nicht sprechen zu können.

»Und es gibt nichts, was dich zurückhalten könnte? Niemanden?«

Sie schaute in den wolkenlosen Himmel und wischte sich den Schweiß von der Stirn. Sie musste sich mehrmals räuspern. »Gäbe es ein interessantes Rollenangebot, würde ich bleiben.«

»Nur dann?« Mercedes sah sie herausfordernd an.

»Natürlich nur dann.« Wie üblich überspielte sie ihre Rührung mit einem flapsigen Spruch. »Du bist mir vollkommen gleichgültig.« Mercedes knuffte sie, und sie wand sich lachend. »MGM will, dass ich bleibe, aber nicht zu meinen Bedingungen.«

»Du hast doch einen cleveren Agenten. Wieso handelt er nicht bessere Bedingungen für dich aus?«

»Wir haben längst darüber gesprochen.« Greta legte den Kopf in den Nacken. »Ich bin einfach unentschlossen. Mir fehlen meine Familie, meine Heimat.«

Mercedes wirkte geknickt, doch sie schwieg.

Der Wind frischte auf, und es würde deutlich kühler.

»Bist du hier denn gar nicht glücklich?«, fragte Mercedes nach einer Weile.

»Ich habe mir abgewöhnt, darüber nachzudenken.«

»Aber du hast einen aufregenden Beruf, du bist ein Star, Greta! Du müsstest doch glücklich sein.«

»Ich kenne niemanden, der Filme macht und glücklich ist.«

»Das klingt ja grauenvoll.« Mercedes legte den Arm um sie. »Aber du hast mir erzählt, dass du immer Schauspielerin werden wolltest.«

»Das wollte ich ja auch. Ich wollte immer zum Theater, nie zum Film.« Greta überlegte, wann genau in ihrem Leben sie eine Weiche falsch gestellt hatte. Wann hatte sie eine Richtung eingeschlagen, in die sie eigentlich nie hatte gehen wollen?

Sie konnte sich nicht erinnern. Alles, was geschehen war, hatte sie als Schicksal angesehen und nicht infrage gestellt.

»Gehen wir heute Abend zusammen essen?«, fragte Mercedes schließlich leise.

»Nein, ich bin müde. Sei mir nicht böse, ja? Ich möchte früh schlafen gehen. Und Appetit habe ich ohnehin nicht.« Sie sah Mercedes von der Seite an, bemerkte, dass die Freundin auf der Unterlippe kaute. »Aber wir könnten morgen zusammen ausreiten.«

»Das machen wir!« Sofort waren Mercedes' Verzagtheit, ihr offensichtlicher Kummer verschwunden.

»Ich hole dich früh am Morgen ab.«

Mercedes stöhnte verhalten auf. »Wieder um halb sechs, so wie neulich?«

Da hatte Greta unter ihrem Fenster gestanden, gestiefelt und gespornt, und so lange laut gepfiffen und Steinchen ans Fenster geworfen, bis sie endlich aufgestanden war.

»Natürlich.« Greta lachte. »Um diese Zeit ist es doch am schönsten.«

»Ich möchte dir etwas schenken. Bitte lass mich dir etwas schenken.«

»An was dachtest du denn?«

»Eine hübsche Kette, ein Armband oder vielleicht einen Ring? Irgendetwas, das dich an mich erinnern wird.«

»Ich mache mir nichts aus Schmuck, das weißt du doch.« Sie zeigte ihren nackten Hals und deutete auf ihre ringlosen Hände.

»Schon.« Mercedes seufzte. »Aber ich hatte gehofft, dass du eine Ausnahme machst.«

»Nein, aber du darfst das nächste Abendessen bezahlen.« Sie lachte wieder, sah aber, dass Mercedes alles andere als erheitert war.

Kapitel 42

Greta hatte Salka vernachlässigt, und das schlechte Gewissen regte sich mehr und mehr. Noch immer hatte ihre Freundin in Hollywood nicht recht Fuß fassen können. Sie hatte sich einer Vereinigung von Drehbuchautoren angeschlossen und viele neue Kontakte geknüpft. Doch die interessanten Angebote blieben aus.

Sie hatte Greta erzählt, dass sie an einer Idee, einer Geschichte arbeite, in der es um die schwedische Königin Christina gehe. »Auch wenn es die Frau wirklich gab, ist meine Geschichte fiktiv.«

»Eine schwedische Königin.« Greta hatte gelächelt. »Das würde mir gefallen.«

An einem herrlich sonnigen und nicht zu heißen Nachmittag ließ sie sich zu Salka fahren. Sie hatte sich nicht angemeldet, sie wollte ihre Freundin überraschen.

»Du?«, fragte Salka dann auch sichtlich verwundert. »Du hast dich ziemlich rar gemacht in der letzten Zeit.« Es klang ein wenig spitz, und Greta nahm es ihr nicht mal übel. Salka hatte allen Grund, verärgert und auch enttäuscht zu sein.

»Lass mich raten: Könnte eine gewisse Mercedes de Acosta der Grund dafür sein?«

»Ich hatte viel zu tun«, sagte Greta und umarmte sie fest, um so eventuelle weitere Vorhaltungen im Keim zu ersticken. »Es tut mir leid, Salka, sei nicht böse.«

»Tut es dir wirklich leid?« Salka sah sie prüfend an, dann winkte sie ab. »Ach, lassen wir das. Komm rein.«

Greta ging an ihr vorbei ins Wohnzimmer. Die Fenster waren geöffnet, und die Vorhänge bauschten sich im lauen Wind. »Ich bin so gerne hier bei dir!« Sie seufzte und ließ sich in einen der Cocktailsessel fallen. Sie streifte ihre Sandalen ab und streckte die Beine aus.

»Was hältst du von einem Strandspaziergang?« Salka stand in der Tür und musterte sie amüsiert.

»Viel.« Sie stand gleich wieder auf.

»Warum hast du Mercedes nicht mitgebracht?«

Greta schnaubte verhalten. »Weil ich mit dir allein sein wollte.«

Salka hob die Augenbrauen.

Sie lief zu ihr, nahm ihre Hand und zog sie mit sich. »Komm! Ich bin ganz versessen darauf, meine Zehen in den Sand zu graben.«

Wenig später gingen die beiden Arm in Arm am Strand entlang. Salka hatte ein Kopftuch umgebunden, dessen Enden im Wind flatterten und Greta immer wieder ins Gesicht wehten. Lachend schob sie sie jedes Mal beiseite.

»Du bist ja bester Laune«, meinte Salka, den Blick nach vorn gerichtet.

Greta blieb stehen. »Schön, reden wir darüber. Ich habe dich vernachlässigt, ja. Ich verbringe derzeit mehr Zeit mit Mercedes, ja. Aber das heißt nicht, dass du mir gleichgültig bist. Und es heißt nicht, dass ich deine Gefühle verletzten wollte.«

»Sie nimmt dich ganz schön in Beschlag, was?«

»Ja«, gab Greta zu. Sie würde aber nicht zugeben, dass sie Mercedes' Gegenwart genoss. »Eigentlich bin ich nicht gekommen, um mit dir über sie zu sprechen. Ich brauche jemanden, der mir den Kopf zurechtrückt, der mir beim Nachdenken hilft. Ich weiß einfach nicht, was ich tun soll, Salka. Soll ich nach Schweden zurückgehen oder bleiben?«

»Die Entscheidung wird dir niemand abnehmen können, Greta.« Salka ging langsam weiter, den Blick auf ihre nackten Füße gerichtet. »Aber ich verstehe dein Dilemma durchaus. Was sagt Mercedes dazu?«

Greta trat mit dem Fuß auf. Eine Welle kam und spülte über ihre Zehen hinweg. »Sie ist nicht begeistert. Vielleicht ist es besser, wenn ich wieder fahre, Salka.« Sie wandte sich ab.

»Warte.« Salka kam zu ihr und nahm sie in die Arme. »Tut mir leid. Du hast recht, ich fühle mich zurückgesetzt, vernachlässigt.«

Sie schauten sich an, beide mussten gleichzeitig lachen.

»Sind wir wieder Freundinnen?«, fragte Salka.

»Beste Freundinnen.«

»Fein!« Salka hakte sie unter, und sie spazierten weiter.

»Wenn du wirklich meine Meinung hören willst …«

»Unbedingt!«

»Ich finde, du solltest bleiben. Ich möchte, dass wir meine Geschichte realisieren.«

Greta blieb abrupt stehen. Salkas Tuch flatterte ihr erneut ins Gesicht, und sie schob es beiseite. »Dann ist sie fertig?«

»So gut wie.«

Sie wollte noch etwas fragen, als ein junges Paar an ihnen vorbeischlenderte; Hand in Hand und ganz offensichtlich sehr verliebt.

Die Frau blieb vor ihr stehen und starrte sie ungeniert an. »Sind Sie nicht Greta Garbo?«

Wie kann sie mich erkennen? Sie war vollkommen ungeschminkt, trug eine weite Hose, darüber eine lange weiße Bluse und eine große Sonnenbrille. Ihr Haar hatte sie mit einem breiten Tuch straff aus dem Gesicht gebunden. Als sie in den Spiegel geschaut hatte, hatte sie noch gedacht, dass ihre eigene Mutter sie so nicht erkennen würde. »Nein, bin ich nicht.«

»Aber Sie sehen ihr wirklich ähnlich.« Die Frau legte den Kopf schief und musterte sie weiterhin.

Der Mann wollte sie weiterziehen. »Komm schon, Sally. Hör auf, die Frau zu belästigen.«

»Belästigen?«, sagte sie empört. »Ich habe sie doch nur …«

»Du hast doch gehört, was sie gesagt hat: Sie ist nicht die Garbo«, sagte er leise. Es war ihm sichtlich unangenehm.

Greta ging weiter, den Kopf gesenkt. »Ich höre dauernd, dass ich der Garbo ähnlich sehe.«

Salka gluckste neben ihr. »Du kannst es nicht lassen, was?«, sagte sie, als sie außer Hörweite waren.

»Sie lassen es ja auch nicht«, erwiderte Greta grimmig.

Schweigend gingen sie weiter. Nur das Wellenrauschen und Schreien der Seevögel war zu hören.

Irgendwann blieb Salka wieder stehen und sah sie nachdenklich an. »Bitte bleib, Greta. Du musst Königin Christine spielen.«

Sie ging zum Ufer und sah zu, wie die Wellen über ihre Füße schwappten. Es würde sie ungeheuer reizen, die schwedische Königin zu spielen. Aber der Gedanke, nach Stockholm zurückzukehren, war ebenfalls reizvoll. Salka hatte recht: Sie befand sich in einem Dilemma.

»Es müsste in London oder Paris spielen«, hörte sie Salka hinter ihr sagen.

Greta schwieg, sah nur weiter den Wellen zu.

»Und es müsste natürlich auch dort gedreht werden.«

Nun wandte sie sich um. »Nicht hier?«

Salka schüttelte den Kopf und breitete die Arme aus. »London und Paris geben so viel mehr her. Als würde man in einem riesigen Museum drehen.«

»Ich war nie in London oder Paris.«

»Dann wird es Zeit.«

»Aber wer sollte das finanzieren, Salka?«

Durch die Weltwirtschaftskrise hatte sie einen Großteil ihres Vermögens verloren. Wirklich Angst machte es ihr nicht, sie war immer davon überzeugt gewesen, es irgendwann wieder einspielen zu können.

Ihre Freundin stellte sich neben sie, ein Lächeln auf dem

Gesicht. »Alles, was wir brauchen, ist ein Produzent, der an uns und das Projekt glaubt.«

»Ich könnte mit Thalberg oder einem anderen Produzenten sprechen, den ich kenne«, schlug Greta später vor, als sie auf der Veranda saßen und Tee tranken.

»Nein, ich will in Europa drehen, verstehst du das denn nicht? Stell dir das alles doch mal vor, Greta! Stell es dir vor!«

»Das versuche ich ja die ganze Zeit. Aber ich war schon so lange nicht mehr dort.«

Sie verstand, dass Salka den Film am liebsten in Paris oder London vor einer großen Kulisse machen würde. Doch hier in Hollywood zu drehen, würde es um ein Vielfaches erleichtern, noch dazu wäre es deutlich kostengünstiger.

»Ich kenne so viele Leute«, sagte sie schließlich. »Lass es mich doch wenigstens versuchen. Wenn es dir nicht zusagt, werfen wir alles wieder über den Haufen. Versprochen.«

Wie schnell so ein Versprechen gegeben ist, dachte sie und bereute es schon fast wieder.

Aber sie hatte bereits beschlossen, Thalberg noch am Abend anzurufen und ihm von dem Projekt zu erzählen.

Mit seiner Reaktion hatte Greta nicht gerechnet. Er war nämlich alles andere als begeistert. »Ich mag keine historischen Geschichten.«

»Diese werden Sie mögen.«

Sie konnte hören, dass er lächelte, als er sagte: »Sie wollen mich unbedingt am Haken haben, was?«

»Ich glaube, dass Sie genau der Richtige sind, Mr Thalberg.«

»Sie versuchen, mir zu schmeicheln, Miss Garbo.«

»Nennen Sie mich Greta. Natürlich versuche ich das. Aber ich glaube wirklich an das Projekt. Und ich würde ungeheuer gern Königin Christine spielen.«

»Dann haben Sie vor zu bleiben?«

Autsch. Nun saß sie in der Falle, und genau das hatte sie nicht vorgehabt. »Ich denke darüber nach«, sagte sie vage.

Sie wollte ihm den Ball zuspielen, so tun, als läge es in seiner Hand, sie in Hollywood zu halten.

Thalberg schwieg eine Weile, machte »Hm« und sagte schließlich: »Na schön. Ich werde mich mit Ihnen und Mrs Viertel treffen. Dann sehen wir weiter.«

»Wunderbar. Ich danke Ihnen.« Sie legte auf und stellte sich ans Fenster. Nun musste sie Salka nur noch davon überzeugen, sich Thalberg anzuhören.

Kapitel 43

»Bist du übergeschnappt?« Salka war nicht nur verärgert, sie war außer sich. »Wie kannst du ihn über meinen Kopf hinweg anrufen? Ich dachte, wir sind uns einig.«

Greta wollte einlenken, aber sie brachte es nicht fertig. Salka sollte ihr dankbar sein, anstatt sie anzufahren. »Du willst unbedingt in Paris oder London drehen, und ich finde, dass das unklug wäre. Und viel zu teuer.«

Sie saßen sich in Salkas Wohnzimmer gegenüber.

Greta beugte sich vor und schaute sie ernst an. »Es wäre eine Chance, in Hollywood Fuß zu fassen, Salka.«

»Ach, daher weht der Wind.« Salka stand auf und ging umher, die Arme verschränkt. »Du willst mir einen Gefallen tun.«

»Was wäre so schlimm daran?«

»Dass du mich damit überfährst, Greta!«

Sie ging nicht darauf ein. »Thalberg hat eine Menge Erfahrung«, sagte sie stattdessen. »Wenn er an das Projekt glaubt …«

»Es ist mir egal, ob er daran glaubt!« Salka schritt weiter durchs Zimmer. »Ich will nicht, dass es hier in Hollywood gedreht wird, habe ich das nicht klar und deutlich gesagt? Wie konntest du ihn anrufen!«

Greta seufzte verhalten. Sie hatte nicht übel Lust, Salka darauf hinzuweisen, dass sie ohne sie noch in zehn Jahren ohne Job dasitzen würde. »Ich will doch nur, dass du zeigen kannst …«, setzte sie an, doch Salka unterbrach sie schroff.

»Dass ich imstande bin, ein gutes Drehbuch zu schreiben? Wolltest du das sagen?«

»Ja, genau das wollte ich sagen.«

Sie funkelten sich an. Dann begann Salka wieder, das Zimmer mit großen Schritten zu durchqueren.

Und schließlich sagte Greta es doch. »Ich will dir helfen, Salka.«

Ihre Freundin wirbelte herum. »Vielen Dank, Greta! Wie ungemein großherzig!« Ihr Mund war verkniffen, die Augenbrauen zusammengezogen. Doch dann plötzlich zuckte ihr Mundwinkel, und ein spöttisches Lächeln huschte über ihr Gesicht. »Du spielst dein Ass aus. Die große Greta Garbo will ihrer armen, arbeitslosen Freundin helfen.«

»Das ist nicht fair, Salka.«

»Nicht fair? Du sprichst von nicht fair? Ich will, dass du Königin Christine spielst, damit du hierbleibst, Greta. Du gehörst hierher nach Hollywood. Und du überrennst mich, um mir zu zeigen …«

»Woher glaubst du zu wissen, wohin ich gehöre?«, erwiderte sie mit eisiger Stimme.

»Ach, ich verstehe. Du willst warten, bis Mayer oder irgendwer sonst auf Knien angekrochen kommt und dich anfleht zu bleiben.«

»So hab ich dich noch nie erlebt.« Greta war nicht nur verblüfft, sie war erschrocken. Aber sie dachte gar nicht daran zurückzurudern. »Thalberg wird gleich da sein, um mit uns zu reden.« Darauf kam es auch nicht mehr an. Eigentlich hatte sie es Salka behutsamer beibringen wollen.

»Wie bitte? Er kommt hierher?« Salka lief zum Fenster, starrte einen Moment nach draußen und drehte sich dann um. »Ich bin so wütend auf dich, dass ich …« Sie verstummte.

»Was? Dass du gar nicht auf die Idee kommst, ich könnte es gut mit dir meinen? Wolltest du das sagen?«

»Ganz bestimmt nicht!«

Langsam stand Greta auf und ging zu ihr. »Wir beruhigen uns jetzt beide, ja? Ich will doch nur, dass wir dieses Projekt zusammen machen, Salka. Ich glaube daran, ich will es unbedingt realisieren!« Sie wollte noch mehr sagen, als es an der Tür klopfte. »Das wird er sein«, flüsterte sie. »Du wirst ihn doch nicht gleich wieder hinauswerfen?«

Salka stutzte, dann setzte sie ein breites Lächeln auf. »Natürlich nicht«, sagte sie zuckersüß. »Du weißt doch: Lächeln ist die eleganteste Art, die Zähne zu zeigen.« Erhobenen Hauptes ging sie zur Tür und öffnete. »Mr Thalberg, wie schön, Sie zu sehen.«

Keine zwei Stunden später gab Salka sich geschlagen.

Thalberg hatte lange auf sie eingeredet, leise, freundlich, aber auch eindringlich. Dass ihm ihre Idee gefalle, obwohl er sich nichts aus historischen Stoffen mache, dass es nur Vorteile habe, wenn man den Film in Hollywood drehen würde, vor allem finanzielle, aber auch rein organisatorische.

»Ich habe eine Menge Kontakte, Mrs Viertel«, endete er und schaute sie ernst an. »Wir würden das beste Produktionsteam zusammenstellen, das Sie bekommen können.« Sein Blick wanderte zu Greta. »Und Miss Garbo wird die Hauptrolle bekommen. Eine Schwedin spielt eine schwedische Königin.« Er lächelte. »Ich sehe die Schlagzeilen schon vor mir.«

»Mein Vertrag läuft dieses Jahr aus«, erklärte Greta. Sie wollte pokern, und sie wusste, dass sie gewinnen würde. Endlich hatte sie alle Trümpfe in der Hand, und sie würde den Teufel tun und sie nicht ausspielen.

Thalberg nickte zerstreut. »Richtig, richtig.« Dann zuckte er mit einem Lächeln die Schultern. »Dann wird er eben verlängert.«

»So einfach ist das nicht, Mr Thalberg.«

»Oh, das denke ich schon, oder glauben Sie, MGM wird Sie gehen lassen wollen? Das Publikum liebt Sie, Miss Garbo, und will Sie in weiteren Filmen sehen.«

Greta schwieg, ließ ihn ein wenig zappeln.

»Oder gibt es bereits Angebote in Schweden? Wenn ja, werden Sie eben ablehnen.« Er beugte sich vor. »Weil Sie endlich die Rolle spielen können, auf die Sie so lange gewartet haben, nicht wahr?«

Sie ärgerte sich, dass er sie durchschaute. »Ich verlange zweihundertfünfzig Dollar pro Film.«

Salka hob die Augenbrauen und sog scharf die Luft ein.

Auch Thalberg verlor kurzfristig die Fassung, fing sich

aber rasch wieder. »Das werden wir in aller Ruhe besprechen.«

»Und ich will ein Mitbestimmungsrecht über die Wahl des Regisseurs und der anderen Darsteller.«

»Miss Garbo …«

»Ansonsten werde ich in meine geliebte Heimat zurückkehren.« Sie zuckte nicht mit der Wimper.

Thalberg räusperte sich. »Schön, wir werden sehen, was sich da machen lässt.«

»Nein, Mr Thalberg, darauf lasse ich mich nicht ein. Es wird so in meinem Vertrag stehen.« Sie würde gleich heute Abend Edington anrufen.

»Sie verlangen da einiges, Miss Garbo.«

»Das weiß ich. Aber ich bin es wert, Mr Thalberg.« Sie schenkte ihm ein strahlendes Lächeln. »Wie sagten Sie eben noch: Das Publikum liebt mich.«

Er schluckte und nestelte an seiner Krawatte. »Wir werden alle eine Nacht darüber schlafen.« Er erhob sich. »Bemühen Sie sich nicht, Mrs Viertel, ich finde allein raus.«

Als die Tür hinter ihm zufiel, raunte Salka: »Bist du des Wahnsinns? Sie werden nie und nimmer darauf eingehen.«

Greta lehnte sich zurück und schlug die Beine übereinander. Salkas Einwand kommentierte sie nicht. »Und? Bist du zufrieden, oder bist du mir noch böse, dass ich den Stein ins Rollen gebracht habe?«

Ihre Freundin verzog das Gesicht, rang sich aber dann ein Lächeln ab. »Nein, ich bin dir nicht mehr böse. Du hast ja recht, vielleicht ist es wirklich besser, wenn der Film in Hollywood gedreht wird.«

Greta war erleichtert, wollte aber nicht, dass Salka es sah. »Das freut mich, Salka. Und ich freue mich auf unsere Zusammenarbeit. Wir sind ein famoses Team, das haben wir in *Anna Christie* bewiesen, oder etwa nicht?«

Kapitel 44

MGM hatte in Windeseile einen Vertrag aufsetzen lassen, den Edington ausgehandelt hatte. Greta erhielt tatsächlich ihre geforderte Gage und ein Mitbestimmungsrecht. MGM würde zwei Regisseure und vier Schauspieler aufstellen, unter denen sie wählen durfte.

Doch Mayer wäre nicht Mayer, wenn nicht auch er Bedingungen, Forderungen hätte. »Sie werden über all das stillschweigen, Miss Garbo. Kein Wort darf nach außen dringen.«

»Ach, ich verstehe. Sie wollen nicht, dass sich herumspricht, dass eine Schauspielerin Mitspracherecht hat«, spöttelte sie.

Dazu sagte er nichts. »Ich will, dass die Presse und die Öffentlichkeit sich fragen, ob Sie wirklich nach Schweden zurückgehen werden.« Er sah sie an, schien zu erwarten, dass sie ihm zustimmte. Doch sie wusste nicht, worauf er hinauswollte. »Ihre Zukunft soll vorerst ein Geheimnis bleiben. Und dann …« Er grinste verschmitzt und lehnte sich in einem Ledersessel zurück. »Dann lassen wir durchsickern, dass Sie wieder drehen werden.« Er öffnete den oberen

Hemdknopf, löste die Krawatte und stand auf, um das Fenster zu öffnen. Aber draußen war es nicht weniger stickig als hier drin.

»Ich kann also auf Ihre Verschwiegenheit zählen?«

»Selbstverständlich, Mr Mayer, Sie konnten und Sie können immer auf mich zählen. Gibt es eigentlich schon jemanden, den Sie für die Rolle des Botschafters im Sinn haben?«

»Laurence Olivier.« Mayer sah sie interessiert an. »Was sagen Sie dazu?«

»Ich will John Gilbert.«

»Was haben Sie gegen Olivier?«

»Gar nichts, aber ich will Gilbert.«

Er seufzte verhalten. »Schön, wir denken darüber nach.«

Greta beugte sich vor und lehnte sich über den Schreibtisch. »Der Vertrag ist frisch aufgesetzt, und Sie wollen mich mit einem ›Wir denken darüber nach‹ abspeisen?« Im Laufe der Jahre hatte sie gelernt, eine gewisse Tragik in ihre Stimme zu legen. Als stünde sie auf einer Bühne.

Mayer wedelte mit der Hand. »Nein, nein, keine Sorge. Sie wollen Gilbert, Sie sollen ihn kriegen.«

»Gut.« Sie lächelte ihn an.

Er hüstelte. »Ähm … Ich dachte, Sie und Gilbert …«

»… sind schon lange kein Paar mehr? Richtig, aber wir sind beide Profis, Mr Mayer. Ich habe immer gern mit ihm gespielt, John ist ein wunderbarer Schauspieler.« Sie wusste natürlich, dass er und John einige Male heftig aneinandergeraten waren.

Mayer machte »Hm« und blickte kurz aus dem Fenster. »Heiß heute.«

»In Schweden ist es so viel angenehmer.«

»Wann werden Sie abreisen?«

»In zwei, drei Tagen.«

»Sie können es wohl kaum erwarten, nach Schweden zurückzukommen.« Es klang ein bisschen gekränkt. Als fühle er sich in seiner Ehre verletzt, weil sie *seine* Stadt nicht schätzte.

»Ich war lange fort, viel zu lange«, sagte sie leise. »Ich hatte immer etwas Heimweh.«

»Verstehe.«

Nein, vermutlich verstand er nicht, aber das spielte keine Rolle.

Sie ging zur Tür, spürte, dass er ihr nachblickte. »*Goodbye,* Mr Mayer.«

»*Goodbye,* Greta.« Bisher war nicht oft vorgekommen, dass er sie so nannte.

An der Tür drehte sie sich nicht mehr zu ihm um.

Auf dem Gang lehnte sie sich an die Wand und schloss die Augen.

Sie war leider zu müde, zu erschöpft, um ihren Triumph ganz auszukosten. Aber sie empfand Freude und einen ungeheuren Stolz.

Bevor sie in den Zug nach New York steigen würde – von dort aus ginge es dann mit dem Schiff weiter nach Göteborg –, gab es noch ein paar Dinge zu erledigen.

Greta hatte fast einen ganzen Tag durchgeschlafen, ihr Koffer war gepackt. Nun hieß es Abschied nehmen.

Sie rief Salka an. »Störe ich?« Das fragte sie sonst nie. Sie wollte Zeit schinden, in der Hoffnung, dass dann der Kloß in ihrem Hals gerutscht wäre.

»Überhaupt nicht. Du klingst frisch und ausgeruht.«

»Ich habe den gestrigen Tag komplett verschlafen.«

Salka lachte. »Dann war es wohl nötig.«

»Ich … ähm … werde morgen abreisen.«

»Morgen schon.« Es klang ein bisschen erschrocken, dabei sollte Salka wissen, dass sie nicht mehr lange warten wollte.

»Du wirst doch den Vertrag unterschreiben?«, fragte sie betont beiläufig. Würde Salka im letzten Moment doch noch kneifen?

»Natürlich, das hab ich dir versprochen. Ich bin mit allen Punkten einverstanden.«

Greta atmete auf. Sie hatte wirklich befürchtet, Salka könnte im letzten Moment einen Rückzieher machen.

Beide schwiegen eine Weile, bis sie gleichzeitig lachen mussten.

»Dann heißt es jetzt wohl *Goodbye*.« Salka seufzte. »Ich hasse Abschiede.«

»Ich auch.«

»Ich wünsche dir eine gute Zeit, Greta. Schreib mir mal, ja?«

»Ich werde dir jeden Tag schreiben.«

»Bitte keine Versprechen, die du nicht halten kannst.«

»Na schön, aber ich schreibe einmal in der Woche.«

»Das klingt machbar.«

Wieder entstand ein längeres Schweigen.

»Ich hab Mayer übrigens gesagt, dass ich John als Botschafter will.«

»John Gilbert?«

»Genau der.«

»Warum ausgerechnet ihn? Ich meine, du und er, ihr wart ein Paar. Und er ist mit einer anderen Frau verheiratet, obwohl er immer dich heiraten wollte.«

Greta überspielte ihre kurzfristige Wehmut mit einem Lachen. »Ich glaube, er war ganz wild aufs Heiraten, und ich eben nicht. Das konnte nicht gut gehen.« In diesem Moment fehlte er ihr so sehr, dass es wehtat. Wie gern würde sie sich jetzt an ihn lehnen, seinen Geruch einatmen, sein Gesicht ansehen, seine Stimme hören.

»Ach, hör auf, Greta. Du liebst ihn doch immer noch.«

Sie blinzelte verdutzt. »Lieben? Nein. Ich war verliebt, Salka, mehr nicht. Das ist lange vorbei. Wirklich.«

Sie plauderten noch ein wenig, bis Greta sich beherzt verabschiedete und auflegte. Auch Salka würde ihr fehlen.

Sie blieb stehen, den Hörer in der Hand, und wickelte die Telefonschnur so fest um ihr Handgelenk, dass sie einschnürte. Sie sollte Mercedes jetzt gleich anrufen und sich auch von ihr verabschieden. Sie wählte die Nummer und legte nach dem ersten Klingeln wieder auf.

Nein, sie würde erst noch die restlichen Dinge einpacken, ein wenig aufräumen und Evelyne Bescheid geben, die sich in ihrer Abwesenheit um das Haus kümmern wollte.

Am Tag darauf saß Greta im Zug nach New York. Wie üblich trug sie eine große Sonnenbrille und einen Hut, den sie sich ins Gesicht gezogen hatte. Mayer würde schäumen, wenn irgendwer sie auf dem Bahnhof oder im Zug erkennen würde. *Die Garbo reist wirklich ab!*

Die erste Stunde schaute sie unablässig aus dem Fenster. Mit jeder Stunde, die sie New York näher kam, stieg ihre Vorfreude. Ihr Bruder wollte sie in Göteborg abholen. Wie lange sie alle sich nicht gesehen hatten! Wie viel sie in Stockholm unternehmen und wen sie unbedingt wiedersehen wollte!

Greta versuchte, es sich etwas bequemer zu machen, lehnte den Kopf zurück und schloss die Augen.

Sie musste an Mercedes denken und stellte sich vor, wie die Freundin bei Salka anrief. »Wann ist sie abgereist? Wieso hat sie sich nicht verabschiedet?«

Salka würde überrascht sein, vielleicht fassungslos und wütend. »Sie hat dir nicht Bescheid gesagt? Sie ist einfach abgereist?«

Greta schluckte. Es tat ihr leid, aber sie hatte sich Mercedes' Temperamentsausbruch nicht zumuten wollen.

Mit einem beherzten Lächeln nahm sie das Buch aus der Handtasche, das sie eingesteckt hatte. Damit würde sie sich die Zeit bis New York vertreiben.

4. Teil

1940–1941

Kapitel 45

Los Angeles, Ende 1940

Mehr als acht Jahre waren vergangen.

Greta hatte sich mit dem Film *Königin Christine* als Charakterdarstellerin etabliert, und in *Anna Karenina* hatte sie ihr Können ein weiteres Mal bewiesen.

Der darauffolgende Film *Die Kameliendame* hatte ihr erneut eine Oscar-Nominierung eingebracht, doch erhalten hatte den Preis wieder jemand anderes. Sie war hoffnungsvoll gewesen, hatte gedacht: *Diesmal wird es klappen,* und die Enttäuschung war groß gewesen.

Auf einer Dinnerparty bei Anita Loos, einer Drehbuchautorin und Schriftstellerin, hatte Greta den englischen Dirigenten Leopold Stokowski kennengelernt. Er war dreiundzwanzig Jahre älter und verheiratet, und sie war hingerissen von ihm, auch wenn sie keine Beziehung wollte. Es würde ja doch nur in einem Drama enden, und davon hatte sie genug erlebt. Aber Leopold hatte nicht lockergelassen, und als sie nach Rom gereist war, um ein wenig auszuspannen, war er ihr gefolgt. Seine Frau hatte unterdessen die Scheidung eingereicht.

Wie erwartet kursierten schon nach kurzer Zeit die wildesten Gerüchte um ihn und Greta: Würde die Garbo nun doch noch heiraten?

»Ärgert dich gar nicht, dass diese Schmierfinken schreiben, was sie wollen? Dass sie rund um die Uhr spekulieren und sich etwas aus den Fingern saugen?«, hatte Stoky, wie sie ihn zärtlich nannte, gefragt.

»Nein«, war ihre Antwort gewesen. »Mich ärgert das schon lange nicht mehr.«

Greta hatte die Zeit mit ihm genossen und sich innerlich darauf vorbereitet, dass es nicht andauern würde. So war es schließlich immer gewesen.

In Europa tobte seit einem Jahr der Krieg, und Greta hatte ihre Mutter und ihren Bruder samt Ehefrau und Tochter nach Los Angeles geholt. Sie hatte ihnen ein großes Haus gekauft und war zutiefst erleichtert, ihre Familie nah bei sich zu haben. Wer wusste schon, wie weit dieser verrückte, unberechenbare Hitler gehen würde.

Doch ihre Mutter und auch Sven hatten Schwierigkeiten, sich in Los Angeles einzuleben. Greta fühlte sich verantwortlich, schließlich hatte sie sie überredet, Schweden zu verlassen.

Der Zwiespalt machte ihr zu schaffen; einerseits war sie froh und beruhigt, ihre Familie in Sicherheit zu wissen, andererseits hatte sie Schuldgefühle, sie aus ihrem Leben gerissen zu haben.

Auch Salkas Leben war in Schieflage geraten.

Ihre Ehe war am Ende, Berthold lebte mit einer anderen Frau zusammen, und sie selbst hatte eine Beziehung mit Gottfried Reinhardt begonnen, der als Regieassistent für Ernst Lubitsch arbeitete. Salka hatte am Drehbuch von *Anna Karenina* und auch dem von *Maria Walewska* mitgeschrieben, einem Historiendrama, das zwei Jahre später gedreht worden und leider bei Publikum und Presse durchgefallen war. Zudem hatte es die hohen Produktionskosten nicht annähernd eingespielt, im Gegenteil.

Seitdem versuchte MGM, Gretas Image umzukrempeln. »Das Publikum soll eine andere Garbo sehen.«

»Und welche?«, hatte sie interessiert gefragt.

»Das wissen wir noch nicht«, hatte die lapidare Antwort gelautet. »Wir arbeiten noch daran.«

Greta hatte trocken entgegnen wollen, dass sie ihr einfach Bescheid geben sollten, wenn es so weit war. Doch sie hatte den Mund gehalten. So lief es nun mal in der Filmbranche, das sollte sie doch längst wissen. Als Schauspieler wurde man hierhin und dorthin geschoben, musste gute Miene zum abgekarteten Spiel machen und dann auch noch so tun, als sei man begeistert. Manchmal war sie des Ganzen nicht nur überdrüssig, sie hatte es so satt, dass sie daran dachte aufzuhören. Endgültig, unwiederbringlich.

Kurz darauf rief Salka an. »Ernst Lubitsch möchte sich mit dir treffen.«

»Ach ja? Und weshalb?« Sie war auf der Couch eingedöst und vom Telefonläuten hochgeschreckt.

»Woher soll ich das wissen?« Es klang spitz, aufsässig.

Greta ahnte, woher Salkas Unzufriedenheit rührte. Sie war ihre Rolle als »Garbo-Spezialistin und Vermittlerin für alle Fälle« leid.

Am nächsten Tag traf Greta sich mit Lubitsch in einem italienischen Restaurant. Er sprang auf, als sie hereinkam, schüttelte ihre Hand und sagte, wie sehr er sich freue, dass sie gekommen sei.

Zwei Zigaretten später hatte er ihr von einer Komödie erzählt, die er gern – nein, er sagte »unbedingt« – mit ihr machen wollte. Darin sollte sie eine russische Kommunistin spielen, die dabei behilflich war, den Verkauf von konfiszierten Juwelen der Zarenfamilie voranzutreiben.

»Das kann kaum eine Komödie sein«, meinte sie und zündete sich die nächste Zigarette an.

»Oh, doch.« Lubitsch schmunzelte. »Ich wette, Sie werden Ninotschka mögen. Die Rolle ist wie für Sie gemacht, Miss Garbo. Sie dürfen streng schauen und die Männer herumkommandieren. Würde Ihnen das nicht gefallen?«

Sie musste laut lachen. »Und ob.«

»Na, sehen Sie, das dachte ich mir doch.«

»Lassen Sie das Drehbuch da, ich werde es mir anschauen.«

Lubitsch wurde schlagartig ernst. »Tja, das ist der Haken an der Sache. Es gibt noch keins.«

»Wie bitte?« Und da besaß er die Frechheit, sie herzubestellen? Dennoch dachte sie darüber nach, während sie die Asche von ihrer Zigarette streifte.

Es verging eine ganze Weile. Greta rauchte schweigend, und Lubitsch beobachtete sie dabei.

»Kommen Sie, Miss Garbo«, sagte er schließlich und lächelte sie an. »Sagen Sie Ja. Ich will den Film nur mit Ihnen machen, mit niemandem sonst.«

»Sie alter Schmeichler.«

»Ich sehe Ihnen doch an, dass der Film Sie reizt.«

Sie hob den Finger. »Kommen Sie mir nicht so, Mr Lubitsch.«

»So und nicht anders.« Er grinste spitzbübisch, und sie musste wieder lachen.

»Schön. Sie haben mich am Haken.«

Er hob die Hand und bestellte eine Flasche Champagner.

»Ich gehe davon aus, dass meine Freundin das Drehbuch schreiben wird.«

Lubitsch hob die Augenbrauen, runzelte die Stirn und räusperte sich. »Um ehrlich zu sein … Ich habe jemand anderes im Sinn.«

»Und wen?«

»Billy Wilder.«

»Oh, ich habe von ihm gehört.« Sie nickte. Wilder habe das Komödiengen, hatte erst kürzlich irgendwer gemeint. »Warum nicht er und meine Freundin?«

Lubitsch schüttelte bedauernd den Kopf. »Ich sage es Ihnen im Vertrauen – Mrs Viertel gilt als ein wenig … schwierig. Und sie kann mit Komödien nichts anfangen, das hat sie selbst gesagt.«

Greta seufzte verhalten. Ob Salka wusste, wie man in der Branche über sie dachte?

Lubitsch kratzte sich am Kopf und seufzte ebenfalls. »Ich darf Sie doch um Verschwiegenheit bitten?«

Greta hatte ihre Zigarette ausgedrückt. »Verschwiegenheit ist mein zweiter Vorname, Mr Lubitsch.«

Ninotschka war gedreht worden – ohne Salkas Beteiligung.

Sie war nicht nur maßlos enttäuscht, sie war zornig und gekränkt und fühlte sich gedemütigt. Lubitsch warf sie vor, sich trotz ihrer Vermittlung zwischen ihm und Greta nicht für sie eingesetzt zu haben. Gottfried machte sie den Vorwurf, sich wie ein glitschiger Aal zu winden, anstatt klar Partei für sie zu ergreifen. Was verständlich war, er wollte gewiss nicht seine Stellung gefährden. Vielleicht war er aber auch Lubitschs Meinung, dass jemand am Drehbuch mitschreiben sollte, der sich auf Komödien verstand.

Greta gegenüber äußerte Salka keinerlei Vorwürfe. Das musste sie auch gar nicht, jeder ihrer Blicke machte deutlich, was sie dachte. Das Verhältnis zwischen ihnen kühlte sich merklich ab, und Greta, tief verletzt, beschloss, sich zurückzuziehen.

Ninotschka war der erste Film, in dem sie sehr viel mehr Text zu sprechen hatte als zuvor. Das Publikum liebte ihn, und die Presse übertraf sich mit Schlagzeilen wie: *Die spritzigste, frechste Komödie des Jahres* und *Die Garbo ist herrlich! Sie bleibt unfehlbar.*

Unfehlbar. Greta hatte geschluckt und den Kopf geschüttelt. Derartige Schlagzeilen machten ihr Angst. Wie konnte sie, wie konnte überhaupt ein Mensch unfehlbar sein?

Manchmal wünschte sie, die Presse würde objektiver sein, sie höflich kritisieren. So jedoch fühlte es sich an, als könnte sie mit einer Papiertüte über dem Kopf stumm und starr in einem Film agieren, und man würde sie auch dann loben.

Als Lubitsch sie nach der Premiere gefragt hatte, wie sie den Film fand und ob sie sich darin gefiel, hatte sie die Schultern gezuckt. »Ich weiß es nicht.«

»Sie müssen doch wissen, ob Sie zufrieden mit sich sind«, hatte er verständnislos gemeint.

Wieder hatte sie die Schultern gezuckt. Sie wusste es tatsächlich nicht.

Kapitel 46

Los Angeles im darauffolgenden Jahr

Seit *Ninotschka* hatte Greta keinen Film mehr gedreht.

Das lag nun anderthalb Jahre zurück, und das Nichtstun gefiel ihr ganz und gar nicht. Genauso wenig, wie ihr gefiel, wo MGM sie inzwischen sah: im Komödienfach.

Jede Rolle, die ihr angeboten worden war, hatte sie rigoros abgelehnt. »Ich will nicht lustig sein, Mr Mayer«, hatte sie zum wiederholten Male geäußert. »Ich mag es nicht, wenn die Leute über mich lachen.«

Aus seinem Unverständnis hatte er keinen Hehl gemacht. »Es ist eine besondere Herausforderung, die Leute zum Lachen zu bringen, und Sie wollen nichts davon wissen?«

»Ich möchte ernst genommen werden.«

»Aber Sie werden ernst genommen! Das Publikum liebt Sie in komischen Rollen.«

»Es behagt mir aber nicht, wenn über mich gelacht wird, Mr Mayer«, erwiderte Greta kühl. »Geben Sie mir eine anspruchsvolle Rolle, und ich denke darüber nach.«

Mayer sah sie an. »Miss Garbo. Greta.« Er seufzte schwer, als sei sie ein hoffnungsloser Fall. »Komisch zu sein, *ist* anspruchsvoll. Begreifen Sie denn nicht? Denken Sie doch nur an Buster Keaton …« Er wedelte mit der Hand, schien nach einem weiteren Beispiel zu suchen. »Und Charlie Chaplin, ja! Halten Sie seine Filme für dumm? Für anspruchslos?«

»Nein, keineswegs.« Sie hatte Chaplin vor etlichen Jahren auf einer Dinnerparty bei Salka kennengelernt und lange mit ihm gesprochen. Sie hatten sogar mehrfach über gemeinsame Filmprojekte nachgedacht. Als Schauspieler war Chaplin urkomisch, und er hatte es ausgezeichnet verstanden, Salkas Gäste mit Pantomime zu unterhalten. Als Mensch jedoch war er ernst und nachdenklich.

»Er beherrscht diese Kunst grandios. Aber ich bin nicht Chaplin, Mr Mayer, ich bin die Garbo.«

Nach dem Gespräch hatte sie erneut darüber nachgedacht, mit der Schauspielerei aufzuhören und Los Angeles zu verlassen. Doch was dann? Was hätte sie tun können? Nach Schweden konnte sie nicht zurück, und sie war niemand, die gern dauerhaft in den Tag hineinlebte. Sie brauchte eine Arbeit, eine Aufgabe, etwas, das sie forderte.

Greta begann sich entsetzlich zu langweilen, wusste nichts mit sich anzufangen. Täglich schrieb sie Mercedes, die Los Angeles verlassen hatte und nach New York gezogen war. In ihren Briefen beklagte sie sich über das Leben, das sie führte, und über den Beruf, der sie nicht glücklich machte.

Ich wünschte, Du wärst hier, und wir könnten gemeinsam

ausreiten oder mit dem Automobil umherbrausen. Du fehlst mir, Mercedes, und ich hoffe, ich fehle auch Dir ein bisschen.

Ob Du mir fehlst?,

hatte Mercedes zurückgeschrieben.

Was für eine Frage, Greta! Ich vermisse Dich schrecklich, und auch ich denke so oft an unsere gemeinsamen Ausritte und Ausflüge zurück. Wenn Du Dein Leben in Hollywood so satthast, gib es auf und komm zu mir nach New York. Es könnte wie früher sein.

Nein, hatte Greta gedacht. Nichts konnte wie früher sein, man konnte die Zeit nicht zurückstellen oder an etwas anknüpfen, das vorbei war.

Eine Schwermut und Lethargie hatten sie erfasst, die sie niederdrückten.

Salka hatte derweil eine neue Bestimmung gefunden: Sie, die selbst jüdischer Abstammung war, setzte sich für Verfolgte des Nationalsozialismus ein und beherbergte ganze Familien in ihrem Haus. Finanziell war sie seit einiger Zeit in großen Schwierigkeiten, doch ihr Stolz verbot es, Hilfe von Greta anzunehmen. Und Greta drängte sich ihr nicht auf.

Als Mayer Greta eines Tages zu sich bestellte, wollte sie erst absagen. Am Abend zuvor hatte sie mit Salka telefoniert und erfahren, dass man ihr eine weitere Komödie vorschlagen wollte. Wie oft denn noch?, hatte sie gedacht.

»Ich arbeite am Drehbuch mit«, hatte Salka erzählt. »Aber nur, wenn du zusagst.«

»Du weißt doch, dass ich Komödien hasse.«

»Und du weißt, dass es mir nicht anders geht. Aber ich will wieder arbeiten, Greta, und du auch, oder etwa nicht?«

»Na schön«, hatte sie nach einer längeren Pause gemeint. »Ich werde hinfahren und mir anhören, was er zu sagen hat.«

Inzwischen fuhr sie selbst, und das mit großer Begeisterung. Mit heruntergekurbelten Fenstern und wie gewohnt mit großer Sonnenbrille und Kopftuch, brauste sie durch Los Angeles und genoss den Fahrtwind im Gesicht. Es war ein typischer kalifornischer Frühlingstag: sonnig und sehr warm. Die Bäume standen in voller Blüte, die Blätter waren saftig grün.

In Schweden kam der Frühling viel später und verhaltener, mit Obstblüten, die sehr zaghaft und nach und nach die ersten Knospen öffneten. Was hatte Greta im ersten Jahr in Amerika gestaunt, wie schnell und plötzlich der Frühling in Kalifornien hereinbrach.

Praktisch über Nacht hatten sich die Blüten geöffnet und die frischen Blätter entfaltet.

Als sie hereinkam, stand Mayer mit verschränkten Armen am Fenster und blickte nach draußen. »Wie schnell der Frühling gekommen ist«, sagte er zur Begrüßung. »Wundert Sie das nicht auch?«

»Ja, jedes Jahr wieder. Sie wollten mich sprechen.«

»Richtig.« Er drehte sich zu ihr um und betrachtete sie einen Moment, als sähe er sie zum ersten Mal.

Sie trug weite Hosen wie meistens, darüber eine lange

Bluse, das Kopftuch hatte sie abgenommen und in ihre Handtasche gesteckt. Sie schob die Sonnenbrille auf ihren Scheitel und sah ihn abwartend an.

»Nehmen Sie doch Platz.«

»Ich bleibe lieber stehen.«

»Wie Sie meinen.« Er setzte sich und ordnete die wenigen Dinge auf seinem Schreibtisch. »Ich habe eine Rolle für Sie, Greta.«

Er holte tief Luft. »Und ich hoffe, dass Sie nicht wieder ablehnen.« Auch unausgesprochen klang durch, dass er es nicht hoffte, sondern erwartete. Dass er allmählich die Geduld mit ihr verlor.

Sie zündete sich eine Zigarette an und inhalierte tief. »Erzählen Sie«, bat sie.

»Es handelt sich um eine Verwechslungskomödie.«

Großer Gott, eine Verwechslungskomödie? Davon hatte Salka nichts erwähnt. Ganz bewusst nicht?

Sie sollte gleich wieder gehen. Doch sie rang sich ein Lächeln ab und rauchte einen Moment schweigend. Dann sagte sie: »Erzählen Sie mehr.«

»Sie werden zum ersten Mal eine Doppelrolle übernehmen, Greta. Sie spielen Zwillingsschwestern.« Er sagte es, als hätte sie bereits zugesagt. »Gottfried Reinhardt wird den Film produzieren.« Er sah sie listig an. »Und Ihre Freundin Mrs Viertel wird wieder am Drehbuch mitarbeiten.«

Greta hob die Augenbrauen und tat überrascht. »Ach ja?«

»Hat sie Ihnen nichts davon erzählt?«

»Nein.«

Mayer schaute sie an, als überlege er, ob sie ihm etwas vorspielte. »Und?«, fragte er schließlich. »Was sagen Sie?«

»Erinnern Sie sich an unser letztes Gespräch?«

»Natürlich.« Er verschränkte die Finger ineinander.

»Ich wollte keine komischen Rollen mehr.«

»Und wir wollen eine neue Garbo, Greta. Verstehen Sie doch, wir möchten Ihnen ein neues Image verpassen.«

»Ich brauche kein neues Image«, entgegnete sie müde.

»Doch, Greta, das brauchen Sie. Wer sich in Hollywood halten will, muss wandlungsfähig sein.« Er legte den Kopf schief und betrachtete sie. »Die Leute lieben Sie, Greta, sie wollen Sie sehen. Und ich bin sicher, dass sie auch die neue Garbo wollen.«

Sie rauchte schweigend ihre Zigarette zu Ende, und als sie sie im Aschenbecher ausdrückte, sagte sie mit einem Seufzen: »Na schön, ich bin einverstanden.«

Er schien nicht im Mindesten verwundert, was sie ärgerte. »Fein. Dann lasse ich den Vertrag aufsetzen.«

Erhobenen Hauptes verließ sie sein Büro und blieb eine Zeit lang draußen vor dem Gebäude stehen. Die Sonne schien auf ihren Kopf, und sie nahm das Tuch aus ihrer Handtasche.

Verflucht, Mr Mayer, dachte sie, während sie es umband. *Sie wussten, dass ich Ja sagen würde. Weil ich Ihre Marionette bin. Aber nicht mehr lange, das schwöre ich.*

»Du hast also zugesagt«, sagte Salka, als Greta kurz darauf vor ihrer Tür stand. »Gut.«

»Ich bin mal wieder über meinen Schatten gesprungen.«

Sie ging an ihr vorbei ins Wohnzimmer und ließ sich auf die Couch fallen. »Weil ich endlich wieder mit dir zusammenarbeiten will, Salka. Ich freue mich, dass du mit von der Partie bist. Ich hätte sonst nie und nimmer zugesagt.« Sie schnaubte und nahm die Zigarettenpackung aus ihrer Handtasche. »Eine Verwechslungskomödie! Geht's noch alberner?«

Salka sagte nichts darauf.

»Sie wollen eine neue Garbo, eine lustige Garbo.« Sie sah Salka an. »Du bist ja so still. Ich dachte, du freust dich auch, dass wir wieder zusammenarbeiten.«

»Das tue ich ja auch, Greta. Auch wenn ich von dieser *Verwechslungskomödie* …«, sie spuckte das Wort geradezu aus, »… alles andere als begeistert bin.«

Greta nahm ihre Hand und drückte sie. »Danke«, sagte sie einem Impuls folgend, obwohl sie nicht wusste, wofür sie sich bedankte.

Kapitel 47

Die Dreharbeiten begannen im Sommer.

Greta spielte eine Skilehrerin, die sich als ihre Zwillingsschwester ausgibt, um ihren eigenen Mann zu verführen und so zurückzugewinnen. Für die Rolle hatte sie ihr Haar deutlich kürzen lassen müssen, sie sollte sich betrinken und sogar schnarchen. Ging es noch alberner?

Durchaus: Sie sollte noch dazu angesäuselt tanzen, einen haarsträubend lächerlichen Tanz, den sie, als ihr Tanzpartner sie danach fragt, »Chica-Choca« nennt.

Alle wussten, dass sie eine grauenvolle Tänzerin war, und deswegen hatte man ihr einen Choreografen zur Seite gestellt, der auch in der Filmszene ihr Partner sein würde.

Bei den Proben trat sie ihm die Zehen blutig, doch er verzog keine Miene. »Das wird schon«, versicherte er tapfer.

»Vergessen Sie's, Alton. Ich sagte doch, ich kann nicht tanzen.«

»Ich bring's Ihnen schon noch bei, Miss Garbo.«

Sie hatte den Entschluss, diesen Film zu machen, längst bereut.

Hinter den Kulissen brodelte es gewaltig, ständig gab es Streit und Unstimmigkeiten, vor allem zwischen Gottfried Reinhardt und Regisseur George Cukor. Es war mehr als offensichtlich, dass sie sich nicht leiden konnten. Der eine gönnte dem anderen nicht die Butter auf dem Brot.

Cukor, der bereits in *Die Kameliendame* Regie geführt hatte, ließ fast täglich das Drehbuch umschreiben. Immer hatte er etwas auszusetzen, ließ Sätze streichen oder ergänzen.

Die Autoren verzweifelten mehr und mehr.

Salka war oft kurz davor, das Handtuch zu werfen. »Es war eine blödsinnige Idee, dieses Drehbuch schreiben zu wollen«, sagte sie eines Abends, als Greta und sie auf der Veranda saßen und zuschauten, wie das Meer die Sonne verschluckte.

»Beiß die Zähne zusammen, so wie ich. Oder glaubst du, mir macht es Spaß, diese beiden Frauen zu spielen, die sich wie Hohlköpfe benehmen?«

Bisher war Greta überzeugt gewesen, jeder Rolle etwas einhauchen zu können, das sie interessant machte. Doch bei *Die Frau mit den zwei Gesichtern* hatte sie zum ersten Mal das Gefühl, es nicht zu schaffen.

Es schien ihr wie Cukor zu gehen, der sich hervorragend darauf verstand, selbst aus einem trockenen, eher langweiligen Stoff einen mitreißenden Film zu machen. Aber bei dieser haarsträubend albernen Komödie wollte es ihm nicht gelingen. Er wirkte gestresst und lustlos, hatte ständig etwas zu nörgeln. Er fand Greta als abgelegte Ehefrau zu langweilig und als deren Zwillingsschwester zu wenig verführerisch.

Greta fehlte ihr Kameramann. Mit Daniels an ihrer Seite würde sie es irgendwie hinbekommen, den Film fertigzustellen, ohne an sich selbst zu verzweifeln. Als sie erfahren hatte, dass er dieses Mal nicht dabei sein würde, hätte sie es als Wink des Schicksal sehen müssen. Sie fühlte sich verloren ohne ihn.

Auf ihn konnte sie sich verlassen, er hatte ihr stets ein Gefühl von Sicherheit gegeben. Immer wenn sie unzufrieden gewesen war oder mit sich gehadert hatte, war er es gewesen, der ihr ein Lächeln, ein zustimmendes Nicken oder ein freundliches Wort geschenkt hatte. Und sie hatte gewusst, dass er gut, hervorragend sogar, in seinem Job war. Mit Daniels hinter der Kamera hätte sie wahrscheinlich selbst diesen furchtbaren Film mögen können.

Morgens schleppte sie sich missmutig ins Studio und betete, dass der Tag schnell und ohne größere Zwischenfälle verlaufen würde. Voller Wehmut dachte sie an Daniels, sah ihn hinter der Kamera sitzen und ihr zuzwinkern. »Nanu, heute nicht in Pantoffeln, Greta?«

Als sie eines Abends nach Drehschluss nach Hause fuhr, stellte sie bestürzt fest, dass sie im Grunde, ganz tief in ihrer Seele, erleichtert war, ihn nicht dabeizuhaben.

Weil sie sich für den Film und ihre Rolle schämte.

Nach sechzig Drehtagen fiel die letzte Klappe, und kollektives Aufatmen erfüllte den Raum. Jeder hatte es eilig, das Studio zu verlassen. Niemand applaudierte oder bedankte sich, alle waren mit etwas beschäftigt und vermieden es, sich anzusehen.

Greta hastete in ihre Garderobe, zog sich in Windeseile um und verließ das Studio.

Sie setzte sich hinter das Steuer ihres Automobils und hielt einen langen Moment inne. *Das war's, Mayer,* dachte sie. *Das war die letzte Komödie, die ich gespielt habe. Ich bin nicht mehr länger Ihre Marionette. Wenn Sie wollen, dass ich bleibe und weitermache, werden Sie sich etwas einfallen lassen müssen.*

Sie ließ den Wagen an, lauschte dem gleichmäßigen Brummen des Motors und lächelte. Alles fiel von ihr ab; der Stress der letzten Wochen, der Ärger und die allgemeine schlechte Stimmung. Es war vorbei, geschafft!

In den kommenden Tagen würde sie ausschlafen, spazieren gehen, lesen und in ihrem Wagen durch die Gegend brausen. Und sie würde es genießen, den Tag zelebrieren, wie sie noch nie zuvor etwas genossen hatte.

Während sie durch Los Angeles fuhr, durchströmte sie mit einem Mal ein eigenartiges, ungutes Gefühl. Es ließ sich nicht abschütteln, so sehr sie es auch versuchte. Sie wollte sich doch freuen, erleichtert sein, aber sie konnte es nicht.

Das Gefühl verstärkte sich sogar noch, je näher sie ihrem Haus kam.

Als sie davor hielt und den Motor ausstellte, zitterte ihre Hand. Es war wie eine düstere Vorahnung und so beunruhigend, dass sie sitzen blieb, die Augen geschlossen und die Hände ums Lenkrad geklammert.

Das Publikum würde den Film hassen. Und sie würden es ihr anlasten.

Kapitel 48

Ende November kam *Die Frau mit den zwei Gesichtern* in die Kinos, und wie von Greta befürchtet, fiel er beim Publikum durch. Er wurde als unmoralisch und vulgär bezeichnet. Eine Frau, die ihren Schwager verführt – Ehebruch! –, so etwas durfte es nicht geben.

Gretas Fanpost bestand nun aus wütenden Briefen aufgebrachter Frauen. Ob sie sich für ihre Rolle nicht schäme?

MGM knickte schnell ein und zögerte nicht, eine Nachbesserung anzuordnen. Mayer hatte die glorreiche Idee, eine Szene einzufügen, in der der Ehemann am Telefon erfährt, dass seine Frau und seine Schwägerin ein und dieselbe Person sind.

Damit platzte die beste Pointe des Films, und die von Greta gespielte Frau würde außerdem als haarsträubend dumme Person dastehen, die nicht begreift, dass ihr Mann längst über ihr doppeltes Spiel im Bilde ist.

»Das können Sie nicht machen«, sagte sie zu Mayer.

»Doch, Greta, ich habe keine andere Wahl.«

»Ich weigere mich«, drohte sie. »Ich werde nicht mitspielen.«

»Dann lasse ich ein Double kommen«, erwiderte er müde und sah aus dem Fenster.

»Das wagen Sie nicht.« Ihre Stimme bebte, vor Zorn, aber auch vor Schreck.

»Sie ahnen ja nicht, was ich alles wage, Miss Garbo.« War es die pure Verzweiflung, die aus ihm sprach? »Es würde so gedreht, dass das Double nur von hinten zu sehen ist.« Er zuckte die Schultern.

»Die Leute werden trotzdem sehen, dass nicht ich es bin.«

»Das liegt ganz in Ihrer Hand«, sagte er frostig und wandte sich ab.

Sie knallte die Tür so hart hinter sich zu, dass die Fensterscheiben klirrten.

Einen Monat später kam die neue Version in die Kinos.

Die Kritiken waren dennoch schlecht, um nicht zu sagen, vernichtend.

Nicht mal die Garbo hat diesen handwerklich miserablen Film aufwerten können, schrieb eine Zeitung.

Greta hätte es als Anerkennung sehen können, als Beweis, dass Publikum und Presse sie trotz allem liebten, dass man ihr doch einen schlechten Film verzieh. Aber sie konnte nicht.

Die Enttäuschung und die Scham saßen wie ein Stachel in ihrem Fleisch.

An einem Abend, nachdem sie einen weiteren Presseverriss gelesen hatte, fuhr sie mit einer Flasche Whiskey zu Salka.

Sie setzten sich in die Hollywoodschaukel, schwiegen und tranken.

»Denkst du manchmal an Berthold?«, fragte Greta nach einer ganzen Weile.

Salka nickte. »Natürlich. Ich denke viel an ihn. Wir sind mehr als zwanzig Jahre verheiratet, das lässt sich nicht ausradieren.«

»Ich habe euch immer so sehr bewundert.« Greta seufzte und ließ die braune Flüssigkeit in ihrem Glas kreisen. »Und ich habe euch beneidet.«

Sie schwiegen wieder eine Zeit lang und nahmen abwechselnd Schwung.

»Ich glaube, ich werde keine Filme mehr machen«, sagte Greta schließlich leise. Sie horchte in sich hinein, doch die erwartete Gefühlsregung blieb aus. Ob sie schon zu beschwipst war, um etwas zu empfinden? Etwas wie Traurigkeit, Verzagtheit …

Salka sagte zunächst nichts, dann griff sie nach der Flasche und schenkte nach. »Das meinst du nicht ernst, schätze ich.«

»Warum sonst sollte ich es sagen?«

Salka verzog das Gesicht zu einem freudlosen Lächeln. »Weil du den Film hasst. Weil du dich für ihn schämst. Weil du mal wieder an dir zweifelst.« Sie machte eine ausladende Handbewegung. »Alles zusammen. Ich kenne dich. Ich glaube, ich kenne dich sogar sehr gut.«

Greta trank einen kleinen Schluck und blickte in die Ferne. Die Sonne ging bald unter.

»Ich meine es ernst, Salka. Ich kann einfach nicht mehr, und ich will auch nicht mehr.«

»Du musst diesen fürchterlichen Film hinter dir lassen, Greta. Vergiss ihn einfach, und mach weiter.«

»Nein.« Sie schüttelte den Kopf und strich sich eine Haarsträhne aus der Stirn. »Meine Zeit ist vorbei.«

»Unsinn, deine Zeit ist noch lange nicht vorbei.«

»Doch, Salka.«

Plötzlich kam die Niedergeschlagenheit. Es war so überwältigend, dass sie mit den Tränen kämpfte. Es lag nicht an ihrem Entschluss, keine Filme mehr zu machen, sondern daran, dass es so lange gedauert hatte, bis sie es begriffen hatte. Sie hatte sich schon so lange etwas vorgemacht und nach Strich und Faden belogen. Und es hatte bis jetzt funktioniert, sie hatte wirklich geglaubt, einfach weitermachen zu können. Nur, wie lange? Bis ihr niemand mehr eine Rolle anbieten würde? Bis das Publikum sie nicht mehr sehen wollte? Bis die Zeitungen schreiben würden: *Die alternde Garbo kann es nicht lassen!?*

»Nein.« Sie schüttelte erneut heftig den Kopf. So weit würde sie es nicht kommen lassen.

Salka schaute sie verwundert an. »Du weinst ja.« Es klang überrascht und liebevoll.

»Unsinn, ich weine doch nicht.« Sie wischte sich über die Augen. »Das muss am Wind liegen.«

Ein Pelikan flog über sie hinweg, und Greta lächelte.

Als sie nach Los Angeles gekommen war, hatte sie zum ersten Mal einen Pelikan gesehen und ihm lange zugeschaut.

Wie lange das alles her war.

Wieder lächelte sie.

Nein, sie sollte nicht traurig sein.

Alles hatte seine Zeit, und ihre war vorbei.

Mit einem weiteren Lächeln trank sie ihren Whiskey und schloss die Augen.

Nachwort

Die Frau mit den zwei Gesichtern war tatsächlich Greta Garbos letzter Film, danach zog sie sich aus der Öffentlichkeit zurück. Anfang der 1950er-Jahre wurde sie amerikanische Staatsbürgerin, kehrte Los Angeles den Rücken und ging nach New York.

Mit Salka Viertel war sie bis zu deren Tod 1978 verbunden.

1953 war Salka nach Klosters in der Schweiz gezogen, wo Greta sie regelmäßig besuchte. Als Salka im Rollstuhl saß und kaum noch sprechen konnte, blieb Greta einfach still bei ihr sitzen und hielt ihre Hand. Sie verstanden sich auch ohne Worte.

Greta Garbo starb fast 85-jährig am Ostersonntag 1990 in einer New Yorker Klinik. Sie hatte den langen Kampf gegen ein Nierenleiden verloren. Ihr nicht unbeträchtliches Vermögen erbte ihre Nichte Gray, Tochter ihres Bruders Sven.

Es gibt viel Widersprüchliches über Greta Garbo.

Ein Grund mag ihr kompliziertes Innenleben, ihre Gefühlswelt sein. Mal wird sie als wortkarg und übellaunig beschrieben, dann wieder als heiter und warmherzig.

Wer letztlich die Idee zu ihrem Künstlernamen hatte, ist strittig. Mal heißt es, es sei Mauritz Stiller gewesen, dann wieder soll es Greta selbst oder ihre Freundin Mimi Pollak gewesen sein – oder beide gemeinsam?

Bereits als Mädchen hatte Greta Gustafsson Schauspielerin werden wollen, wobei es sie mehr zur Theaterbühne zog. Damals war sie ein wenig mollig und unbeholfen gewesen. Nach und nach wurde aus dem hässlichen Entlein ein bildschöner Schwan.

Greta ließ sich zudem die Zähne richten, den Haaransatz korrigieren und hungerte sich etliche Kilo herunter. Sie soll sich nie als weiblich oder gar schön empfunden haben, vielmehr gab sie sich bewusst maskulin und zog legere Hosen hübschen Kleidern vor.

Widersprüchlich ist auch die Berichterstattung, wer die Fotografien von Arnold Genthe zu MGM nach Los Angeles geschickt hat. War es Genthe selbst oder der Redakteur der *Vanity Fair*? Oder war es doch Stiller, der hoffte, dass MGM ihn und Greta endlich nach Hollywood holen würde? Zweifellos haben die Fotografien dafür gesorgt, dass man in Hollywood auf Greta aufmerksam wurde.

Wahr ist aber auch, dass sie beide, als sie in Los Angeles angekommen waren, eine ganze Weile Däumchen gedreht haben, bevor man sich wieder an sie erinnerte.

Stillers Wutanfälle habe ich nicht erfunden. Er soll wirklich regelmäßig getobt und Greta wieder und wieder zusammengestaucht haben. Um ihr im nächsten Moment zu schmeicheln und sie als unwiderstehlich zu bezeichnen.

Eines Tages soll sie die Nerven verloren und ihn angebrüllt haben, dass sie ihn hasse.

Obwohl die Schauspielerei ihr Traumberuf war, soll sie, als sie gefragt wurde, ob sie glücklich sei, geantwortet haben: »Ich mache Filme. Niemand, der Filme macht, ist glücklich.«

Ihr berühmter Satz »Ich will allein sein« (im Englischen: »Leave me alone«) machte später »die Einsame« aus ihr.

Dabei wollte sie einfach nur in Ruhe gelassen werden.

Was der viel zu frühe Tod ihrer Schwester Alva mit ihr gemacht hat, kann man nur erahnen. Greta erhielt die Nachricht während der Dreharbeiten von *Totentanz der Liebe*. Sie hat weitergearbeitet, war »wie in Trance«, wie sie selbst gesagt haben soll. Es ist wahr, dass MGM ihr verbot, zur Beerdigung nach Schweden zu fahren. Die Szene, in der sie Mayer aufsucht, habe ich erfunden.

Die Personen in meiner Geschichte sind bis auf Schneiderin Lillian nicht erfunden. Ich habe mir auch nur sehr wenige künstlerische Freiheiten erlaubt, so habe ich Greta erst in Los Angeles zur Raucherin gemacht. In Wahrheit soll sie seit ihrem zwölften Lebensjahr geraucht haben.

Wahr ist auch, dass eine Bewunderin eines Nachts in ihr Haus eindrang. Genau wie die Geschichte des Fotografen, der jahrelang vor ihrer Wohnung ausharrte und es kurz vor ihrem Tod endlich schaffte, sie abzulichten.

Für dieses Buch waren mir *Garbo* von Barry Paris und *Ich liebe dich. Für immer. Greta Garbo und Salka Viertel* von Nicole Nottelmann eine große Hilfe.

Außerdem habe ich mir viele ihrer Filme angesehen, darunter auch die ganz frühen wie *Luffar-Petter* und *Gösta Berling.*

Ich finde, Greta Garbo hat bis heute nichts von ihrer Präsenz und ihrer enormen Ausstrahlung eingebüßt. Im Gegensatz zu ihr selbst gefällt mir ihre Tanzszene in *Die Frau mit den zwei Gesichtern.* Der Film, der beim Publikum floppte und sie veranlasste, sich endgültig von der Schauspielerei zu verabschieden. Angedroht hatte sie es oft.

Greta Garbo ist und bleibt eine beeindruckende Frau, eine echte Ikone und ein Mythos. Sie war viermal als Hauptdarstellerin für einen Oscar nominiert und ist immer leer ausgegangen. Vierzehn Jahre nach ihrem Karriereende bekam sie den Ehren-Oscar für unvergessliche Leinwandauftritte. Sie hat ihn nicht selbst in Empfang genommen.

Mein Dank geht an meinen Kollegen Holger Karsten Schmidt, der mir bei Film- und Drehfragen behilflich war.

Wiebke Bolliger habe ich zu verdanken, dass ich diese Geschichte schreiben durfte. Nicola Kammer und Ingola Lammers danke ich für den letzten Schliff.

Das Buch ist meiner Stief-Großmutter gewidmet, die als junge Frau in den 1930er-Jahren ein Kleid für die Garbo schneidern durfte. Sie brachte es ins Hotel, wo die Garbo es persönlich in Empfang nahm und sich mit einem strahlenden Lächeln bedankte.